COLLECTION LINGUISTIQUE
PUBLIÉE PAR
LA SOCIÉTÉ DE LINGUISTIQUE DE PARIS. — XXII

MÉLANGES
D'ÉTYMOLOGIE FRANÇAISE

PAR

Antoine THOMAS

MEMBRE DE L'INSTITUT

PREMIÈRE SÉRIE

DEUXIÈME ÉDITION REVUE ET ANNOTÉE

PARIS
LIBRAIRIE ANCIENNE HONORÉ CHAMPION
LIBRAIRE DE LA SOCIÉTÉ DE LINGUISTIQUE DE PARIS
5, QUAI MALAQUAIS, 5

1927

COLLECTION LINGUISTIQUE

PUBLIÉE PAR

LA SOCIÉTÉ DE LINGUISTIQUE DE PARIS

MÉLANGES

D'ÉTYMOLOGIE FRANÇAISE

COLLECTION LINGUISTIQUE

PUBLIÉE PAR

LA SOCIÉTÉ DE LINGUISTIQUE DE PARIS. — XXII

MÉLANGES

D'ÉTYMOLOGIE FRANÇAISE

PAR

Antoine THOMAS

MEMBRE DE L'INSTITUT

PREMIÈRE SÉRIE

DEUXIÈME ÉDITION REVUE ET ANNOTÉE

PARIS

LIBRAIRIE ANCIENNE HONORÉ CHAMPION

LIBRAIRE DE LA SOCIÉTÉ DE LINGUISTIQUE DE PARIS

5, QUAI MALAQUAIS (6ᵉ)

1927

COLLECTION LINGUISTIQUE

PUBLIÉE PAR

LA SOCIÉTÉ DE LINGUISTIQUE DE PARIS. — XXII

MÉLANGES

D'ÉTYMOLOGIE FRANÇAISE

PAR

Antoine THOMAS

MEMBRE DE L'INSTITUT

PREMIÈRE SÉRIE

DEUXIÈME ÉDITION REVUE ET ANNOTÉE

PARIS

LIBRAIRIE ANCIENNE HONORÉ CHAMPION

LIBRAIRE DE LA SOCIÉTÉ DE LINGUISTIQUE DE PARIS

5, QUAI MALAQUAIS, 5

1927

AVANT-PROPOS

Le livre que j'ai publié en 1902, sous le titre de *Mélanges d'étymologie française*[1], est depuis longtemps épuisé. Je suis très honoré que la Société de linguistique ait consenti à en accueillir dans sa *Collection linguistique* une nouvelle édition, dûment revue et annotée. En mettant en sous-titre « première série », je prends l'engagement d'y joindre, aussitôt que possible, une « deuxième série », où l'on trouvera la plupart des notices étymologiques qui ont paru sous mon nom, depuis 1904, soit dans la *Romania*, soit dans d'autres périodiques.

Je dois beaucoup aux nombreux philologues qui ont bien voulu s'occuper de mon livre, ne fût-ce qu'en passant : non seulement ils en ont répandu la connaissance et assuré le succès dans le public, mais — ce qui m'est plus précieux — en me critiquant ils m'ont fait profiter de leur science et mis en état de préciser ou de rectifier aujourd'hui plus d'une des opinions que j'y avais exprimées. Toutefois l'étymologie romane a pris un tel développement depuis un quart de siècle que je ne puis me flatter d'avoir connu tout ce que j'aurais eu intérêt

---

1. Je rappelle que mes *Nouveaux Essais de philologie française*, publiés en 1904, contiennent, sous le titre de « Recherches étymologiques », cent une notices que je n'ai pas, pour le moment, l'intention de réimprimer, non plus que celles, au nombre de cent, qui font partie de mon recueil antérieur, *Essais de philologie française*, publié en 1897.

à connaître. Deux amis dévoués, étymologistes de marque et fort avertis, MM. Jean Haust, de l'Université de Liège, et Jacob Jud, de l'Université de Zurich, ont consenti à lire mes épreuves, et ont souvent comblé les lacunes de mon information. Je tiens à leur exprimer ici toute ma reconnaissance.

J'ai cru légitime de faire quelques retouches à mon texte de 1902, mais seulement au point de vue de la forme. Le fond est resté le même, ce qui ne veut pas dire que mes idées n'aient varié sur aucun point, tant s'en faut. Ces variations sont indiquées dans des notes placées entre crochets, comme les additions proprement dites. Dans tous les cas où j'ai acquis la conviction que je m'étais fourvoyé, je n'ai pas hésité à l'avouer franchement, persuadé qu'en réimprimant sans fausse honte ce qui est devenu caduc et en le dénonçant comme tel, je sers mieux la science qu'en le mettant aux oubliettes.

Bourg-la-Reine, avril 1926.

Au dernier moment, j'ai pris connaissance d'une volumineuse publication de M. Lazare Sainéan (*Les sources indigènes de l'étymologie française*, Paris, 1925, deux volumes, de XII-448 et 520 pages), présentée comme « le fruit des méditations et des études de toute une vie ». Bien que toute mon œuvre étymologique — jusqu'en 1904 — y soit soumise à une critique sans indulgence, je n'y ai rien trouvé qui me paraisse mériter d'être retenu *in extremis*. L'auteur est assez aimable pour déclarer que je « fais souvent preuve de savoir et de méthode » ; je suis au désespoir de ne pouvoir lui rendre sa politesse.

PRÉFACE

DE LA PREMIÈRE ÉDITION

On trouvera dans les pages qui suivent 259 notices étymologiques. C'est peu, sans doute, en comparaison de ce que nous ignorons encore ; c'est quelque chose cependant, surtout si l'on songe à la somme de recherches que suppose la moindre de ces notices, aux précautions de toute sorte que doit prendre l'étymologiste pour éclairer sa marche et pour déjouer les surprises de l'ennemi.

L'ennemi, c'est-à-dire l'erreur, nous presse de toutes parts. Pour lui échapper, nous avons deux guides très précieux, qui sont comme les yeux de l'étymologie : la phonétique et la sémantique.

J'attache un prix particulier au concours de la phonétique et je crois qu'on ne le paie jamais trop cher. Je me suis appliqué à vivre en bon accord avec elle, et j'ai pris soin de dissiper les moindres malentendus. Je la vénère et j'observe ses lois religieusement ; j'espère cependant ne pas tomber dans la superstition. Comme l'a dit un maître, Hugo Schuchardt, « les lois phonétiques ne nous sont pas révélées au milieu du tonnerre et des éclairs »[1]. C'est par la comparaison et par la méthode empirique que nous arrivons peu à peu à les connaître. C'est à la sueur de notre front que nous forgeons nous-mêmes des chaînes, véritables chaînes de sûreté, qui doivent nous préserver des écarts de notre ima-

[1]. *Zeitschr. f. rom. Phil.*, XXV, 244.

gination, et qui sont l'auxiliaire le plus précieux de notre juge-
ment. Les lois ne trompent pas, mais nous pouvons nous trom-
per sur leur compte. La méthode scientifique a précisément pour
but de nous donner la pleine intelligence des lois qui régissent
la phonétique, c'est-à-dire de nous faire saisir les rapports néces-
saires qui dérivent de la nature des choses dans un domaine
soigneusement limité ; c'est en ce sens qu'on peut dire qu'elle
élabore des lois. Les lois une fois élaborées ont un caractère
absolu. Personne n'en doute. Mais il se peut que, sur un point ou
sur un autre, la période d'élaboration ne soit jamais close.

La sémantique est inséparable, elle aussi, de la recherche étymologique ; on peut même dire qu'elle en résume toute la dignité,
toute la beauté, et qu'elle en est comme la fleur. Je ne crois pas
cependant qu'elle puisse jouer un rôle aussi actif, aussi décisif
que la phonétique, à cause de l'extrême fluidité des éléments sur
lesquels portent ses spéculations. Il est prudent de la tenir en
réserve pour ne la laisser donner qu'au bon moment, quand la
phonétique a conquis les positions importantes du champ de bataille et lorsqu'on voit déjà la victoire se dessiner. C'est pour
avoir cru à la toute-puissance de la sémantique que tant d'étymologistes des siècles passés se sont irrémédiablement perdus. Ménage a beau tirer *haricot* de **faba** à grand renfort de phonétique,
on découvre aisément ce qui se cache sous ces apparences : dans la
maison de Ménage, c'est la sémantique qui est dame et maî-
tresse, et la phonétique n'est que le souffre-douleur. De pareils
excès soulèveraient aujourd'hui la réprobation générale, et le
retour n'en paraît pas à craindre. Pourtant la fascination sémantique peut encore faire des victimes. Quand on ne considère
que la parfaite convenance de sens qui existe entre le latin **ambulare** et le français *aller*, on se laisse facilement persuader que *aller*
vient de **ambulare**. La sémantique est appelée à rendre de grands
services à l'étymologiste ; mais il faut qu'il sache la discipliner et
lui inspirer l'esprit de subordination vis-à-vis de la phonétique.

Aucun dessein prémédité ne se cache dans la réunion des notices qui forment le présent recueil; le hasard seul a tout fait. Ce sont bien des *Mélanges* que j'offre au public, mélanges dont les éléments viennent des quatre coins de la France. Les mots français n'y sont pas en majorité. Quand j'aurai cité *acheter, ancien, bourgeon, chènevis, copeau, fâcher, lumignon, nuitamment, rémoulade, revendiquer, rosser, tréteau, tringle* et *vareuse*, je crois que j'aurai épuisé la liste des mots que chacun connaît. Il y en a bien quelques autres encore que l'on tient pour français, mais il est inutile que je les cite ici: les philologues les reconnaîtront dans le tas ; quant aux gens du monde, ils ne me croiraient pas si je leur disais que tel ou tel figure dans le Dictionnaire de l'Académie.

En somme, c'est surtout à l'ancien français, à l'ancien provençal et au fonds si riche de nos parlers provinciaux actuels que j'ai demandé les matériaux de ces notices étymologiques. Je ne me fais pas d'illusions sur le nombre des lecteurs qui peuvent y prendre intérêt; mais je n'éprouve pas le besoin de m'excuser. Les choses qui ont le plus d'attraits pour la foule ne sont pas toujours celles dont l'histoire est la plus féconde en enseignements.

Un certain nombre de mots que je passe ici en revue ont déjà été étudiés par moi dans la *Romania*, au cours des années 1899 et 1900. Chaque fois que le cas se présente, je donne un renvoi précis. Mais il est bon d'avertir le lecteur que les notices que je leur consacre aujourd'hui ne sont pas une reproduction pure et simple de celles qui ont déjà paru ; elles doivent être considérées comme une seconde édition, revue et corrigée. Les notices nouvelles sont exactement au nombre de 161. La dernière, celle qui forme l'appendice, a fait l'objet d'une communication à l'Académie des Inscriptions et Belles-Lettres, dans la séance du 5 juillet 1901.

Paris, 28 juillet 1901.

MÉLANGES
D'ÉTYMOLOGIE FRANÇAISE

AACIER

L'ancien français *aacier*, en picard *aachier*, est un verbe transitif, qui a ordinairement pour complément direct le substantif *dent* [1], et qui s'applique à l'effet produit par le contact des substances acides, effet qui empêche les dents de fonctionner normalement. Lefèvre d'Étaples, en 1530, dans sa traduction de la Bible, emploie encore la forme picarde contractée *achier*, et Cotgrave, en 1611, donne *acher*, qu'il traduit par « to set the teeth on edge » [2]. Mais déjà, dans l'usage général, l'ancien verbe cédait la place à *agacer*, dérivé de *agace* « pie », et l'on appelait *agacement de dens* ce qui s'était dit d'abord *aacement de dens* [3].

Il est bien certain qu'*aacier* est un mot sans rapport étymologique avec *agacer* ; mais d'où vient-il ? On a fait justice depuis longtemps — par le silence — de **acaciare*, tiré de **acacia** « jus de prunelle », proposé par Pierre de Saint-Julien, de ***agriaciare** (du grec ἄγριος « sauvage »), proposé par le Père Labbe, et de ***alligatiare** (dérivé de **alligare** « paralyser »), proposé par

1. [Exceptionnellement, il est employé en fonction intransitive : « les denz es filz an *aescent* », dans Godefroy, vº *aacier*].

2. [L'article *aacier* de l'*Altfr. Wörterb.* d'Adolf Tobler, publication posthume (1915), col. 25-6, n'est pas complètement satisfaisant : l'auteur s'est mépris sur le vrai sens du mot dans quelques passages et a entraîné dans l'erreur W. v. Wartburg].

3. [Bien que Godefroy n'en dise rien à l'article *aacier*, ce verbe s'est conservé jusqu'à nos jours dans maints patois, notamment en rouchi (Hécart, vº *aucher*), dans la Meuse (Labourasse, vº *acées*), dans la Marne, spécialement à Reims (Saubinet, vº *arcir*), en Lorraine (Adam, vº *acé* ; Haillant, vº *acé* ; Zéliqzon, vº *ācieu*), dans l'Yonne (*hissé*, mot cité mal à propos dans Godefroy, vº *hicier*), etc.].

Ménage. Plus récemment, Gaston Paris a montré que le verbe germanique ***hwatjan** « aiguiser », mis en avant par Wedgwood, n'était pas acceptable [1]. On ne peut pas accepter davantage le germanique **hazjan** « acharner », auquel a songé Diez. Mackel, reprenant une autre idée de Diez, suppose un haut-allemand ***azjan**, factitif de **ëzzan**, auquel il rattache l'allemand moderne *ätzen* « mordre, ronger », comme la base de l'ancien français *aacier* [2] ; mais si l'on remarque que les verbes factitifs en **-jan** sont régulièrement représentés en français par des verbes en *-ir*, on est obligé d'écarter cette hypothèse [3].

Je crois qu'il faut résolument partir du latin **acies**, « tranchant [des dents] » [4]. Lancelot, qui a mis en avant le latin **acere**, et Le Duchat, qui a supposé un type ***exaciare**, n'ont pas été, en somme, trop mal avisés ; mais le type exact du latin vulgaire qui est devenu l'anc. franç. *aacier* est ***adaciare**. A l'appui de cette étymologie, j'invoquerai l'analogie du provençal moderne *asima*, qui a exactement le sens de l'ancien français *aacier* et qui repose manifestement sur un ancien substantif **azim*, correspondant à un type ***acimen** du latin vulgaire [5]. Enfin je ferai remarquer que, si l'étymologie mise en avant par Wedgwood est fausse, cet auteur a justement signalé le sens de « émousser » qu'a possédé au XVIᵉ siècle le français *agacer*, substitut de l'ancien *aacier*. Or, dans l'expression anglaise *to set the teeth on edge* « agacer les dents », le mot *edge* signifie proprement « tranchant », et il a la même origine indo-européenne que le latin **acies** [6].

(Romania, XXVIII, 169).

1. *Romania*, VIII, 436.

2. *Germ. Element.*, p. 67.

3. [Les raisons invoquées par W. v. Wartburg en faveur de l'opinion de Mackel (*Franz. etym. Wörterb.*, vᵒ **adaciare*) me paraissent inopérantes].

4. *Districta dentium acie stridere* signifie « grincer des dents » dans Ammien Marcellin, XIV, 7, 13.

5. Le gascon dit *aseta*, de l'adjectif *aset*, qui paraît être le diminutif d'un ancien **ase*, **aze*, correspondant phonétique du latin **acidus**. [Le béarnais *azedat*, « aigri » et « agacé », repose sur **acētum**].

6. [Pour répondre aux objections faites au point de vue sémantique contre

ACEJA

Cotgrave termine son article *siege* par cette mention, que l'on ne trouve dans aucun autre dictionnaire : « also the fish *gardon* ». Ce sens vient de la traduction française du livre de Rondelet sur les poissons, où on lit effectivement que le gardon s'appelle en Languedoc *siege,* et où l'on trouve en outre un chapitre intitulé *Du Siege é du Fritou* [1]. Rondelet lui-même n'identifie ce poisson ni avec le gardon ni avec la vandoise, puisqu'il lui consacre un chapitre spécial [2] ; on semble pourtant d'accord aujourd'hui pour y voir une vandoise, comme on le faisait déjà au moyen âge [3]. C'est par erreur que le traducteur de Rondelet fait *siege* du masculin ; le mot est féminin en provençal. Mistral donne comme formes usitées actuellement *assiège, siège, siégi, siéjo* et *sejo*. Au moyen âge, on écrit, en latinisant plus ou moins, *assegia* (Toulouse, 1181 ; cf. l'exemple cité à l'article *chevasson*), *assieiga* (Cahors, 1296) et *asiga* (1318) : toutes ces graphies se trouvent dans Du Cange. Il est clair que les formes modernes qui ont *s* initiale ont subi une aphérèse, et que l'étymologie ne peut être ni le latin **sagitta**, proposé par Mistral, ni le français *scie*, invoqué par l'abbé Vayssier. Un passage du roman provençal de *Flamenca* me paraît s'appliquer à merveille à notre poisson méridional, dont il donne

le type ***adaciare** par Tobler dans l'*Archiv f. d. Studium d. neueren Spr.*, CX, 241, Meyer-Lübke suppose que le lat. **acies** a pu prendre le sens de « acidité » sous l'influence de **acer, acidus**, etc. (*Rom. etym. Wörterb.*, nᵒ 137). J'aime mieux attribuer au lat. vulg. ***adaciare** le sens propre de « agir sur le tranchant pour l'émousser » ; cf. anc. fr. *acorer* « égorger », proprement « agir sur le cœur pour qu'il cesse de battre ». La traduction du lat. vulg. ***adaciare** par l'allemand *schärfen* (aiguiser), adoptée par W. v. Wartburg, est un contresens].

1. *Hist. des poissons* (1558), 2ᵉ part., p. 138 et 139.

2. « Ex his (Leuciscis) est is qui a Gallis *gardon* vocatur, ab Italis *Lascha*, a nostris fortasse *Siege*, non nihil enim diversus esse videtur... Frequentissimus est piscis in rivulis et fluviis labentibus ex montibus Cemeneis qui a vulgo *Siego* vocatur... In Erari et in aliis etiam aquis etiam cubitalis est... Rostro est acutiore » (*Univ. Aquatilium Hist. pars altera*, éd. 1555, p. 193).

3. « *Asigas*, gallice *vandaises*, » dans Du Cange, vᵒ *asiga* [texte de 1318, cité par Carpentier, d'après une source qu'il a été impossible de retrouver, par suite d'une référence inexacte]. Ce nom méridional de poisson manque dans la *Faune populaire* d'Eugène Rolland.

le nom sous une forme qui laisse transparaître l'étymologie.
Dans la description d'un déjeuner maigre on lit :

> De mantas guisas an peisso
> E tot zo que tain a dejun,
> Am fruche ques hom trob en jun,
> Aquo som peras e cereias.
> Un presen de doas *aceias*
> Le reis a Flamenca trames ;
> Ben l'en saup rendre las merces,
> Apres manjar [1].

Emil Levy a justement fait remarquer que la forme *cereiras*
pour « cerises », que donne le manuscrit, était le fait du scribe,
et que l'auteur de *Flamenca* devait prononcer *cereias* ou *cerejas*, ce
qui rime exactement avec *aceias* ou *acejas* [2]. Il est impossible de
méconnaître ici le latin vulgaire **acceia** « bécasse », d'où viennent
l'italien *acceggia*, l'espagnol dialectal *arcea* et le français dialectal
acée [3]. On sait qu'actuellement le nom de « bécasse » est porté par
plusieurs poissons de mer, à cause du prolongement de leur museau
en forme de bec. Il n'y a rien d'étonnant à ce que le latin **acceia**
se soit appliqué dans le midi de la France à la vandoise, puisque
ce poisson est dit aussi en français dialectal *dard* [4] et en provençal
pounchudo, c'est à dire « pointue » [5].

(Romania, XXVIII, 169).

---

1. Première édition de Paul Meyer, v. 456 et s. ; au Glossaire, l'éditeur propose
de traduire *aceia* par « bécasse ».

2. *Prov. Suppl.-W.*, I, 11. La prononciation *j* est la plus probable.

3. [Cf. l'art. *acceia* de W. v. Wartburg, *Franz. etym. Wörterb.*, p. 12].

4. [Remarque sans valeur, car le français *dard*, en tant qu'appliqué à la vandoise, est une mauvaise graphie de *dars*, comme je l'ai montré dans un article
spécial, *Romania*, XXXVI, 91].

5. Dans la deuxième édition de *Flamenca*, parue en 1901, Paul Meyer tient
ferme pour « bécasse » en faisant remarquer que « l'envoi de deux petits poissons eût été bien mesquin ». Je ne dis pas non, quoique Rondelet connaisse
des *sièges* d'une coudée. Je retrouve d'ailleurs dans mes notes un extrait des
archives communales de Martel (Lot), pris en 1895 à Cahors, où ces archives
étaient en dépôt, qui me paraît appuyer l'interprétation de *aceja* dans *Flamenca*
par « vandoise ». Parmi les présents que font les consuls à un commissaire

ACHETER

On accepte couramment aujourd'hui l'étymologie *acheter* < *accaptare, soit que l'on considère **accaptare** comme une forme refaite sur **acceptare**, soit qu'on y voie une composition nouvelle avec **ad** et **captare**. On a tort. Il faut en revenir à l'opinion de Du Cange et de Caseneuve, acceptée, mais mal défendue par Littré, d'après laquelle *acheter* se rattache à **caput**. L'ancien français *acheder*, qui se trouve dans le fragment de Valenciennes, le provençal *acaptar* et l'espagnol archaïque *acabdar* montrent clairement qu'il faut partir d'un type *accapitare. Cela saute aux yeux pour *acheder* et pour *acabdar*. Le provençal *acaptar* ne peut pas être *accaptare, parce que le **p** suivi immédiatement d'un *t* disparaît, comme dans *at* < **aptum** [1], *crota* < **crupta** [2], *eisset* < **exceptum** [3], *rota* < **rupta**, *set* < **septem**, ou se vocalise, comme dans *aceut* < **acceptum**, *azautar* < **adaptare**, *escriut* < **scriptum**, *receut* < **receptum** [4].

Donc *acheter* quelque chose, c'est proprement l'ajouter à son fonds, à son capital, **caput** [5].

royal, venu à Martel le 21 mai 1297, figurent les poissons suivants : «salmo, trochas, *assegas*, lhutz » (reg. CC 2, à la date). En tout cas, je crois avoir montré que le nom méridional de la vandoise est le même, linguistiquement parlant, que celui de la bécasse. [Toutefois Schuchardt élève des doutes, qui paraissent fondés, sur la ressemblance du museau de la vandoise avec un bec d'oiseau (*Zeitschr. f. rom. Phil.*, XXVI, 405)].

1. Voir, ci-dessous, l'article *at*.

2. *Cropta*, dans *Girart de Roussillon*, est une graphie étymologique.

3. Dans l'adverbe *eissetz* (sorti probablement du pluriel **exceptis**), qui manque dans Raynouard, mais dont plusieurs exemples, qu'il serait facile d'augmenter, sont cités par Emil Levy, *Prov. Suppl.-W.*, II, 338.

4. *Receut* apparaît, latinisé en *receutum*, dans un acte de 1144 (Du Cange, v° *receptum*), et, gasconisé en *arceut*, ailleurs (*ibid.*, v° *arcetum*). Le manuscrit provençalisé de *Girart de Roussillon* écrit *resieut*, graphie qui a masqué l'étymologie à Raynouard, *Lex. rom.*, V, 222. On trouve le dérivé *receutal* dans le cartulaire du Bugue, Bibl. nat., franç. 11638.

5. [Dans son *Rom. etym. Wörterb.* (1re livraison, parue en 1911, n°s 62, 63 et 65), Meyer-Lübke admet l'existence en latin vulgaire d'un type *accaptare (auquel il rattache non seulement le français *acheter*, mais le provençal *acaptar*,

De **caput** on a formé non seulement *accapitare (d'où le substantif verbal *accapitum, prov. *acaple*, terme de droit bien
connu ¹), mais, dans un sens tout contraire, *discapitare (lequel a
donné naissance au provençal *descaptar*, qui ne se trouve que dans
Boèce, v. 110, à l'ancien espagnol *descabdar*, et à l'ancien français
deschater, qui ne se trouve que dans l'*Estoire de la guerre sainte*
d'Ambroise) et *excapitare (représenté par l'italien *scapitare*).

ACOUSANDER

Jaubert donne le verbe *acousander* « découdre », qui fait *acou-
sandu* au participe passé, forme où, d'après le même auteur, « se
trouvent combinés d'une manière bizarre le *s* des participes français *cousu*, *décousu* et le *d* des participes berrichons *coudu*, *découdu* ».
Le participe en *u* témoigne que l'infinitif *acousander* est une forme
refaite pour *acousandre*. Nous avons affaire au verbe qui se présente sous les formes *escoissendre* en provençal et en franco-provençal, *scoscendere* en italien, et qui signifie partout « fendre, déchirer ».
Mistral y voit le latin **scindere** ou **exscindere**, ce qui n'est qu'ap-
proximatif : le type étymologique exact est *exconscindere, indiqué depuis longtemps par Gaston Paris ². Donc, entre *acousander*

en tant qu'il est synonyme du français), et de deux types * **accapitare**, l'un
formé sur **capere**, l'autre sur **caput** (l'ancien provençal *acaptar* « mendier »
venant du premier); il concède cependant que *acaptar* « acheter » pourrait aussi
bien représenter *accapitare, formé sur **capere**. Il omet l'espagnol *descabdar*,
mentionne le français *deschater*, qu'il écrit *descheter*, sous *accaptare, et rattache le provençal *descaptar* successivement à *accaptare et à *discapitare
(nº 2651)].

1. Caseneuve a fort judicieusement expliqué ce que c'est que l'*acapte* ; voir ce
qu'il en dit dans le *Dict. étymol.* de Ménage, au mot *acheter*.

2. *Romania*, V, 378, à propos d'un passage de *La mort du roi Gormond*, où
il propose, sans nécessité, de corriger *desconcendre* en *esconcendre*. En dehors de
ce passage, le mot ne se trouve que dans des textes provençaux ou franco-provençaux ; on peut admettre pour le français propre un type *disconscindere.
En lyonnais, Nizier du Puitspelu donne *couessindre*, qu'il tire de *conscindere**, et *escoissendre*, qu'il explique comme un composé de **coxa** et de **scindere**,
en rétractant ce qu'il avait dit à l'article *couessindre*. Voilà une fâcheuse palino-
die. Remarquons d'ailleurs que le lyonnais dit *cossou* de *excussorium ; *couessindre* peut donc remonter à *exconscindere, comme le provençal et l'italien.

et *coudre*, qui est le latin **consuere**, il n'y a rien de commun, à l'origine, si ce n'est le préfixe **cum** ; le remplacement du son sourd de l'*s* par le son sonore, dans le premier de ces mots, est dû à une confusion récente [1].

AFFIER

Affier « planter ou provigner des arbres de bouture » est considéré par Littré comme un composé de *à* et de *fier*, signifiant proprement « confier » et ayant pris par métaphore un sens spécial. Belle métaphore, en effet, tout imprégnée de poésie virgilienne, et qui semble sortir du cœur de nos bons paysans,

> quibus ipsa procul discordibus armis
> Fundit humo facilem victum justissima tellus.

Il me peine vraiment de venir détruire cette touchante étymologie ; mais la philologie est sans pitié. Bien que Rabelais et Cotgrave connaissent déjà le verbe *affier* dans le sens de « planter, greffer », et que nos patois de l'Ouest et du Centre emploient cette forme même [2], l'existence du berrichon *aifier*, *adfier*, *atifier*, du morvandeau *aitefier*, du lyonnais *atofayi*, du provençal moderne *atefia* et *atufega*, etc. — tous mots qui veulent dire soit « cultiver, amender » [la terre], soit « faire pousser » [des plantes], soit greffer » [des arbustes], soit enfin « élever » [des animaux], — montre

1. [Meyer-Lübke inscrit pourtant le mot berrichon sous **consuere** (*Rom. etym. Wörterb.*, nᵒ 2174 ; cf. le renvoi qui figure à l'art. **conscindere** nᵒ 2156 ; je ne puis que maintenir la protestation que j'ai déjà faite contre cette manière de voir dans *Romania*, XLI, 452, en accordant toutefois à Schuchardt (cf. *Zeitschr. f. rom. Phil.*, XXVI, 400) que la substitution de la voyelle *ou* à la diphtongue *oi* est probablement due à l'influence de *coudre*. La présence du préfixe *a-* pour *es-* se retrouve dans le français moderne *arracher*, primitivement *esrachier*].

2. Furetière donne sans aucune remarque « *affier*, terme d'agriculture, planter, provigner des arbres en sions ou boutures dans un jardin » (1690). Trévoux reproduit cette remarque de Liger, auteur de la *Nouvelle Maison rustique* (1700) : « Ce mot est vieux ; on dit à présent *planter de bouture*, et non *affier* ».

bien que le mot récent *affier* est une contraction d'une plus ancienne
forme *atefier* [1]. A Nizier du Puitspelu revient, si je ne me trompe,
l'honneur d'avoir trouvé l'étymologie dans le latin de la décadence
aptificare [2] : le mot doit être inséré dans le *Lat.-rom. Wörterb.*
de Körting [comme il l'est dans le *Rom. etym. Wörterb.* de Meyer-
Lübke, n° 565], mais avec la remarque que l'évolution **aptificare** >
atefier appartient à la formation demi-savante, au même titre que
certificare > *certefier* et tant d'autres verbes de ce genre [3].

(Romania, XXVIII, 161).

AGRASSOL

Littré enregistre *agrassole*, substantif masculin, comme « nom
vulgaire du groseillier à maquereau », sans donner d'étymologie.
Les botanistes écrivent *agrassol*, et ils ont raison [4]. Le *Nouveau
Larousse illustré* remarque justement que ce nom appartient au
midi de la France. C'est un terme languedocien, qui, à Montpellier, s'applique, non au groseillier à maquereau (*Ribes uva crispa*
L), mais au fruit du groseillier ordinaire (*Ribes album* ou *rubrum*),
l'arbuste qui le produit étant dit, d'un mot dérivé, *agrassoulié* [5].

---

1. Cf. Godefroy, aux articles *actefier* (simple graphie pour *attefier*) et *atu-
fier*.

2. Ménage, influencé par Ch. Estienne, tire *affier* d'un type *adficare, où
*ficare serait pour **figere**. On a aussi proposé *artificare (Chambure) et **ædificare** (Jaubert). Il est certain qu'une confusion paraît s'être produite en ancien
français entre *edefier* < **ædificare**, et *atefier* < **aptificare** ; cf. l'art. *edefier* de
Godefroy et l'expression « planteir et *redifier* bone vigne », *ibid.*, v° *aille* 2.
Dans le Bas-Maine, on a *adefier* et *afier* (Dottin) ; à Montmorillon, *affigeai*
(Lalanne). [On lit dans le *Deuxième Moniage Guillaume*, v. 5009 :
> Vient a ses herbes qu'il ot *edefiié*].

3. C'est ce dont Nizier du Puitspelu ne s'est pas rendu compte ; il regarde
atfier comme une forme régulière transformée plus récemment en *atefier* par
insertion d'une voyelle euphonique.

4. Duchesne, *Répertoire des plantes*, p. 234, donne *agrassol* et *agrassou*.

5. Abbé de Sauvages, *Dict. languedocien-franç.* Le groseillier à maquereau s'appelle à Montpellier *agrimoulié*, son fruit *agrimoulio*. Dans la région de Toulouse, *agrassoulié* désigne le groseillier à maquereau (Axel Duboul, *Las Plantos
as camps*, 2ᵉ éd., Toulouse, 1890).

Mistral pense que *agrassol* n'a rien à voir étymologiquement avec *grouselo* « groseille », et il le rattache, avec quelque hésitation, à *agras* « verjus ». Je crois qu'on peut hardiment restituer en latin vulgaire un type *acraciolus, diminutif de *acracius, tiré lui-même de l'adj. **acrus** (latin classique **acer, acris**) « aigre », à l'aide du suffixe -**acius**, -**aceus** [1]. Le type *acracius a survécu non seulement dans le domaine de la langue d'oc, mais dans la partie méridionale et occidentale de la langue d'oïl : Godefroy a relevé *esgraz* dans le Maine au commencement du xvᵉ siècle [2], et le dérivé *aigrasseau* est encore vivant dans le Berry, le Blaisois, le Bas-Maine, et sans doute ailleurs, où il désigne soit le pommier ou le poirier sauvages, soit l'églantier [3].

AIGER

Aiger ou *aizer* signifie « rouir » [le chanvre], en Bourgogne, en Morvan et en Berry. Ni Jaubert ni Chambure n'ont le moindre scrupule à voir le latin **aqua** à la base de ce mot ; mais nous ne pouvons être d'aussi bonne composition. A côté de *aiger, aizer*, on trouve *naiger, naizer*, formes dans lesquelles Chambure déclare que « la prosthèse de l'*n* est remarquable ». En réalité, il faut voir, non une prothèse dans *naiger, naizer*, mais une aphérèse dans *aiger, aizer* [4] : la forme primitive est *naisier*. Meyer-Lübke a

1. Le groseillier se dit en espagnol *agrazon* >*acracionem ; le même type étymologique se retrouve en France, car dans les Landes et le Gers, la groseille s'appelle *agrassou*. Dans les Hautes-Pyrénées et la Haute-Garonne, on trouve *grassérolo* pour le fruit et *grasséroulè* pour la plante (communication de M. Gilliéron [cf. les cartes 670, *groseille*, et 671, *groseillier*, de l'*Atlas linguistique*]); on y reconnaît facilement les types étymologiques *acraciariola, *acraciariola-**rius**.

2. A l'article *aigret* 1.

3. [Voir, pour plus de détails sur les représentants de ce type, l'art. *acer* du *Franz. etym. Wörterb.* de W. v. Wartburg].

4. Voir quelques exemples analogues d'aphérèse cités par Behrens, *Zeitschr. f. rom. Phil.*, XIII, 323, et XIV, 336. [Il n'y a pas lieu d'y ajouter *ivière* pour *nivière*, comme je le croyais et comme je l'ai dit à tort dans ma première édition ; voir, ci-dessous, l'article *ivière*].

étudié l'étymologie de ce mot [1]. Repoussant avec raison *naxiare,
proposé par Nizier du Puitspelu, il met en avant un type *natiare,
formé sur le germanique **natjan**, allemand moderne *netzen*
« humecter » [2]. Je crois, avec l'abbé Devaux [3], que l'ensemble des
formes romanes postule *nasiare, mais mon credo s'arrête là [4].

(Romania, XXIX, 162).

AIMAILLANTER

Je n'hésite pas à considérer le morvandeau *aimaillanter* « meur-
trir, écraser », que Chambure tire de **malleus**, comme un composé de *a* + *maillenter*. Il faut admettre tout au plus que le sens
s'est modifié sous l'influence de *maillet*, car l'ancien français *maillenter* signifie proprement « souiller » [5]. Godefroy donne une
dizaine d'exemples de *maillenter* [6], parmi lesquels un du Renclus
de Moiliens. A. G. van Hamel, éditeur de ce poète, formule ainsi
l'étymologie de notre mot : **macul***a* + **ent***um* + **are**. En réalité,
il faut inscrire directement dans le lexique du latin vulgaire de la
Gaule *maculentare, qui est à l'adjectif **maculentus** (attesté par
les notes Tironiennes) comme **cruentare** est à **cruentus**. Il est
singulier de voir Meyer-Lübke déclarer, à propos de la dériva-

---

1. *Zeitschr. f. rom. Phil.*, XV, 244.

2. Aux articles *naigeou* et *nâyou* « rouissoir », oubliant ce qu'il avait dit aux
articles *aiger*, *aizu* et *zue*, Chambure part du latin **necare**, ce qui ne l'empêche
pas de faire un renvoi à l'allemand **nass** « humide » et **nasseln** « mouiller ».

3. *Essai sur la langue du Dauphiné septentrional*, p. 125, note.

4. Meyer-Lübke s'étonne que je repousse le germanique **natjan** (*Zeitschr.
f. rom. Phil.*, XXV, 125); mais le provençal *-is-* ne peut provenir du germanique *-tj-*. [Dans son *Rom. etym. Wörterb.*, n° 5850, pour esquiver l'objection,
il suppose que le provençal (auquel il attribue à tort la forme *nazar*) est emprunté
au français du Sud-Est. — W. Gerig, qui a exposé (sans le résoudre) ce problème étymologique, repousse l'origine germanique proposée pour des raisons
à la fois sémantiques et phonétiques; voir son *Beiheft* à la revue *Wörter und
Sachen*, 1913, p. 29-32].

5. [Meyer-Lübke ne croit pas nécessaire de faire appel à l'influence de *maillet* : il fait remarquer que *taché*, appliqué à un fruit, est synonyme de « meur-
tri » (*Rom. etym. Wörterb.*, n° 5214)].

6. Il a aussi un exemple de *emmaillenté* et un autre de *emmaillenti*.

tion du type -**entus**[1], que le latin ne présente pas de modèle immédiat : Diez a pourtant cité **cruentus** et l'archaïque **silentus**. On peut y joindre non seulement **maculentus** (synonyme de **maculosus**), mais **febriculentus**, employé par Marcellus de Bordeaux à la place de **febriculosus**, et **fluentus**, qui est dans une inscription. [Ajouter, probablement, *palentus, tiré de l'adverbe **palam**, qui paraît nécessaire pour expliquer la formation du verbe *palenter*, dont Godefroy a relevé un exemple dans le poème franco-italien de *Macaire* et qui a survécu jusqu'à nos jours dans quelques patois (Namur, Malmédy, Suisse romande, Engadine), où les formes en usage remontent, les unes à *palentare, les autres à **palantare**].

AISSADE

Aissade, que Littré définit par « sorte de pioche en fer pointue », se dénonce par sa désinence comme étant d'origine méridionale[2]. Il est facile d'y reconnaître, habillé à la française, le provençal *aissada* (frère de l'espagnol *azada* et du portugais *enxada*), mot qui désigne l'instrument agricole généralement connu en français sous

1. *Gramm. des l. rom.* II, § 516.

2. Le mot n'a pas d'historique dans Littré, mais il figure dans le *Complément* de Godefroy avec deux exemples du XVe siècle, qui sont ceux que Carpentier a ajoutés à Du Cange, vº *aissada* ; dans le plus ancien (1416), *aissade* est donné comme un terme usité en Languedoc. [M'étant reporté aux sources citées par Carpentier, ce qui n'a pas été sans peine (car c'est dans le reg. 178, et non dans le reg. 195, que se trouve l'exemple le plus récent), je puis dire que ces textes s'appliquent respectivement à Grisolles (Tarn-et-Garonne), en 1416, et à Cognac (Charente), en 1446. — Le provençal moderne, par une curieuse assimilation de forme, appelle *eissado de poupo* le point où la carène d'un vaisseau commence à se rétrécir (Mistral). De là vient le terme de marine *aissade*, aujourd'hui hors d'usage, que Littré a laissé de côté ; cf. le *Dict. de Trévoux*. Cotgrave ne le connaît pas, mais il donne le terme d'agriculture et le définit ainsi : « An instrument wherewith Gardeners open, or breake up, the ground ». Après une longue éclipse dans les dictionnaires français, notre *aissade* « houe » réapparaît dans le *Cours complet d'agriculture*, par le baron de Morogues, etc., t. II (Paris, 1834), p. 104, où on lit : « Sorte de pioche à fer pointu, en usage dans le Midi »].

le nom de « houe », et que les Romains nommaient **ascia** [1]. Le
latin vulgaire a nécessairement possédé un type correspondant,
***asciata**, qui a supplanté **ascia** dans cet emploi spécial. **Ascia** ne
semble s'être maintenu que dans le langage des ouvriers qui travaillent le bois [2]. ***Asciata** est représenté actuellement dans le
domaine de la langue d'oïl par le saintongeais *aissée* : c'est un mot de
conformation très régulière, qui donne au français le droit de marcher de pair avec le provençal, l'espagnol et le portugais comme
héritier du latin vulgaire.

AISSON

Nos marins appellent *aisson* une petite ancre à quatre bras. Littré, qui enregistre le mot comme terme de marine, ne dit rien
de son étymologie. C'est un mot emprunté au provençal, diminutif
de *aissa*, dont nous avons parlé à l'article *aissade*. Mistral donne
concurremment le sens de « pic pour piocher la terre » et celui
de « petite ancre à quatre bras » [3] : une certaine analogie de
forme a fait d'un terme d'agriculture un terme de marine.

AJOUX

Le mot *ajoux* s'emploie, ou s'est employé, dans l'industrie des
tireurs d'or, comme substantif masculin pluriel, pour désigner les
deux lames de fer qui servent à retenir la filière. Aucun des nombreux dictionnaires qui l'enregistrent [4] n'en donne l'étymologie.

---

1. Cf. Palladius, I, 43, 2 : « *ascias* in aversa parte referentes rostros », —
Raynouard traduit *aissada* par « bêche, sarcloir », ce qui n'est pas absolument exact (*Lex. rom.*, VI, 3); il confond d'ailleurs *aissa*, qui est le latin **ascia**,
avec *apcha*, qui représente un type germanique ***hapja**.

2. L'ancien français a fait *aisse* de **ascia** [conservé dans les patois de l'Aunis
et du Blaisois sous la forme *asse*]; le mot a disparu de bonne heure devant *hache*
dans la langue commune, mais ses diminutifs (*aissette* et *assette*, *aisseau* et
asseau) sont encore assez généralement usités.

3. A l'article *eissoun*. Il donne en outre le sens de « hachette, hachereau »,
lequel paraît appartenir non à *eissoun*, mais aux diminutifs d'*apcha*, qu'il enregistre pêle-mêle dans le même article.

4. Il est mentionné pour la première fois dans l'*Encyclopédie* de Diderot, en
1755.

Je crois qu'il faut voir dans *ajoux* une graphie erronée pour *ajoues*,
c'est-à-dire le substantif *joue* de la langue commune, devenu *ajoue*
dans la langue des ouvriers par fausse perception : l'*ajoue* au lieu de
la joue [1]. Il y a plus d'un mot français où l'*a* de l'article féminin
s'est notoirement agglutiné à l'initiale du nom. A côté d'*abajoue*,
abée, *alèze* [2], *alumelle* et *avélanède*, qui sont dans le Dictionnaire
de l'Académie française, la langue populaire fournit beaucoup
d'autres exemples de ce phénomène : *abourde* pour *bourde* (bâton),
en Poitou ; *achaintre* pour *chaintre* « lisière d'un champ », dans
le Bas-Maine ; *achaux* pour *chaux*, en Berry ; *achenau* pour *che-
nau* « chenal », en Saintonge, en Poitou et dans le Maine ; *affre-
sas* pour *fresas* « fresaie », appliqué à l'engoulevent dans l'Orne ;
agland pour *gland*, en Berry, en Poitou, dans le Morvan, dans
le Bas-Maine ; *aglu* pour *glu*, dans le Morvan ; *agrole* pour *grole*
« corneille » en Berry et en Poitou ; *ahaie* pour *haie*, et *alunette* pour
lunette, dans le Morvan ; *améchée* pour *méchée* « repos pendant qu'on
prépare la mèche des lampes », en Berry ; *amouscate* pour *muscade*,
et *anau* pour *noue*, à Valenciennes ; *anielle* pour *nielle*, dans le Bas-
Maine ; *aremberge* pour *remberge* « mercuriale », en Berry [3] ; *aronce*
pour *ronce*, en Berry, en Blaisois, en Champagne, etc. [4]. Que les

1. C'est de propos délibéré que je refuse d'y voir un substantif verbal tiré de
ajouter, comme *ajust* de *ajuster* : ce substantif existe effectivement, mais il n'est
pas de mise ici.

2. Voir, ci-dessous, l'article *alèze*.

3. Voir, ci-dessous, l'article *lamberge*.

4. On peut citer encore *amoise* pour *moise*, donné par Littré, et *alignole* « filet
à simple nappe pour prendre les petits poissons » pour *lignole*, d'un type latin
lineola, mais en faisant remarquer que cet *alignole*, bien qu'il figure dans
les grands dictionnaires français, n'est usité que sur les côtes de la Méditerranée, c'est-à-dire qu'il est provençal (on sait que le phénomène de l'agglutination
est encore plus fréquent en provençal qu'en français) ; voir dans la *Zeitschr. f.
rom. Phil.*, XIII, 412, un article de Behrens, et mes *Essais de philologie française*,
p. 205. [Voici encore quelques autres exemples dans le domaine de la langue
d'oïl : *aboulure* pour *boulure*, dans le Blaisois ; *achampleure* pour *champleure*
(= chantepleure), dans la Meuse ; *acrèche* (prononcé *aicroche*) pour *crèche*, dans
la forêt de Clairvaux (Aube) ; *aglau* pour anc. franç. *gloe* (bûche), dans la Meuse ;
aluette pour *luette* (Cotgrave) ; *amarri* « matrice » (Nicot, etc.), *aran*, *èran* pour
ran (étable), à Metz, dans la Meuse et en Franche-Comté ; *aruelle* (prononcé

deux lames de fer qui retiennent la filière aient été considérées comme des « joues », c'est là une métaphore très naturelle. Il suffit, pour s'en convaincre, de se rappeler qu'on appelle aussi « joues » les deux côtés de la caisse d'une poulie, les deux petites plaques qui terminent les broches d'un peson, les parois latérales des coussinets qui maintiennent les rails, etc.

ALANDIER

Le *Dictionnaire général* ne propose pas d'étymologie pour *alandier* « foyer à la base d'un four ». Salvioni croit pouvoir expliquer ce mot par ***limitarium** [1] ; mais l'*i* long de **limes**, conservé fidèlement par le français *linteau* et par le provençal *lindau*, ne permet pas d'accepter cette étymologie, qui ne rend pas compte, d'ailleurs, de l'*a* initial du mot *alandier*. On peut songer au provençal *alanda* « donner du champ » et, par analogie, « faire brûler le feu » ; mais, comme Mistral ne connaît pas de substantif *alandié*, je ne donne cette idée que comme une hypothèse [2].

---

ai-) pour *ruelle*, et *asseu*, *assou* (prononcé *ai-*) pour *seu*, *sou* (étable à porcs), dans la forêt de Clairvaux (Aube). — Sur une autre forme de l'agglutination, voir un article de Tappolet, *Die e-Prothese in den franz. Mundarten*, dans *Festschrift zum 14. Neuphilologentage in Zürich*, 1910, p. 158-183].

1. *Zeitschr. f. rom. Phil.*, XXIII, 514 ; cf. l'objection de G. Paris, *Romania*, XXXIV, 135.

2. [Le lat. **landica**, mis en cause par Schuchardt (*Zeitschr. f. rom. Phil.*, XXVI, 398) n'a rien à voir ici car, dans la glose alléguée, le grec altéré σοχαραδιν doit s'entendre, non au sens de « foyer », mais au sens de « parties naturelles de la femme », qui convient seul à **landica**, anc. fr. *landie* (cf. Meyer-Lübke, *Rom. etym. Wörterb.*, n° 4886). Le rattachement de *alandier* à *landier*, proposé par G. Paris et accepté par Meyer-Lübke (*Rom. etym. Wörterb.*, n° 449), ne me paraît pas admissible. Ce mot ne figure dans les dictionnaires généraux du français qu'à partir de 1845 (*Compl. du Dict. de l'Acad.*, par L. Barré) ; mais Brongniart le cite (sous l'orthographe *allandier*) et le définit avec précision, comme un terme de faïencier et de porcelainier, dès 1816 (*Dict. des Sc. nat.*, t. III, p. 60) : « Le combustible est placé sur quatre, six ou huit espèces de grilles extérieures, que l'on nomme *allandiers* »].

ALERON

L'*Encyclopédie* de Diderot nous apprend qu'on appelle *aleron* (à Paris) et *aleiron* (à Lyon) le liteau qui fait jouer les lisses du métier à tisser. *Aleron* est l'ancienne forme de *aileron*, conservée par la langue technique ; la forme lyonnaise *aleiron* confirme l'étymologie. En effet, le type latin de *aileron* est **alarionem**, comme le montre le provençal moderne *aliroun* et ses variantes.

ALÈZE

Le Dictionnaire de l'Académie ne donne au substantif féminin *alèze* qu'un seul sens, qu'il définit ainsi : « Drap ou lé de toile plié en plusieurs doubles dont on se sert pour soulever les malades et les tenir propres. » Littré en enregistre deux autres : « planche étroite qu'on ajoute à une autre pour l'élargir », et « allonge d'osier pour fixer une branche », mais il ne tient aucun compte de ces deux sens quand il donne comme étymologie : « *à*, *l'* et *aise*, parce que ce drap ainsi placé met les malades à l'aise [1]. » Le *Dictionnaire général* tire *alèze* de l'ancien verbe *alaisier* « élargir » ; cette fois, c'est le sens du mot dans la langue commune qui ne s'accorde pas avec l'étymologie. Il convient, il me semble, de distinguer deux mots *alèze* : l'un, qui est le substantif verbal de l'ancien verbe *alaisier*, et qui s'emploie dans les deux sens techniques que ne connaît pas le Dictionnaire de l'Académie ; l'autre, dont l'origine est en cause, et qui a le sens mentionné par l'Académie. Furetière écrit *alese*, et définit : « Drap qui sert à envelopper ou à chauffer un malade, qui n'est fait ordinairement que d'un lé de toile, d'où il y a apparence qu'il a pris son nom. » L'idée me paraît bonne : mais ce n'est pas précisément *lé* qui est l'origine directe de *alèze*, c'est son synonyme *laize* [2], lequel signifie proprement « largeur » et vient d'un substantif **latia*, formé en latin

---

1. Scheler reproduit la même étymologie, mais avec quelque réserve, au mot *aise*. Brachet ne donne pas *alèze*.

2. Orthographe de l'Académie française. [Elle jure avec celle du mot *alèze*].

populaire avec l'adjectif **latus**, large, et le suffixe atone **-ia** [1].
L'*a* initial de *alèze* appartient à l'article féminin *la* ; nous avons
cité de nombreux exemples d'une pareille agglutination [2].

ALLIER

L'*allier* [3] est un filet dont on se sert surtout pour prendre des
perdrix et des cailles. Jehan Thierry, qui a inséré ce mot en
1564, dans le *Dictionnaire francoislatin* de Robert Estienne, l'a
écrit *ailler*, ce qui lui a permis de pousser sans rire cette pointe
étymologique : « Pourroit estre que nous disons *ailler*, pour *cailler*. » On pense bien que Ménage ne prend pas cette boutade
au sérieux : pour lui, *allier* vient de **ales, itis** par ***alitarium**. Cela
ne vaut rien, remarque Littré. Pourquoi ne s'en est-il pas tenu à
cette sage critique ? C'est bien lui-même, hélas ! qui ajoute : « Le
valaque a le mot *haleu*, filet ; il serait possible que le mot *allier*
eût le même radical, et que ce radical fût le grec ἁλιεύς, pêcheur ».
Une étymologie excellente était pourtant en germe dans l'idée
de Ménage : si ***alitarium** ne vaut rien, **alarium** est excellent. On
sait que les côtés d'un filet s'appellent les « ailes » : or, l'allier,
au témoignage même de Nicot, « est une espèce de filet à tendre
aux perdrix qui a deux panneaux de grosse et large maille, et
entre iceux un panneau de menue maille » [4]. Si j'ajoute que l'al-

---

1. *Alèze* a conservé dans le patois du Bas-Maine son sens abstrait primitif ;
Dottin le définit par « grandeur, étendue ».

2. Voir, ci-dessus, l'article *ajoux*. — [Je néglige l'étude des patois ; elle
m'entraînerait trop loin].

3. On écrit aussi *ailler* et *hallier*. L'Académie française, qui enregistre ce mot
dès la première édition de son Dictionnaire, ne donne que la forme *allier* ;
si elle faisait l'économie d'une *l*, ce serait tout bénéfice. [Il faut remarquer que
le *Dict. des chasses* de Baudrillart (Paris, 1834), outre l'article *hallier*, consacré
à ce filet, mentionne les *halliers* comme pièces du filet dit *tonnelle*. On verra
ci-dessous que les plus anciens exemples du mot s'appliquent à cet emploi].

4. *Thresor*, art. *tremaillé*. [Le texte de Nicot porte bien *menue*, comme l'a
conjecturé Schuchardt, et non *mesme*, comme il a été imprimé, par suite d'une
faute typographique, dans la première édition de mes *Mélanges*].

lier s'appelle en espagnol *alar*, qui est clairement le latin **alare,**
tout doute disparaîtra ¹.

AMBERSAC

On lit dans le *Supplément* de Jaubert : « *Ambersac*, s. m. Bissac, généralement d'une assez grande capacité ; du latin *ambo*,
deux, comme *bissac*, de *bis*. » Il ne faut pas hésiter à voir dans
ambersac le même mot que le français *havresac*, dont on sait l'étymologie ; c'est l'allemand **habersack** « sac à avoine », qui s'est
introduit chez nous pendant la guerre de Trente Ans. D'ailleurs
Jaubert lui-même a un article ainsi conçu : « *Aubersac*, s. m.
Havresac. » Le *b* se trouve dans d'autres patois : Champagne,
habersac ; Poitou, *haubressac* et *rabressac*.

1. L'espagnol a aussi le mot *alero*, correspondant exact du français *allier*,
dans un sens un peu différent, mais relatif aussi à la chasse aux perdrix : ce mot
s'applique aux levées ou aux sentiers faits de chaque côté du filet pour que les
perdrix y tombent plus facilement. [Sans repousser absolument mon étymologie,
Schuchardt fait remarquer que l'espagnol *alar*, qui s'emploie surtout au pluriel
(*alares*), a un sens technique assez différent de celui du français *allier*. Il importe
donc d'établir que dans le plus ancien exemple connu du *Dict. général*, exemple
communiqué par Delboulle et emprunté à l'inventaire du château de Chailloué,
en Normandie, rédigé en 1416 et publié par Ch. de Beaurepaire, on lit : « Une
rez (et non *vez*, comme porte le *Dict. général* par suite d'une faute typographique) a caillez *avec les alliers* », ce qui montre que le mot *allier* s'est d'abord
appliqué à chacun des panneaux latéraux du filet, puis a servi ensuite à désigner
l'engin tout entier. — Au dernier moment, je relève deux exemples, antérieurs
de près d'un siècle à celui de Delboulle, qui confirment ma manière de voir. Je
les tire de la première rédaction de *Renart le Contrefait*, datée de 1319-1322,
d'après l'édition de Raynaud et Lemaître, parue en 1914 :

> Si comme *li alier* conduisent
> Les perdriz tant qu'elles s'advisent
> An la tonnelle devaler.
>> (*Éd. citée*, I, 219, 2ᵉ col.).

> Et lors chiet elle an *uns aliers*,
> Tant les senst et tant s'en costoie
> Qu'il la mainent la droite voie
> En la chance de la tonnelle.
>> (*Éd. citée*, II, 200, 2ᵉ col., et 201)].

AMÈGUE

Ch. Joret enregistre, dans son *Essai sur le patois du Bessin*, parmi les mots qu'il n'a pas recueillis lui-même, *amègue*, s. f., « cerise aigre », sans en indiquer l'étymologie. Les frères Du Méril donnent *amèche* comme usité dans l'Orne au sens de « cerise acide », et remarquent que l'on dit à Caen *amègue*, « peut-être parce que le petit-lait s'y prononce *mègue* ». La forme *dumèche*, qu'ils signalent eux-mêmes à Rennes, aurait pu les mettre sur la voie d'une étymologie toute différente. Si *amèche*, *amègue* comportent réellement une idée d'aigreur, d'acidité [1], ils ne l'ont contractée que récemment, depuis qu'ils se sont rapprochés du mot *amer* en perdant leur *d* initial [2]. Il est tout à fait évident, en effet, qu'ils remontent au latin **domesticum**, d'où *domesche*, si fréquemment employé en ancien français pour qualifier les plantes cultivées aussi bien que les animaux domestiques. Godefroy a un exemple de la forme *damesche*, d'où procède directement *amèche*. Quant à *amègue*, il remonte à **damesgue*, *domesgue*. De cette dernière forme Godefroy a aussi un exemple, mais cet exemple est provençal et non français [3]. La coexistence de *domesche* et de *domesgue* dans un rayon peu étendu est intéressante. Le jeu phonétique complet comporte deux autres formes [4] (**domesque*

---

1. On remarquera que L. Du Bois ne fait pas intervenir cette idée dans sa définition. Voici ce qu'il dit, en 1807 : « *Amèches*. On appelle ainsi les cerises proprement dites et on confond sous le nom de cerises, les cerises, les guignes, les griottes et les bigarreaux » (*Mém. de l'Acad. celtique*, V, 40). [Mais Haillant, *Flore pop. des Vosges*, p. 67, signale à Wissembach « *dolmeuhhes* et *domeuhhes*, cerises aigres » ; cf. *amèch* « amer » à Thaon (Calvados), enregistré par Guerlin de Guer].

2. Aux exemples de la chute de *d* initial cités dans mes *Essais*, p. 281, on peut ajouter : anc. franc. *anemarche*, bois de Danemark [cf. wallon *anemarche* ou *animarche* « brandebourg », dans Grandgagnage, I, 22, sans étymologie], et *Omignon*, nom de la rivière qui arrose Vermand, en latin **Dalminionem**. Cf. les exemples de la prosthèse du *d* réunis par Horning, *Zeitschr. f. rom. Phil.*, XXI, 454.

3. Il vient du registre JJ 46 du Trésor des Chartes, fᵒ 55 rᵒ, et est extrait d'un acte provençal passé par un notaire de Lauzerte (Tarn-et-Garonne).

4. Sans parler des formes du Nord-Est, comme *domeste*, où c'est la voyelle post-tonique qui se maintient (cf. Horning, dans *Zeitschr. f. rom. Phil.*, XV 494).

et *domesge*), dont toute trace n'est peut-être pas perdue. *Domesche*
est devenu *doumiche* dans le patois lorrain actuel, où il signifie
« doux » [1]. Dans le Bas-Maine, le mot s'applique exclusivement
à la cerise, comme en Normandie, mais il a conservé ordinairement sa valeur propre d'adjectif : des cerises *domèches* ou *demèches* [2].
Cependant il finit, là aussi, par subir l'aphérèse ; il devient *mèche*
et on le prend pour un substantif, comme dans ce noël du comté
de Laval, cité par Dottin, p. 135 :

> Les escoureurs d'Olivet
> Donront des cerises
> *De mèche* ou de bigarreau.

[L'aphérèse, plus ou moins complète, se trouve aussi en Gascogne et en Béarn ; cf. Luchaire, *Rec. de textes gasc.*, p. 80 ;
Lespy et Raymond, v° *mesche*; V. Durrieux, v° *amèche, ameiche*
« agréable, caressant, doux » [3]].

AMÉLANCHE

Littré a inséré dans son supplément les mots *amélanche* « fruit
de l'amélanchier » et *amélanchier* « espèce de néflier ». Ces mots
sont bien connus des botanistes, qui disent volontiers *mespilus
amelanchier, pirus amelanchier* et *amelanchier vulgaris* dans leur
jargon hybride. Si les dictionnaires français du xviie siècle ne
donnent ni *amélanche* ni *amélanchier*, le *Dictionnaire de Trévoux*,
dans ses dernières éditions, les enregistre d'après Tournefort. Ces
mots nous viennent du midi de la France, comme la plante elle-
même, et l'on peut voir dans Mistral les nombreuses variantes
qu'offrent nos patois méridionaux [4]. Mistral considère *amelenco*

---

1. Godefroy, v° *domesche*. [Cf. *domèhhe* « pomme douce » dans Zéliqzon,
Dict. des patois romans de la Moselle (Strasbourg, 1922)].

2. Dottin dit « cerises aigres », p. 135, et « espèce de cerise », p. 159.

3. [N'envisageant que la langue d'oïl, Meyer-Lübke (*Rom. etym. Wörterb.*,
n° 2465) n'accepte pas mon étymologie, et il part du nom de la ville de Damas,
confondant cerise et prune ; c'est aussi la manière de voir de Horning (*Zeitschr.
f. rom. Phil., Beihefte*, 56, p. 71), mais je ne puis m'y rallier].

4. *Amelenco, amalenco, malenco, aberlenco, amelanco, abelanco, ablanco, amelan-*

comme le nom le plus correct du fruit de l'amélanchier, et il voit
dans ce nom l'adjectif *amelenc,* dérivé de *amelo* « amande ». Pour
être plus raisonnable que d'autres [1], cette étymologie n'est pas
acceptable. Non seulement l'assimilation d'une baie qui n'est
guère plus grosse que celle de l'aubépine à une amande n'est pas
naturelle, mais, en outre, il est facile de se rendre compte que
dans mainte région le prétendu dérivé ne concorde pas phonétiquement avec le simple : à Montpellier, d'après l'abbé de Saû-
vages, l'amélanche se dit *aberlenco* et l'amande *amelo* ou *amenlo* ;
à Rodez, l'amélanche se dit *omelonco* et l'amande *omello,* etc., etc.
L'étymologie définitive reste à trouver [2].

AMIAU

Godefroy cite deux exemples seulement du substantif *aime*
« mesure de vin » ; on en peut lire un troisième dans Du Cange,
au mot *ama* 3 ; c'est une addition de Carpentier, qui a été relevée
par Diez et qui lui a permis de formuler l'étymologie : *aime* <
lat. **(h)ama** [3] (Körting, n° 4468 ; [Meyer-Lübke, n° 4014]). Le
mot *aime* paraît restreint à la région française limitrophe des
idiomes germaniques, si bien que l'on pourrait se demander si

---

cho, amerancho, pour le fruit ; *amelenquié, amalenquié, aberlenquié,* etc., pour la
plante. [Voir en outre Rolland, *Flore pop.,* V, 128-9].

1. On a proposé, par exemple, le grec ἀμελής « négligé », ou une combinaison de μῆλον « pomme » et de ἄγχειν « étrangler ». Un auteur, qu'il est inutile de nommer, croyant que les botanistes parlent toujours latin, déclare que
le languedocien *amalenquié* vient du latin *amelanchier.*

2. L'amélanche étant un fruit « sucré » (Mistral), ou du moins « doux et
agréable » (Trévoux), on pourrait supposer que *amelenco* est pour *melenco,* dérivé
de *mel,* miel ; pour la perte de l'initiale, voir l'article *ajoux.* [Schuchardt rattache
le mot au gaulois *aballa « pomme » (*Zeitschr. f. rom. Phil.,* XXVI, 421), et,
d'après lui, Meyer-Lübke enregistre un type étymologique *aballinca (*Rom.
etym. Wörterb.,* n° 3). L'idée est séduisante, mais il faudrait avoir des textes
du moyen âge pour se prononcer avec certitude sur sa valeur. Cf. *Archivum
romanicum,* VI, 199].

3. En grec ἄμη ; l'orthographe latine **hama,** quoique usuelle, est donc erronée. [Zimmer croit qu'il faut voir le mot latin dans le premier élément de
l'ancien irlandais *amdabach;* voir les *Sitzungsber.* de l'Académie de Berlin, ann.
1909, p. 461].

le liégeois remonte directement au latin (h)ama « seau », ou s'il est emprunté au germanique **ame** (aujourd'hui *ahm, ohm* en allemand, *aam* en néerlandais, etc.), qui vient lui-même du latin [1]. Le berrichon nous fournit un mot de même famille, qui montre que le latin (h)ama, bien qu'il ne survive que dans la région du Nord-Est, devait être répandu dans le centre de la Gaule. Jaubert enregistre en effet *amiau, aimiau* ou *émiau* « cuvier de vendange » [2]. Il me paraît évident que *amiau* remonte à un diminutif *(h)amellum [3].

(Romania, XXIX, 163).

ANAR

Je renonce décidément, pour ma part, à rattacher à une étymologie commune le français *aller*, le provençal *anar*, l'italien *andare*, etc. Ceux qui s'acharnent à cette tâche ferment l'oreille aux leçons de la phonétique qui nous crie : Chacun pour soi !

Le provençal *anar* remonte certainement à un type qui avait deux *n*. Pour l'affirmer, je ne me fonde pas seulement sur la graphie *annar*, que présentent parfois les très anciens textes (*Passion*, 125, 172 ; *Boèce*, 4 ; [*Sancta Fides*, 516]), mais sur un témoignage plus sûr encore, la rime du subjonctif *an* avec les mots à *n* fixe [dans *Sancta Fides*, 385], chez Bernard de Ventadour (*Non es meravelha*), dans *Flamenca*, etc. **Annare** est une base parfaite au point de vue phonétique.. On sait que ce verbe figure dans une ancienne formule de prière à Anna Perenna, que nous a transmise Macrobe : *ut* **annare** *perennareque commode liceat*. Il paraît signifier « durer, vivre pendant l'année ». Il n'y a rien d'étonnant à ce que le mouvement dans l'espace ait fini par être assimilé à la progression dans

---

1. [Dans son article intitulé : *Die Mass- und Gewichtsbezeichnungen des Französischen*, Kurt Glaser fait remarquer que le franç. *aime*, étant masculin, doit être rattaché au germanique (*Zeitschr. f. franz. Spr. und Litter.*, XXVI, 123].

2. Jaubert cite deux exemples anciens où ce mot, inconnu à Godefroy, est écrit *esmeau* (1462 et 1611) ; [en outre, dans son *Supplément*, paru en 1869, il a un article *hâmeau*].

3. Le diminutif (h)**amula** a donné en provençal et en italien *amola*.

le temps. Quand l'auteur de *Boèce* dit : « tan quan per terra *annam* », il entend *annar* dans un sens qui n'est pas très éloigné de celui où **annare** est employé dans la formule de Macrobe. Il faut d'ailleurs remarquer l'existence en provençal du verbe *desanar* « cesser de vivre », qui établit clairement que *anar* a possédé lui-même, comme le latin **annare**, le sens de « vivre » [1].

ANCIEN

En imaginant la série **ante**, ***antius**, ***antianus** pour expliquer le français *ancien* et ses congénères romans, le subtil Ménage n'a pas été trop mal inspiré, relativement. Tout le monde admet l'existence en latin vulgaire de ***propianus**, d'où l'ancien français *prochien*, remplacé depuis par *prochain*. Si ***antianus** était un mot populaire comme ***propianus**, il aurait donné *ancien* disyllabique. Or *ancien* est toujours trisyllabique en ancien français. Meyer-Lübke admet un type primitif ***antidianus**, modelé sur **quotidianus**, qui aurait abouti à **antiien* ; le changement du *t* en *c* serait postérieur et dû à l'influence de *ains* [2]. Il me semble qu'on fait fausse route en cherchant à expliquer *ancien* par la phonétique populaire. Gröber voit dans *ancien* un dérivé français tiré de *ains* à l'aide du suffixe savant *-ien* (dissyllabique), comme *terrien*, qui apparaît dès le XIIe siècle, est tiré de *terre* [3] : c'est beaucoup plus raisonnable. Darmesteter écrivait dès 1876 : « *Anciien* vient non de l'adjectif ***anteanum** qui aurait donné seulement *anç-ien* (cf. **captiare** *chacier*), mais, à l'aide du suffixe **-ianus**, de l'adverbe ***anteis** à l'époque où il devenait **antjs, ainz* » [4]. Mais n'est-il pas plus simple encore

---

1. Godefroy a un exemple de *desaler* dans le même sens, mais cet exemple vient du roman de *Florimont*, écrit dans la région lyonnaise, et dont le vocabulaire renferme plus d'un trait méridional.

2. *Gramm. des langues rom.*, II, § 449. [Dans son *Rom. etym. Wörterb.*, n⁰ 494, il abjure ***antidius** et se rallie, autant qu'il me semble, à ma manière de voir].

3. Voir Körting, 1re édition, n⁰ 608, Nachtrag.

4. *Romania*, V, 163. [De là le type « lat. pop. ***antianum** » proposé par le *Dictionnaire général*. L'idée de Darmesteter manque de netteté, il faut l'avouer, surtout parce qu'il ne songe qu'à l'évolution des mots populaires].

de supposer l'existence d'un *antianus en bas-latin, dans la langue des « clercs », et d'admettre entre *ancien* et *antianus le même rapport qu'entre *gracieux, précieux* et gratiosus, pretiosus ? Cet *antianus suppose-t-il un adjectif *antius, comme le veut Schuchardt [1] ? Je ne sais, mais cela me paraît peu probable. L'adjectif et l'adverbe français *proche* sont si récents dans les textes qu'ils font plutôt l'effet de formations régressives, d'après *prochain,* que de représentants traditionnels de types latins *propius et *propium.

J'ai indiqué récemment [2] les noms de pays *Mulcien* (écrit couramment *Multien*) et *Rencien* comme pouvant porter à croire que *ancien* a été tiré de *ains* dans la période française. Il me semble que j'ai eu tort. Etant donné qu'on trouve les graphies *Melcianus* [3] vers 751 et *Remtianus* [4] en 853, il est impossible de partir des formes françaises *Melz, Reims.* Je crois que *Rencien* et *Mulcien* reposent sur des formes qui ont dû être en bas-latin *Remicianus et *Meldicianus [5]. Mais je n'en conclurai pas que *ancien* doit son existence à un type *anticianus.

(Romania, XXVIII, 170).

ANTILLE

On appelle *antille* en patois wallon un « birloir », c'est-à-dire un tourniquet servant à maintenir une porte, un châssis de fenêtre, etc. [6]. Le même objet s'appelle en provençal moderne

---

1. *Zeitschr. f. rom. Phil.,* XV, 240.

2. *Romania,* XXVIII, 171.

3. Longnon, *Atlas hist.,* p. 112.

4. Id., *Dict. top. de la Marne,* p. 112. [Cf. le nom de personne *Remcianus* dans le *Polyptyque de Saint-Germain-des-Prés,* II, 62].

5. La combinaison des suffixes -**icus** et -**ianus** est fréquente dans les noms ethniques dès l'époque romaine, car on trouve *Asiaticianus, Britannicianus, Germanicianus, Illyricianus, Italicianus,* et, par analogie, *castricianus* et *urbanicianus.*

6. Grangagnage, I, 23, et II, p. IX. [Cf. Cotgrave : « *Antille de bois.* A woodden latch of a door, or, the ring that serves both to lift up the latch, and pull the doore to »]. Godefroy ne donne que le dérivé *antillette.* [Encore vivant et enregistré par le *Nouv. Larousse illustré,* sous la vedette ENTILLETTE, avec cette définition : « Petit morceau de bois qu'on met sur une clenche de porte, pour la fixer et l'empêcher d'être ouverte du dedans ou du dehors »].

nadiho, etc., mot qui s'explique d'une façon très satisfaisante par le latin **anatīcula** « canard », et qui correspond au français *anille, nille*, primitivement *aneïlle* [1]. Il est vraisemblable que *antille* a le même radical diversement fléchi. D'après la forme oblique **anitis**, au lieu de **anatis**, qui se trouve dans Plaute, nous avons le droit de partir de ***anitīcula** pour avoir un accord parfait entre le wallon et le latin : ***anitīcula** donne, en effet, aussi régulièrement *antille* que **anatīcula** donne *aneïlle, anille* [2].

ANTOIT

Les charpentiers de marine appellent *antoit* une sorte de levier coudé. Cet instrument sert, d'après les meilleurs auteurs, « à approcher les bordages près des membres et les uns près des autres ». Aucun dictionnaire ne propose d'étymologie. On peut considérer *antoit* comme une graphie erronée pour **eniois*, substantif verbal de l'ancien verbe *enteser* « tendre ». L'*antoit* sert effectivement à exercer et à maintenir une tension sur les bordages, jusqu'à ce qu'ils aient été cloués à la place qu'ils doivent occuper définitivement.

ARANCHIER

Joret n'a pas indiqué l'étymologie du verbe *s'aranchier*, employé dans le patois du Bessin au sens de « se renverser, s'appuyer le

1. Le français signifie (selon les lieux et les temps) « béquille, crochet, fer de meule, manchon de manivelle, piton de clavette, vrille de la vigne » ; il est probable que le sens de « birloir » doit lui être attribué quelque part. L'italien lui-même a un représentant de **anaticula** dans un sens analogue : *naticchia*, « loquet », d'après Oudin. [Cf. Meyer-Lübke, *Rom. etym. Wörterb.*, n° 440].

2. [Dans une communication du 31 décembre 1901, J. Ducamin m'a signalé l'existence du gascon *andelha*, trouvé par lui dans un texte de 1535 au sens de « fer de meule » (cf. *Mélanges Léonce Couture*, 1902, p. 209, n° 11) : le type étymologique est ***aniticula** ; cf. le béarnais *bidelhe*, de **viticula**, à côté du provençal *vedilha*, de **viticula**, dans mes *Nouv. Essais de phil. franç.*, p. 179-181. Dans le patois du Gers, le fer de meule s'appelle aujourd'hui *andilho* < **aniticula**].

dos contre quelque chose ». Le mot remonte clairement à un type du latin vulgaire **arrenicare**, composé parasynthétique de **ren** « rein ». Il correspond comme formation à l'espagnol *derrengar* « briser les reins, éreinter », qui représente le latin vulgaire **disrenicare** [1].

ARGILAC

Carpentier a relevé dans une charte méridionale de 1308 le mot *argilax*, qu'il a inséré dans Du Cange et glosé par « dumeta, vepres » [2]. *Argilax* est le pluriel de *argilac*, mot encore usité aujourd'hui à Nice pour désigner l'ajonc. On peut voir dans Mistral, à l'article *argelas*, de nombreuses variantes [3] : l'éminent lexicographe

1. La forme normale sortie de **arrenicare** serait *aranquier* ; l'étymologie n'est donc pas sûre, malgré sa belle mine. Moisy donne *aranser*, qu'il appuie d'un exemple des *Rimes guernesiaises*. Je m'aperçois au dernier moment que Métivier, à l'article *éransaïr*, a proposé **adrenicare**. [Meyer-Lübke ne fait aucune objection à l'étymologie proposée (*Rom. etym. Wörterb.*, n° 7206). Elle paraît convenir au verbe intransitif *érentchie* « ployer sous un lourd fardeau », que Contejean a relevé dans le patois de Montbéliard. La remarque sur la forme normale qu'aurait dû prendre **arrenicare** dans le patois du Bessin ne me paraît plus fondée ; mais il est impossible de concilier *aronchier* et *aranser*].

2. [« ARGILAX, vox Gallica, qua Dumeta, vepres significari videntur. Charta ann. 1308. in Reg. 40. Chartoph. reg. ch. 29 : *Domini de Fontesio possint depascere animalia sua, et ibidem ligna, videlicet motzes, et boisses, et Argilax, et curatiers dumtaxat colligere ad voluntatem suam ad opus furni sui.* Vide supra *Arga* 2. » Le rapprochement indiqué avec l'article *arga* 2 est sans valeur. Une communication de mon confrère Henri Courteault m'apprend que la pièce citée par Carpentier (aujourd'hui aux Archives nationales, JJ 40) est le vidimus approbatif, expédié en 1308, par la chancellerie royale, d'un acte passé, en 1280, devant un notaire de Béziers : les *domini de Fontesio* sont les seigneurs de *Fontès*, c^on de Montagnac, arr. de Béziers. Des trois noms de plante mentionnés avec celui de l'ajonc, celui du buis est clair (*boisses*, plur. de *bois*) ; une obligeante communication de M. Stehle, de Montpellier, transmise par M. d'Aulan, me permet de dire que *motzes*, plur. de *motze*, désigne le ciste ; cf. Mistral, v° *massugo* 2, et Rolland, *Flore pop.*, II, 205 et s. Pour *curatier*, Godefroy a lu à tort *curalier*, qu'il traduit par « broussailles »].

3. [L'*Atlas linguistique de la France* (carte 21, *ajonc*, publiée en 1902) et la *Flore populaire* de Rolland (t. IV, paru en 1903, p. 80-90) fournissent de nouveaux

rapproche avec raison les formes provençales du catalan *argelaga*, mais il ne donne pas d'étymologie. Il est tout à fait certain que nous avons là un représentant de l'arabe *al-djaulac*, qui a le même sens. L'article *al* s'est changé en *ar*, par dissimilation, à cause de la présence d'une *l* dans le substantif *djaulac* [1].

matériaux sur l'habitat de ce nom de l'ajonc. De l'ensemble de la documentation il résulte qu'il s'étend sans conteste sur les départements suivants : Alpes (Basses-), Alpes-Maritimes, Ardèche, Ariège, Aude, Aveyron, Bouches-du-Rhône, Gard, Hérault, Loire, Loire (Haute-), Lozère, Puy-de-Dôme, Pyrénées-Orientales, Tarn, Var, Vaucluse. Peut-être faut-il lui attribuer aussi une partie de la Corrèze, de la Dordogne et du Lot, où le rapport des formes qui offrent *g* explosif (*goladzo*, etc.) avec celles qui offrent *dj*, prononcé *dz* (*dzoladzo*, etc., francisé en *jalage* dans *Jacquou le Croquant*, roman bien connu d'Eugène Le Roy, Paris, 1899, p. 188-9) n'est pas clair. Je ne crois pas qu'il faille rattacher à la même étymologie le nom de *jăgęłă̆*, signalé par l'*Atlas linguistique* au point 433 (Chazé-sur-Argos, canton de Candé, Maine-et-Loire), écrit *jaghëlhë* par Rolland (ouvr. cité, IV, 82), francisé en *jaguelier* par l'illustre écrivain René Bazin (*Ma tante Giron*, Paris, 1886, p. 10-11) — lequel veut bien m'apprendre que le dicton qu'il cite comme traditionnel dans le Craonais (« à toutes les fêtes de Vierge, le *jaguelier* fleurit ») lui a été communiqué par Théodore Pavie —, et recueilli, d'après R. Bazin, par Verrier et Onillon (*Glossaire des patois de l'Anjou*, Angers, 1908, t. I, p. 494). Rolland l'enregistre pêle-mêle avec les formes gasconnes telles que *jaoughë* (Landes), ce qui n'engage que lui (cf. Meyer-Lübke, *Rom. etym. Wörterb.*, n° 4579)].

1. [J'ai admis comme « tout à fait certain » que le provençal *argelas* (avec ses variantes) et le catalan *argelaga* étaient d'origine arabe. Pourtant Dozy, qui les connaît, dit en propres termes (Dozy et Engelmann, *Glossaire des mots espagnols et portugais dérivés de l'arabe*, Leyde et Paris, 1869, p. 372) : « Quelle que soit l'origine de ces mots, il est certain qu'ils ne sont pas arabes ». D'autre part, Simonet considère comme probable qu'ils sont d'origine celtique (*Glosario de voces ibéricas y latinas usadas entre los Mozárabes*, Madrid, 1888, p. 21, v° *archi-láca*). L'opinion de Simonet, qui dérive d'un rapprochement sans valeur fait par Carpentier (dans une addition à l'article *arga* 2 de Du Cange), ne mérite pas la discussion. Dozy admettant que *djaulac* « est un mot de l'arabe classique », il est étrange qu'il ne soit pas porté à admettre que les mots *youláca* et *ardjiláca*, donnés comme synonymes espagnols de l'arabe *dáraçhaicha'án* pár Ibn Buclarix (qui écrivait vers l'an 1106), sont empruntés de l'arabe *djaulac*, tout comme la variante *yaláca*, que nous a transmise Ibn-el-Baitâr (en notant que ceux qui identifient le *djaulac* avec le *dárachaicha'án* se trompent), et la variante *aliaga* (nom usuel de l'ajonc en espagnol moderne), par laquelle Pedro de Alcala traduit l'arabe *djaulac*. Maintenant, y a-t-il un rapport entre l'arabe *djaulac* et le

ARMON

On appelle *armon*, en français technique, chacune des deux
pièces de bois un peu courbes qui, dans l'avant-train d'un carrosse,
prennent sur l'essieu et aboutissent de chaque côté du timon en
soutenant une cheville sur laquelle le timon est mobile [1]. Furetière
voit dans *armon* un dérivé du latin **armus**, « à cause que les
armons sont comme les flancs du timon » ; Littré suggère le latin
artemon; Scheler ne se prononce pas entre les deux étymologies ;
le *Dictionnaire général* se rallie à l'idée de Littré. Le latin **armus**
a donné en ancien français *arm, qui ne se trouve qu'au pluriel
(*ars*) et qui s'applique surtout aux flancs du cheval [2]. Or le patois
messin connaît le substantif *armon* au sens de « poitrail du

latin **ulex**, comme l'admet Simonet (ouvr. cité, p. 617, v° *yuláca*), et quel est
exactement ce rapport ? Je n'ai pas qualité pour me prononcer ; en tout cas, la
solution de ce problème ne touche pas directement l'objet propre de la présente
notice].

1. [Le premier exemple de *armon* donné par Godefroy vient de Tournay et
remonte à 1405. J'en puis citer un de 1322, provenant de Roquetoire (Pas-
de-Calais) : « pour iiij roees du car... et pour les *armons* », dans *Bibl. de l'É-
cole des chartes*, LIII, 587). Je verserai aussi au dossier le texte suivant,
emprunté par Carpentier à une lettre de rémission de 1449, et reproduit par
Godefroy : « Ainsi que le suppliant ahennoit sa terre, rompi ung *hannon* ou
piece de sa charrue ». Le fait (certifié par mes confrères H. Courteault et Ch.
Samaran), que la leçon du reg. JJ176, pièce n° 686, est bien *hannon*, comme
l'a imprimée le continuateur de Du Cange, v° *hanones*, ne m'empêche pas de
corriger *hannon* en *harmon*. La définition que donne Carpentier « partem
quamdam aratri, quam vulgo *coquille* dicimus », et que lui emprunte Godefroy,
est d'ailleurs sans réalité. La pièce visée est relative à la paroisse de *Ques-
lecques* (aujourd'hui Questrecques, Pas-de-Calais). Noter que la graphie *harmon*
se trouve en 1562 dans un document des Archives dép. de la Gironde (Godefroy, v° *harmon*)]. — *Armon* fait son apparition dans les dictionnaires français
avec Richelet (1680) ; il figure dans celui de l'Académie depuis 1718. Il a une
variante graphique *érémont*, arrivée plus tard à la notoriété, où l'accent aigu
du second *é* est erroné. L'*Encyclopédie* de Diderot imprime indifféremment *armon*
(I, 998), *éremout* (I, 681, art. *avant-train*) et *armont* (planche III de l'art.
charron).

2. Terme conservé dans la langue actuelle ; voir le *Dict. général* aux articles
ars et *crs* 2.

cheval » [1]. L'existence de ce sens semblerait devoir trancher la question en faveur de l'étymologie par **armus**. Toutefois il faut tenir compte du fait qu'on trouve, à Tournay, en 1424 et 1458, *aremon, airemon* [2], d'où probablement la forme actuelle *érémont*, et que le provençal moderne a *aramoun* et *alamoun* « armon de carosse » et « sep de charrue » [3], formes qui ne s'expliquent ni par ***armonem** ni par **artemonem**. La lumière n'est pas encore faite [4].

ARROUMERA

Mistral tire le béarnais *arroumera* « pelotonner » [cf. Lespy et Raymond] de **agglomerare** ; mais il y a beaucoup à dire. La désinence doit remonter à un type latin en **-ellare**, ou plutôt le verbe a dû être tiré d'un substantif en **-ellum**, aujourd'hui disparu, qui correspondait au latin vulgaire ***glomellum** et que l'on trouve encore vivant dans le parler cantalien de la vallée de l'Alagnon, où *groumer*, autrefois ***glomel*, signifie « peloton » [5]. On a dû avoir de bonne heure dans la région gasconne ***lomellum** pour ***glomellum** [6], d'où ***romellum** par dissimilation.

---

1. Rolland, dans *Romania*, V, 196. [De même dans le patois de La Bresse (Vosges) : « *armon*, poitrail des grands quadrupèdes » ; cf. Hingre, cité par Horning, *Romania*, XLVIII, 165].

2. Voir le *Complément* de Godefroy, v° *armon*.

3. Pour le franco-prov., cf. l'art. *alamon* (avec le Supplément) de Nizier du Puitspelu.

4. [Schuchardt fait appel à l'allem. **arm** (apparenté au lat. **armus**), dont la forme médiévale offre un *a* devant l'*m* : **aram**, plur. **aramâ** (*Zeitschr. f. rom. Phil.*, XXVI, 419). — M. H. Cochin me signale, comme pouvant avoir quelque rapport avec le franç. *armon*, un mot du patois du Nord, prononcé *amon* à Bourbourg et *ermon* à Merville, qui désigne l'appareil triangulaire dont on entoure le cou des porcs pour les empêcher de traverser les haies. Mais ce mot n'a rien à voir ici ; il est apparenté au néerl. *haam*, allem. dialectal *hamen*, angl. *hame*, etc. (cf. l'art. *hamont* de Corblet et les art. *hamon* et *enhamonner* de Haigneré)].

5. [Labouderie, dans *Mém. Soc. Antiq. de France*, XIII, 368].

6. Cf. la forme **lobellum**, pour **globellum**, dans certains manuscrits d'Isidore de Séville, que j'ai signalée, d'après Cornu, dans mes *Essais*, p. 330, note 3.

Arroumerà n'implique donc pas la présence du préfixe **ad** ; le groupe *arr-* représente le renforcement bien connu que le gascon fait subir à l'*r* initiale. En fin de compte, *arroumera* remonte simplement à ***glomellare** [1].

ART

Littré a un article *àrt* 2, ainsi conçu : « Subst. masc. Terme de pêche. Sorte de filet, dit ordinairement boulier. » Pas d'étymologie. Comme le « boulier » n'est en usage que sur la Méditerranée, c'est Mistral qu'il faut interroger. D'après lui, *art* n'est pas le nom d'un filet spécial, mais il s'emploie au pluriel pour désigner l'ensemble des rets, des filets de pêche : c'est évidemment le même mot que le latin **ars**, **artis**, qui a passé du sens abstrait au sens concret. Remarquons que, quand nous disons en bon français de France « les *engins* de pêche », nous en agissons avec notre mot *engin*, qui est le latin **ingenium**, comme les pêcheurs méditerranéens avec leur mot *art*. Ni Raynouard ni son continuateur, Emil Levy, n'ont relevé d'exemple de cet emploi du mot *art* en ancien provençal, mais il doit y en avoir, à preuve un texte latin de Nîmes, où les engins de chasse sont appelés *artes*, en 1352 [2]. L'espagnol *arte* s'applique aussi à l'attirail de chaque genre de pêche, et spécialement aux filets [3].

ASSADO

Nizier du Puitspelu distingue avec raison deux verbes *assado* dans le patois lyonnais. Le premier veut dire « goûter » : comme l'a vu Horning et comme N. du Puitspelu lui-même l'a reconnu dans son errata, il est formé avec **ad** et **sapidus**, et il représente un type du latin vulgaire ***assapidare** [4]. Le second ne s'emploie

---

1. Cf., ci-dessous, l'article *gusmet*.
2. Dans Du Cange, sous *ars* 3.
3. [Cf. Schuchardt, *An Adolf Mussafia*, p. 38].
4. Cf. le dauphinois *sadeja, sadeia* « savourer », qui représente ***sapidizare**.

que sous la forme réfléchie et signifie « boire de manière à satis-
faire complètement sa soif ». N. du Puitspelu l'explique par
ad + satum + le suffixe verbal **-are**. Par l'énigmatique **satum**,
il entend sans doute l'adverbe **satis** ; l'étymologie n'en est pas
moins fausse. *Assado* est pour *assedo* et correspond, comme formation, au provençal *assedar* et à l'italien *assetare* ; mais, tandis
qu'en provençal et en italien le verbe ainsi formé veut dire « altérer » ou « être altéré », *s'assado* veut dire « éteindre sa soif ».
On ne peut méconnaître l'étymologie **ad + sitis + -are** [1].

ASSURE

Les tapissiers de haute lisse appellent *assure* le fil (d'or, d'argent, de soie ou de laine) dont ils recouvrent la chaîne ; cette
assure de la tapisserie correspond à la trame de l'étoffe et de la
toile. Les dictionnaires regardent *assure* comme un substantif
verbal tiré de *assurer* ; mais on ne voit pas comment le sens peut
s'accorder avec l'étymologie. Je considère plutôt *assure* comme
une altération de *laçure*, dérivé du verbe *lacer*, qui est très fréquent en ancien français (sous la forme *laceure*) et qui figure dans
Littré au sens général de « action de lacer ». La chute de l'*l* initiale, par confusion avec l'article, n'est pas sans exemple [2] : tout
le monde sait que *azur* remonte au persan **ladjourd** et qu'on
retrouve la consonne disparue dans la locution *lapis-lazuli*. Voici
quelques cas analogues moins connus : *agnous* pour *lagnous* (Ber-

---

1. Le prov. *asseda* vient certainement de **ad + sitis + -are**, mais le lyon.
assado n'en peut venir, au moins directement, puisqu'en lyonnais le *t* latin
intervocalique tombe. [Cf. anc. lyon. *asiar* « altérer », cité dans *Romania*,
XXXVIII, 363, ce qui empêche aussi de rattacher le mot à **satis**. Il convient
de se rallier à l'opinion de Meyer-Lübke (*Zeitschr. f. rom. Phil.* XXXIV, 125,
et *Rom. etym. Wörterb.*, n° 7587), qui, tout en oubliant *assado* « goûter »,
explique *s'assado* par **se *assapidare** moyennant un développement sémantique
divergent].

2. C'est la contre-partie du phénomène qui a fait agglutiner l'article avec
certains noms commençant par une voyelle, comme *lierre* (pour *l'ierre*), *lendemain* (pour *l'endemain*), etc.

ry ; cf. mes *Nouv. Essais*, p. 151-152), *ambrisser* pour *lambris-ser* (Godefroy, III, 40), *amproie* pour *lamproie* (Liège), *angeul* pour *langeul* « lange » (Bas-Maine), *angouste* pour *langouste* (Cotgrave), *angrote* pour *langrote* « lézard gris » (Saintonge), *anspessade*, de l'italien *lancia spezzata* (Académie), *availlon* pour **lavaillon* (Bernard Palissy) [1], *availles* pour *lavailles* (Berry), *azert* pour *lazert* « lézard » (Saintonge), *éard* pour *léard* « peuplier noir » (P. Belon), *écrelet* pour *lécrelet* (Littré), *égrème* pour *légrème* « larme » (Poitou), *égume* pour *légume* (Malmédy : cité par Horning, *Zeitschr. f. rom. Phil.*, XXVII, 152), *embrunche* pour *lambrunche* « lambruche » (Berry), *émichon* pour *lémichon* « limaçon » (Picardie), *étanie* pour *létanie* « litanie » (Bas-Maine), *ignolet* pour *lignolet* « chiendent » (Blaisois), *istel* pour *listel* [2], *once* (lynx) pour **lonce*, *osange* pour *losange* (Berry, Saintonge) [3].

AT

L'ancien provençal possède un substantif masculin *at*, que Raynouard traduit par « besoin, profit, avantage » [4]. Ce mot est sans famille dans le *Lexique roman*, et les patois modernes ne

---

1. Cf. mes *Essais*, p. 324.

2. Écrit *istelle* dans Gastellier, *Manuel du peintre en équipages* (Paris, 1858), p. 49, 108, etc.

3. [Schuchardt tient pour l'étymologie de *assure* par le verbe *assurer*, parce que la trame « affermit » la chaîne ; il fait d'ailleurs remarquer que le patois du Bas-Maine connaît *laçure* « assemblage de lissons dans lesquels sont passés les fils de la chaîne » (*Zeitschr. f. rom. Phil.*, XXVI, 414].

4. Aux quatre exemples cités par Raynouard, il est facile d'en joindre d'autres, par exemple : *Flamenca*, vers 442 et 3769 ; *Coutumes de Montferrand*, 15 et 52 (*Annales du Midi*, III, 299 et 301). [Le mot *at* se trouve aussi dans une charte du Bourbonnais (7 décembre 1922) : « a l'*at* de nostra mayson » (G. Lavergne, *Le parler bourbonnais aux XIII⁰ et XIV⁰ siècles*, Paris, 1909, p. 70). Dans le glossaire de sa deuxième édition de *Flamenca*, P. Meyer a écrit : « Ce mot (*at*) semble être le même que le fr. *aite* dans cet ex. cité par Godefroy : Je n'ai aite de tel present (*Bel inconnu*, v. 230) ». Le prétendu anc. fr. *aite* est une monstrueuse faute de lecture du premier éditeur, Hippeau, pour *cure* ; voir la récente édition de Miss Perrie Williams (*Li Biaus Descouneüs*, Oxford, 1915, v. 234)].

semblent en avoir conservé aucune trace. Le rapprochement proposé par Raynouard avec l'ancien teutonique *at, az* « aliment, nourriture »[1] n'a aucune vraisemblance. Je vois dans *at* le latin **aptum** employé substantivement. **Aptus**, qui signifie proprement « attaché »[2], prend au figuré le sens de « convenable »; c'est l'idée même qui est à la base du provençal *at*. Du côté de la phonétique, pas de difficulté; si le *p* se vocalise quelquefois dans le groupe latin **pt**, il peut aussi disparaître sans laisser de trace[3]. On ne récusera pas comme exemple *set*, de **septem**, ou mieux encore *At*, nom roman de la cité que les Gallo-Romains appelaient **Apta Julia**[4].

AUVELLE

L'*auvelle* est mentionnée dans le roman de *Fauvel* en compagnie de « poissonnez menus ». Godefroy traduit prudemment *auvelle* par « nom de petit poisson »[5]. Il s'agit incontestablement du poisson dit en bon français *able* et *ablette*[6]. Littré enregistre, sans étymologie, *avelle* comme un des noms de l'ablette. Valenciennes, qui mérite toute confiance, dit que ce poisson est appelé dans la basse Seine *ovelle*[7], et avant lui Cotgrave a signalé *ovelle* comme employé à Rouen[8]. *Able* venant très sûrement du

1. Aujourd'hui *aas* « mangeaille, charogne », apparenté à *essen* « manger ».

2. C'est proprement le participe d'un ancien verbe **apere**.

3. L'idée de « profit » apparaît déjà en latin. Tite-Live dit : *sibi leges aptas facere* « plier les lois à son intérêt ». Il ne faut donc pas faire appel à **aptus**, participe de **apisci** « obtenir ».

4. Voir, ci-dessus, l'article *acheter*, p. 5.

5. [Långfors, dans sa récente édition de *Fauvel* (Soc. des Anc. Textes franç., 1914-19), adopte la leçon *avele*; il traduit par « ablette ou éperlan »].

6. [Cf. Alburnus *annelle*, dans Leodegarius a Quercu, *In Ruellium de Stirpibus*, p. 67 (Paris, 1544)].

7. *Hist. des poissons*, XVII, 212.

8. [Cf. dans *Romania*, XXXIII, 586, la citation de G. Haudent, *Apologues* (1547), liv. I, 20, *D'un pescheur et d'un petit poisson* :

> Iecta sa rez, mais quand vint a la traire
> Hors de son eau, il ne trouua en elle
> Fors seullement vne petite *ouelle*.

P. Belon fait de l'*ouelle* un éperlan et tire le mot du latin **o u u m**, « quod semper ouis prægnans sit » (*De Aquatilibus*, p. 313, Paris, 1553)].

latin vulgaire **albula** [1], il faut bien que *auvelle* vienne de
***albella**. Mais surgit ici une petite difficulté : on attendrait
**aubelle* [2]. C'est le cas de rappeler l'étymologie de l'ancien fran-
çais *arvoire, auvoire*, que l'on ne peut raisonnablement tirer que
du latin **arbitrium** [3]. Le mot *auvelle* aurait pu fournir à Parodi
un nouvel exemple de substitution de **v** à **b** après consonne
dans le latin vulgaire [4]. On peut y joindre *auvette*, que Godefroy
traduit par « nom de poisson » [5].

AUVERÈCHE

Godefroy a relevé dans un texte artésien la mention de « set
ais *auvereches* » pour la roue d'un moulin, et il n'a pu expliquer
l'adjectif qui dans cette phrase qualifie le substantif féminin *ais* [6],
et dont il ne cite pas d'autre exemple. Il s'agit manifestement
d'ais à faire les *auves*, ou comme nous disons aujourd'hui, les
aubes de la roue. *Auverech, auvereche*, formes picardes, seraient en
français propre **auverez*, **auverece*. Ce suffixe *-erez* a été étudié par
Adolf Tobler à propos du mot *banneret*, autrefois *bannerez* [7] ; il est
beaucoup plus fréquent en français ancien et moderne que l'on ne
l'a dit jusqu'ici, et j'aurai l'occasion d'étudier par la suite quelques
mots où il figure [8]. Je me contenterai de signaler ici un fait que
je n'ai vu indiqué nulle part, c'est que *-erez* plonge très profon-

---

1. *Able* est féminin en ancien français, d'après Cotgrave. [D'ailleurs **albula**
est attesté en latin (*Corpus glossar.*, III, 355, 76].

2. De là le rouchi *auplète*, pour *aubelète* (Hécart).

3. Cf. *Romania*, V, 382 [et XXXVIII, 148].

4. Cf. *Romania*, XXVII, 176 et s., notamment p. 189.

5. [Sur l'ensemble de la question, voir l'article *albula* du *Franz. etym.
Wörterb.* de W. v. Wartburg].

6. *Ais* est des deux genres en ancien français, comme **assis**, ou plutôt **axis**,
d'où il vient, en latin.

7. *Sitzungsberichte* de l'Acad. de Berlin, 19 janvier 1893.

8. Voir notamment les articles *basteresse, charolesse, lampresse*, etc. [et mon
article d'ensemble sur « le suffixe **aricius** », dans mes *Nouv. Essais*, p. 62-110,
article auquel d'importantes additions ont été faites par Feller, *Notes de philol.
wallonne*, p. 176-221, et par Haust, *Étym. wall. et françaises*, p. 307-317].

dément dans le latin vulgaire, bien qu'il soit formé par l'agglutination de deux suffixes, **aris** ou **arius** + **icius**. On trouve en effet **capsaricius** [1], dans le scholiaste de Juvénal, **sigillaricius** dans Flavius Vopiscus, **porcaricius**, **ursaricius**, **vaçcaricia** dans la *Lex Alamannorum*, et **Rotaricias**, nom de lieu, aujourd'hui *Roudersas*, commune de Royère (Creuse), en 626, pour ne pas citer d'autres exemples.

AUVERNIÈRE

Jaubert donne, sans étymologie, le mot *auvernière*, qu'il définit ainsi : « espace entre les chevrons et le mur ». On ne peut hésiter, il me semble, à identifier le berrichon *auvernière* avec le blaisois *auvennière* : ce dernier désigne soit la partie du toit qui dépasse le mur, soit l'espace intérieur compris entre le toit et le mur à l'endroit où les chevrons reposent sur celui-ci. Thibault, à qui j'emprunte la définition du mot *auvennière*, émet l'idée d'un rapprochement avec le français *auvent*. Cette idée me paraît bonne. Comme dans *auvent* le *t* n'est pas primitif [2], un dérivé *auvennière* est naturel. D'autre part, on peut faire remarquer que, dans les patois méridionaux, le mot correspondant au franç. *auvent* signifie, d'après Mistral (v° *envans*), non seulement « auvent », mais « avant-toit ».

AVAIR

Avair, à Saint-Martin *avar*, signifie en lyonnais « essaim ». Nizier du Puitspelu croit que ce mot représente un type latin

1. [Leçon peu sûre, qu'il faut peut-être remplacer par carbasineus ; cf. le *Thesaurus linguae latinae*, s. v°].

2. *Auvent* paraît être pour *anvan*, forme conservée par l'ancien provençal, de *antevannum, mot composé qui a dû exister en latin vulgaire. [Meyer-Lübke (*Rom. etym. Wörterb.*, n° 410) ne mentionne pas cette étymologie, qui remonte à Du Cange ; il se borne à repousser, pour des raisons phonétiques, le rattachement du français et du provençal au latin **ambitus** proposé dans *Zeitschr. f. rom. Phil.*, XXIX, 534. — Jud vient de proposer un type gaulois ***andebanno** qui m'inspire peu de confiance (*Romania*, XLIX, 389)].

*aparium, dérivé du latin apis, abeille. Mais, d'une part, il n'est pas admissible que le suffixe latin -arius soit devenu -air dans ce mot, quand partout ailleurs il est représenté aujourd'hui en lyonnais par la désinence -i ; d'autre part, comme on dit en lyonnais *un avair d'avilles*, il n'est pas probable qu'*avair* renferme la même racine qu'*aville*. Je crois qu'il faut voir dans *avair* l'ancien infinitif *aveir* employé substantivement avec un sens spécial [1]. On sait que, en provençal moderne, *avé* veut dire « bétail » et s'applique spécialement à la race ovine ; dans le Bessin, *aver* désigne plus particulièrement la race porcine. L'application du même mot à un essaim d'abeilles ne me paraît pas invraisemblable. La conservation de l'*r* de l'ancien infinitif *aveir*, quoique surprenante, s'explique peut-être par ce fait que l'infinitif s'est employé substantivement à une époque où l'*r* n'était pas encore tombée.

AVALIES

On lit l'article suivant dans Littré :

AVALIES, s. f. pl. Laines qui proviennent de peaux de moutons livrés à la boucherie et qui sont vendues aux mégissiers. Étym. *Avaler*, mettre bas, parce que, les laines proviennent de l'abatis des bouchers.

Il faut écrire *avalis* et considérer le mot comme foncièrement masculin. *Avalis* est tiré du verbe *avaler*, comme *abatis* de *abattre*, comme *pelis* de *peler*, comme *semis* de *semer*, etc. Le *Dictionnaire du Commerce* de Savary des Bruslons enregistre l'expression *laine avalie*, avec un simple renvoi à *pelade*. Sous ce dernier article, il nous apprend qu'on appelle *pelade, pelure, pelis* ou *avalis* « la laine que les mégissiers et chamoiseurs font tomber par le moyen de la chaux de dessus les peaux de moutons et brebis provenantes des abbatis des bouchers ». Il n'y a donc pas, dans l'expression *avalis*, une allusion aux bêtes abattues, comme l'a cru Littré, mais à l'action d'abattre, c'est-à-dire de faire tomber la laine avec la chaux. On a dit, en termes de commerce, *laine avalis*, par

---

1. [Des raisons sérieuses contre cette manière de voir sont données par Gilliéron, *Généalogie des mots qui désignent l'abeille* (Paris, 1918), p. 174].

abréviation, comme l'on disait *laine cuisse* (laine d'entre les cuisses), *laine ventre* (laine de sous le ventre) ; puis l'on a fini par croire que le mot *avalis* était un participe en *i* et qu'il fallait le faire accorder avec *laine* [1]. Savary des Bruslons donne *laine avalie*, à côté de *laine pelis*, à l'article *laine* ; mais à l'article *pelade*, il ne connaît plus que *pelie*, auquel il consacre une vedette spéciale [2].

(Romania, XX, 469).

AVELANÈDE

L'Académie française a admis en 1798 le mot *avelanède*. Ce mot n'est pas, comme on pourrait le croire, le provençal *avelanedo* « coudraie », car il signifie tout autre chose. Le Dictionnaire de l'Académie le définit ainsi : « Sorte de cupule, de godet, qui entoure la base de certaines espèces de glands ». Littré dit, à la lettre A : « *Avelanède* ou *velanède*, s. f., nom que porte dans le commerce la cupule des glands du chêne velani ». Il dit encore, à la lettre V : « *Vélanède*, s. m. (*sic*), espèce de chêne, dite aussi *vélani*, dont le gland est employé par les teinturiers comme la noix de galle ». — « *Vallonée* ou *velonnée*, s. f., capsule qui enveloppe le gland du plus grand et du plus fort des chênes, *quercus ægilops*, et qui sert à divers usages de l'industrie ». Enfin, dans son Supplément, à l'article *vallonée*, il signale la variante *valonie*, et il s'explique en ces termes sur l'étymologie, qu'il n'avait pas abordée dans le corps du dictionnaire: « Bas-latin *vallania*, *valania*, châtaigne, que l'on dit dérivé du latin *balanus*, gland. Mais c'est de l'allemand *wallnuss*, noix, qu'il faut le rapprocher. *Wallnuss* est composé de *nuss*, noix, et de *wall*, qui représente *wälsch*, *welche* : la noix du pays welche. Au reste ce *val* ou *wal* se trouve dans *gauge*, qui signifie « noix » en certaines provinces ». L'éminent lexicographe a rarement été aussi

---

1. C'est le même cas que dans un *un œuf couvi*, primitivement *un uef coveïs* ; voir, ci-dessous, l'article *renformir*.

2. L'hypothèse d'une coquille typographique, qui aurait transformé en *avalies* la forme ancienne *avaleïs*, ne vaut rien.

mal inspiré que quand il a écrit cette note. La *noix gauge* est la
nux gallica des Romains [1], et le bas-latin *valania*, pas plus que
le français *velanède*, n'a aucun rapport réel, ni de sens ni de forme,
avec l'allemand *wallnuss*. Il est bien probable que *valaniä* ou
vallania, qui n'est connu que par deux textes d'Italie, dont l'un
de 1228, [insérés par les Bénédictins dans Du Cange], désigne
l'avelanède (pour parler comme l'Académie) ; je ne m'en porte
pas garant. Mais ce qui est clair, et ce que je ne suis sans doute
pas le premier à voir et à dire, c'est que *avelanède* et toutes ses
variantes viennent du bas-grec, et représentent soit βαλάνι ou
βαλανίδι « gland », soit βαλανίδια « chêne ». Voici trois passages
du célèbre naturaliste Pierre Belon, qui ne laisseront aucun doute
à cet égard :

Du lac Genesareth et mer Tiberiadis... Il y croist de l'arbre de
Coccus et d'Esculus, que les Grecs nommoyent anciennement Platy-
phyllon et maintenant *Velagnida* [2].

Lemnos... Il y a une forest d'Esculus, lesquels on ne couppe point
pour brusler, d'autant qu'ils rendent une drogue que les Grecs et les
Italiens appellent de la *Velonie*. Des calices et gland d'Esculus... ils
se servent pour accoustrer et conroyer les cuirs : laquelle *Velonie* ils
ne transportent point hors de l'isle [3].

Les arbres qui portent la Casse, et les Palmes, le Sené, Esculus et
Serrus, autrement nommé *Valagnida* [4].

Le *Dictionnaire du Commerce* de Savary des Bruslons, paru en
1723, donne *Avelanede* ou *Valanede*, et il nous apprend que les
Français faisaient un assez grand négoce de cette substance dans
le Levant, surtout à Smyrne. C'est dans un *Estat général de toutes
les marchandises dont on fait commerce à Marseille* [5], rédigé en 1688,
que se trouve pour la première fois la forme *avelanède* : c'est une

---

1. Voir G. Paris, dans *Romania*, XV, 631. [Cette opinion me paraît toujours valable, bien que Meyer-Lübke rattache l'expression au lat. **galla**
« galle » (*Rom. etym. Wörterb.*, n° 3659)].

2. *Observations de plusieurs singularitez*, II, 90, édit. de Paris, 1555, p. 149.
Le texte porte *Velaguida*, faute typographique manifeste.

3. *Ibid.*, I, 30.

4. *Ibid.*, I, 44.

5. Savary des Bruslons, *Dict. du Comm.*, t. III, p. 333.

altération de *valanide* (telle serait la transcription exacte du bas-grec βαλανίδι), que nos marins provençaux ont confondu avec leur mot *avelanedo* « coudraie », et qu'ils ont fait recevoir sous ce travestissement à l'Académie française.

(*Romania*, XXIX, 207).

BAILLARD

Baillard, subst. masculin, et *baillarge*, subst. féminin [1], sont les noms vulgaires de la variété d'orge que les botanistes appellent *hordeum distichon*, orge à deux rangs. Littré voit dans cette appellation un dérivé du verbe *bailler* : le *baillard* serait l'orge « qui baille, qui donne beaucoup ». Mais les exemples du moyen âge montrent que *baillard* est une graphie récente pour *baillarc*, comme le féminin *baillarge* en fait encore foi. On trouvera plusieurs exemples de *baillarc* dans Godefroy, à l'appui desquels vient l'expression du bas-latin *carrata de baliarchò*, qu'emploie le polyptyque de Saint-Omer [2]. *Baillarc* se trouve à la fois dans le Nord-Est (Pontieu), dans le Centre (Bas-Limousin) et dans le Sud-Ouest (Gascogne) ; *baillarge* est spécial au Poitou, à la Saintonge et à l'Angoumois [3].

Le rapprochement avec l'anglais *barley* « orge », indiqué dans le *Dictionnaire général*, ne vaut rien, car l'anglais se décompose en *bar* (anglo-saxon *bere*) « orge » et *ley* (pour *leek*) « plante » [4].

1. C'est par erreur que le *Dictionnaire général* fait *baillarge* du masculin. Une coquille typographique déplorable a transformé *baillarge* en *baillerage* dans Nemnich, *Allg. polygl. Lexikon der Naturgeschichte* (1793-1798), III, 175.

2. Du Cange, v⁰ *bailhargia*.

3. [Cf. *Atlas ling.*, carte 947, *orge*, et Suppléments, t. I, p. 158]. La forme *bolliardze*, donnée par Béronie comme subst. masculin, doit être un emprunt au français provincial, car elle coexiste avec la forme autochtone *boiar*.

4. Le *Dictionnaire général* s'est fâcheusement rencontré avec Jônain, *Patois saintongeais*, p. 58 ; mais Jônain va plus loin et tire l'anglais et le saintongeais du grec *blastos agrios* « blé sauvage ». Kluge estime que l'étymologie de l'angl. *barley* par *bar* + *leek* est inadmissible (*Zeitschr. f. rom. Phil.* XXIV, 427 ; d'après lui, l'anglo-saxon *bærlic* serait emprunté du normand et remonterait à un type *baralicum*, pour *balaricum*. L'hypothèse est bien

Je propose comme étymologie **balearicum, balearica**, proprement « des îles Baléares ». L'affaiblissement du *c* en *g* spirant dans la forme féminine ne fait pas difficulté pour la région du Poitou. Je n'ai d'autre garant de la réputation et de la nature de l'orge des Baléares que le témoignage éclatant de la phonétique [1]; mais l'hypothèse est si satisfaisante que je la crois légitime [2].

(*Romania*, XXVIII, 171).

BALZIN

Le substantif *balzin* désigne en wallon le tremblement des vieillards, des fiévreux, de ceux qui sont sous le coup d'une émotion violente. On a tiré du substantif le verbe *balziner* « marcher nonchalamment en se laissant aller d'une jambe sur l'autre, lambiner » [3]. Grandgagnage compare le mot wallon à l'italien *balzare* « bondir », mais ce rapprochement ne repose que sur une ressemblance fortuite. *Balzin* est une altération de l'ancien français *palesin, palasin* « paralysie » [4], qui est lui-même

peu vraisemblable. En tout cas, les anciennes formes françaises *ballarc, ballarge*, que Kluge invoque pour appuyer l'existence de ***balaricum** à côté de **balearicum**, ne peuvent répondre à ses désirs ; dans ces formes, la graphie *ll* représente *l* mouillée. [Toutefois Schuchardt croit à l'existence de ***balaricum**, devenu ***baralicum** dans le latin vulgaire de la Grande-Bretagne sous l'influence du kymrique *bara* « pain », ou par contamination postérieure de l'anglo-saxon *bere* « orge » (*Zeitschr. f. rom. Phil.*, XXVI, 402-3)].

1. Notons seulement que Pline fait l'éloge de l'orge de Cartagena (XVIII, 18) et qu'il mentionne [le *triticum balearicum* et] un *modius balearicus* en usage pour le froment (XVIII, 12).

2. [On lit dans le *Dict. étymol.* de Ménage : « BAILLERGE. Dans le premier Scaliger[i]ana : balearicum hordeum *apud Columellam*, est nostre BAILLERGE ». Je n'ai pu retrouver le passage visé du *Scaligeriana* ; en tout cas, il est faux que Columelle ait l'expression que lui aurait attribuée Scaliger. — Voir d'intéressantes observations botaniques sur la question dans Hoops, *Waldbäume und Kulturpflanzen*, p. 592].

3. Voir Hécart et Grandgagnage ; le verbe ne se trouve que dans ce dernier. [Il est usité, au sens de « piétiner », à Saint-Hubert dans le Luxembourg belge ; voir *Rev. de phil. franç.*, IV, 203].

4. Voir l'article *palasin* 1 de Godefroy. [Cf. Levy, *Prov. Suppl. Wörterb.*, VI,

une transcription approximative de l'accusatif latin **paralysin**. Ce qui rend cette étymologie tout à fait sûre, c'est que l'anglais *palsy*, emprunté du français, signifie à la fois « paralysie » et « tremblement sénile », et que l'espagnol *perlesia* « paralysie » désigne aussi une affection analogue à la danse de saint Guy [1].

BARBANOISE

On lit dans le Supplément de Grandgagnage, II, 500 : « *Barbanoise* [2], tarte aux pommes avec des raisins de Corinthe et recouverte d'une feuille de pâte. » Il est impossible de ne pas penser à l'ancienne expression française *tarte bourbonoise*, connue depuis le XVIe siècle, qui désigne un bourbier. Littré croit que cette expression figurée est due au fait que les bourbiers de ce genre « sont assez communs en Bourbonnais ». En réalité, ce qui est réellement du Bourbonnais ce sont les tartes, au sens propre : le sens figuré n'est qu'un jeu de mots sur *bourbe* et *Bourbonnais* [3].

BARDIN

On désigne dans le Bas-Maine sous le nom de *bardin* (masc.) et dans le Haut-Maine sous celui de *berdine* (fém.) l'insecte dit

23, art. *palaiɀin*, et Salvioni, *Spigolature Siciliane*, dans les *Rendic. dell' Istituto lombardo*, XLI, 886. — Sur l'anc. franç. a été forgé le bas latin *gutta palestina*].

1. Par exemple dans ce passage de Mesonero Romanos, *Escenas matritenses*, *El Barbero de Madrid* : « Me colgaba de las cuerdas de la campana y con pies y manos las hacia moverse, ni mas ni menos que se fuesen atacadas de *perlesia*. » [En appuyant mon étymologie, Behrens a cité des exemples de verbe *palasiner, parasiner, parésiner* dans les patois de la Haute-Normandie ; il pense que le *b* initial du wallon est dû à une influence germanique (*Beiträge ɀur franɀ. Wortgeschichte*, Halle, 1910, p. 19-20). Haust, avec plus de vraisemblance, considère le passage de *p* à *b* comme dû à une assimilation régressive ayant son point de départ dans le ɀ].

2. [L's est sourde, comme le comporte la graphie conventionnelle, mais primitivement elle devait être sonore.]

3. [Voir les formes citées par K. Bauer, *Gebäckbeɀeichnungen im Galloromanischen* (diss. de Giessen, 1913), p. 16].

communément « pou de mouton », que ce soit une tique ou un hippobosque, peu importe. Dans le Midi, cet insecte porte des noms qui dérivent clairement du nom même de la brebis : *barbesi(n)* ou *berbesi(n)*, de ***berbicinum**, d'une part, et *berbial* (dans la Creuse et en Berry *barjau*), de ***berbicalem**, de l'autre [1]. Il n'est pas douteux pour moi que les formes actuelles du patois manceau représentent respectivement ***berbicinum** et ***berbicina**, et aient remplacé d'anciennes formes **berzin*, *berzine* [2]. On constate plus d'une fois la substitution du son *d* au son *z*, surtout après *r : mardelle*, qui est fréquent au sens de « margelle », remonte probablement à un ancien **marzelle*, de ***margella**, comme *bordois* (dans Péan Gastineau) est pour *borzois*, de **burgensis**, et *Verdelai* pour *Verzelai* « Vézelay », de **Vergiliacum**. La ville de *Lavardin* (Sarthe) s'est appelée antérieurement *Laverzin*, pour *Lavrezin*, de **Labrocinum**. La rivière de *Vandelogne* (Deux-Sèvres) paraît avoir eu primitivement le même nom que la *Vilaine*, c'est à-dire **Vicinonia**, devenu **Vezelogne*, **Venzelogne*. En Berry, on a *éclairdir*, pour *éclairzir*, de même étymologie que le français *éclaircir* ; en Berry et en Poitou, *enchardir*, pour *encharzir* « enchérir » [3].

BASTERESSE

L'expression *aguille basteresse* se lit dans le livre de *Sidrac*, où Godefroy l'a dénichée pour constituer son article *basteresse* ;

[1. Cf. « *Bercail*, n. m. — Vermine ou pou de mouton » (Delbouille, *Gloss. de la vallée d'Yères*, p. 40). — En wallon le pou de mouton porte des noms tels que *bèrbijò* (Namur), etc., qui correspondent à un type français **brebisot*].

2. Cf. l'anc. franç. *berzil* (à côté de *bercil*), de ***berbicile** au sens de « bercail ». De là, comme on sait, le nom de lieu *Bercy*, devenu un quartier de Paris, qui est le pendant septentrional de *Barbezieux* dans la Charente. — En Berry, dans le Morvan et dans le Lyonnais, la tique du mouton et celle du chien s'appellent *berlin*, *brelin*, *bréulin* ; l'étymologie est-elle la même que celle du manceau *bardin* ? [En tous cas, le berrichon *barbarine*, que Jaubert enregistre dans son supplément, doit être sorti d'une forme primitive **berbesine* < ***berbicina** moyennant un rhotacisme qui a amené par contre-coup le passage de l'*e* à *a*].

3. Voir, ci-dessous, l'article *bedoche* ; sur *Sarradins*, pour *Sarrasins*, cf. note de Langlois sur le *Roman de la Rose*, v. 592.

mais il ne sait comment il faut l'entendre. Si nous ouvrons Mistral, nous serons tout de suite renseignés : *l'aguio bastaresso*, c'est le carrelet, l'aiguille à coudre les bâts. Que l'ancien français ait pu tirer de *bast* un adjectif *basterez*, *basterece*, il n'y a rien là que de normal [1]. Toutefois je crois qu'il faut considérer *aguille basteresse* dans *Sidrac* comme un provençalisme. Gaston Paris a présenté d'intéressantes conjectures sur l'origine de cette singulière encyclopédie ; il pense qu'elle a été composée à Lyon au milieu du XIIIe siècle, et que la rédaction primitive a pu être écrite en provençal [2]. Des citations éparses dans le dictionnaire de Godefroy, il me semble résulter que la rédaction française qui nous est parvenue a pour auteur un Provençal. La langue de *Sidrac* est émaillée de provençalismes, parmi lesquels je citerai à la volée *flachesse, lampement, ponant*, et peut être *passade* [3], si ce mot figure bien dans les anciens manuscrits [4].

BAVÉOLE

Littré enregistre *bavéole* ou *baveule* comme « un des noms locaux de la centaurée-bluet », sans étymologie [5]. Il suffit de remarquer que le bluet se dit aussi *blavéole* [6], pour reconnaître dans *bavéole* et *baveule* des dérivés de *bleu* qui ont perdu l'*l* du radical par suite d'une dissimilation due à la présence d'une seconde *l* dans leur désinence [7].

1. Voir, sur le suffixe, *-erez* l'article *auvereche*.
2. *Hist. litt. de la France*, XXXI, 316.
3. Voir la citation du *Dictionnaire général*.
4. [D'après Ch.-V. Langlois, *La Connaissance de la Nature et du Monde au moyen âge* (Paris, 1911), p. 188-189, la rédaction française de *Sidrac* aurait été composée en Terre-Sainte, hypothèse qui me paraît excellente et que ne contredit pas absolument la constatation faite dans cet article, car le français de Terre-Sainte et de Chypre a subi plus ou moins l'influence du provençal et de l'italien].
5. [Cf. *Atlas ling.*, carte 139, *bluet*, point 356].
6. *Blavéole* est donné par Littré sous *blavelle*, mais sans renvoi à *bavéole*.
7. On trouve aussi en Normandie *bavreule, baverole* (que l'on écrit concurremment *bavreule, baverole*), pour *blavereule, blaverole*. Tous ces exemples sont

BEDOCHE

Littré donne dans son Supplément, d'après le *Glossaire aunisien*, le substantif *bedochon* « serfouette » et le verbe *bedocher* « sarcler avec le bedochon ». Ces deux mots ont passé dans le *Nouveau Larousse illustré*. *Bedochon* est manifestement un diminutif de *bedoche* : ce dernier mot existe effectivement dans le patois du Poitou et de la Saintonge [1]. Je crois qu'on ne peut pas séparer *bedoche* de *besoche*, dont jadis j'ai longuement étudié l'histoire [2]. Il faut sans doute rapprocher la substitution de *bedoche* à *besoche* des cas étudiés à l'article *bardin* [3].

BELLICANT

Bellicant est, d'après Littré, le « nom vulgaire d'un poisson des côtes de France ». Le *Nouveau Larousse illustré* est plus précis : « Nom vulgaire du trigle gurnau ou grondin gris, *trigla gurnardus* » [4]. Il faut reconnaître dans ce mot le provençal moderne *belugan*, que Mistral définit ainsi : « Trigle adriatique, poisson de mer qui dans la nuit paraît scintiller. » *Belugan* est le participe présent du verbe *beluga* « briller », dérivé de *belugo* « étincelle » : on sait que *belugo* correspond à l'ancien français *belue*, d'où le diminutif *beluette*, devenu dans le français actuel *bluette* [5].

à ajouter à ceux que j'ai donnés à l'appui de mon explication de *prunelaie*, primitivement *pruneraie* (*Essais*, p. 365-366). L' *l* a de même disparu dans *Péaule*, nom d'une commune du Morbihan, autrefois *Pléaule*.

1. Voir Jônain, qui traduit *bedoche* et son diminutif *bedochon* par « petites bèches (*sic*), ou plutôt petites *marres* et *marrochons*, à deux houës », et Lalanne.

2. *Essais*, p. 251-6. J'ai montré qu'on avait à tort rattaché le français *besoche* au provençal *vezouch*, *bezouch* « vouge », et j'ai supposé que *besoche* remontait à un type *bisocca*, du latin vulgaire. On trouvera ci-dessous, à l'article *bezougneto*, de nouveaux détails sur la famille de *bezouch*.

3. [Schuchardt croit que le *d* de *bedoche*, *bedochon* représente celui qui s'est conservé dans certaines formes gasconnes, issues du latin **vidubium**, et non une évolution de l's de *besoche* (*Zeitschr. f. rom. Phil.*, XXVI, 480-401].

4. [Rolland, *Faune pop.* III, 175, donne *belugan* (Cette), mais non *bellicant*].

5. Sur les côtes du Bessin, on donne le nom de *baligan* à une espèce de

BENEVIS

Godefroy n'a pas d'article *benevis*. Pourtant le verbe *abeneviser*, dont il donne un exemple, et le substantif verbal *abenevis* « action d'*abeneviser* », supposent nécessairement l'existence de *benevis*. D'ailleurs on lit dans la charte de franchises de Montbrison, en 1223 : « Si *benevisers* obligaverit benevisum suum alicui [1]. » Là nous avons la preuve de l'existence dans la langue vulgaire du Forez non seulement de *benevis*, mais de son dérivé *beneviser*, qui manque aussi dans Godefroy. On a reconnu depuis longtemps que l'on avait affaire au latin **beneficium** passé en roman sous une forme demi-savante [2]. *Benevis* et ses dérivés sont particuliers à la région du Forez [3] ; je montrerai plus loin qu'on a de même formé *malevis* de **maleficium** dans une région toute différente (Ile-de-France ou Normandie).

BERLIN

Joret tite *berlin*, nom normand du coquillage dit « patelle » ou « lépas », de l'ancien haut-allemand **berlin** « petite perle » ou « petite baie » [4]. Mais il faut tenir compte des formes divergentes : *benin*, *berdin* (ou *bredin*), que Rolland mentionne d'après Duez, *béni* et *bénicle* à Granville, *bernie* à Noirmoutier [5]. Elles se

poulpe (Joret, p. 52). Serait-ce même le mot ?[Non certes, mais je n'en puis dire plus].

1. Dans Du Cange, vᵒ *benevisum*.

2. « *Abenevisare*, quasi *adbeneficiare*, id est dare ad beneficium », addition des Bénédictins à Du Cange ; cf. les citations faites par Godefroy à l'article *abenevis*. [Noter que le breton *benvek* « outil » est un emprunt au lat. **beneficium** ; voir Henry, *s. v*ᵒ, et Pedersen, *Gramm. der kelt. Spr.*, I, 221].

3. [Horning vient cependant d'en signaler la survivance, comme nom de lieudit, sous la forme *benevihe*, dans les Vosges (*Romania*, XLVIII, 167)].

4. *Patois du Bessin*, p. 54 ; *Flore pop. de la Norm.*, p. LXVII.

5. *Faune pop.*, III, 192, et XII, 19. *Berdin* et *berlin* ont été signalés dès 1555 par Rondelet comme noms vulgaires du coquillage : « a Gallis *œil-de-bouc*, a Normanis *berdin* et *berlin* » (*Univ. Aquatilium Histor. pars altera*, p. 3).

rattachent plus naturellement au breton **bernic** ou **brinic**, qui a aussi pénétré dans le pays gallot sous les formes *berni, bernic, bernin* [1], et que j'ai même entendu employer dans l'île d'Oléron. C'est aussi au breton que remontent *bernicle* et *bernaclè*, que l'on trouve dans Littré, en tant qu'ils désignent la patelle [2]. Le breton représente une forme celtique primitive **barennika**, de **barenn** « rocher » [3].

La nasalisation en pays roman de la finale de **bernic** n'est pas plus étonnante que celle du scandinave **fisk** « poisson » rendu par *fin* dès le xive siècle, dans *aigrefin* et *orfin* [4]. De **bernin* on a, par dissimilation régulière, *berlin*, et, par altération, *berdin*.

Il est possible que *brelin, vrelin, verlin, vélin*, qui désignent le limaçon de mer dans le Bessin [5] et à Cherbourg [6], aient la même étymologie. Le nom breton de la sèche, **morgat**, proprement « lièvre de mer », a débordé bien en dehors de l'Armorique, sous les formes *margate, margade, margane, margonde* [7].

(Romania, XXVIII, 172).

BEZOUGNETO

J'ai longuement parlé ailleurs du provençal moderne *bezouch*, mot qui, comme le français *vouge*, vient du latin de Gaule **vidu-**

[J. Thierry a inséré le mot sous ses deux variantes dans son édition du *Dictionaire francois latin* de R. Estienne (1564), d'où ils ont passé dans Nicot et dans Cotgrave].

1. Ernault, *Gloss. moyen-breton*, I, 81.

2. Le rapport du nom de l'oie *bernache* à celui de la patelle n'est pas clair ; voir ce qu'en dit Max Müller, *Nouvelles leçons sur la science du langage*, trad. Harris et Perrot, II, 289. Pour ma part, je repousse l'étymologie *bernacle* < **pernacula*, aussi bien que l'étymologie *bernicle* > **hibernicula*.

3. Stokes et Bezzenberger, *Celtisches Wortschatz*, dans Fick, *Vergl. Wœrterb. der indogerm. Sprachen*, 4e édit.

4. [*Aigrefin* est dans le *Mesnagier de Paris*, et *orfin* dans le *Viandier* de Taillevent].

5. Joret, *Mélanges de phonétique norm.*, p. LIII, où *mur* est une faute typographique pour *mer*.

6. Rolland, *Faune pop.*, III, 191.

7. *Ibid.*, III, 186, et Littré, v° *morgate*.

bium [1]. Son habitat est limité aujourd'hui au Sud-Ouest (Gasgogne et partie de l'Aquitaine), mais assez étendu pour donner lieu à une diversification notable de forme. Mistral groupe *besouch, besoui, bedouch, bedoui,* et s'en tient là. J'ai indiqué déjà le béarnais *bedoulh* [2]. La même modification de la désinence s'est produite en Aragon (*bodollo*) et dans la vallée de la Save (*bousoulh*), où la langue vulgaire a en outre assimilé la voyelle protonique à la voyelle accentuée. Même assimilation, mais avec substitution d'un autre suffixe à la désinence normale, dans *bousoun,* forme que Cénac-Moncaut donne pour le Gers, en concurrence avec *bousoulh* [3]. Enfin, et c'est le plus curieux, un petit vouge se dit dans le sud du Gers *bezougneto.* Nous avons de quoi affirmer que, si ce diminutif concorde avec celui de *bezougno* « besogne », c'est par une contamination récente : il a dû être autrefois **bouzoulheto, *bezoulheto* [4].

<h2 style="text-align:center">BIGNON</h2>

Littré enregistre le subst. *bignon* comme un terme de pêche synonyme de *truble.* C'est un mot dialectal qui doit être assez répandu en langue d'oïl, car je le trouve à la fois en Champagne (Tarbé) et dans le Bas-Maine (Dottin). On a un exemple du moyen âge (1458), déniché par Carpentier dans les registres du Trésor des chartes et reproduit par Littré et par Godefroy (t. VIII, 2ᵉ partie, p. 325, avec la lecture *bignou,* au lieu de *bignon,* ce qui est fort contestable). Godefroy rapproche fort justement de *bignon* le provençal *begnoun,* car l'acte de 1458 est relatif au Limousin [5].

1. Voir mes *Essais,* p. 251 ; cf., ci-dessus, l'article *bedoche.*

2. [Cette forme existe aussi dans le patois des Landes ; cf. Millardet, *Étude de dialectologie landaise,* p. 444].

3. Cénac-Moncaut traduit par « haut volant » ; sur quoi Mistral écrit : « Cette définition, que nous ne comprenons guères, désigne peut-être le *besouch,* croissant ou faucille à long manche ». C'est bien cela. Cénac-Moncaut aurait mieux fait de se servir de *croissant* ou de *vouge* que de *volant,* qui sent la province et que l'Académie ne donne pas en ce sens.

4. [Cf. toutefois G. Millardet, dans *Ann. du Midi,* XVI, 225].

5. « Pescher en une riviere appelee Brumes passant auprès du lieu de Solignac

Je n'hésite pas à me rallier à l'opinion de Mistral qui rattache *begnoun* au celtique **benna**, prototype du français *banne*, le mot provençal désignant concurremment le filet dit *verveux* (qui est une nasse en osier), un panier, une auge, etc. La naissance d'un mot ***bennione** en latin vulgaire, à côté de **benna** [1], n'est pas plus surprenante que celle de ***falcione**, à côté de **falce**, d'où l'anc. franç. *fauçon*, ou de ***catenione**, à côté de **catenā**, d'où *chignon*. Quant à l'affaiblissement de l'*e* protonique en *i*, on sait qu'il est fréquent devant *n* et *l* mouillées : cf. *carillon, chignon, tilleul, Avignon, Châtillon, Solignac, Polignac,* etc.

(*Romania*, XXIX, 163).

BOISSEZA

Le provençal *boisseza* « boîte », signalé pour moyen âge par Emil Levy [2], était encore vivant au xviiie siècle dans le patois languedocien. Mistral enregistre, en effet, d'après l'abbé de Sauvages, *bouisseso* « boîtillon, morceau de bois enchâssé dans l'œillet d'une meule ». C'est un mot extrêmement intéressant. Il remonte directement au latin vulgaire ***buxida**, transcription du grec πυξίς, ίδος, en latin classique **pyxis, idis,** et il a dû être proparoxyton à l'origine.

---

avec aucuns engins ou habillemens nommez *bignons* ou venuges ». Il s'agit de *Solignac* dans la Haute-Vienne ; la rivière dont le nom est altéré en *Brumes* est la *Briance*. Quant à *venuge*, qui est donné comme un synonyme de *bignon*, je ne sais qu'en dire. [Peut-être apparenté à l'anc. prov. *vanelja*, etc. « nasse » ; cf. E. Levy, *Prov. Suppl.-Wörterb.*, VIII, 586].

1. **Benna** a eu une forme parallèle ***bennia** (d'où le prov. mod. *begno*), qui a donné naissance au diminutif ***benniola** (d'où le prov. mod. *begnolo* et le normand et le français populaire *bagnole*). — [Le type ***bennione** est représenté en wallon (Namur) par *bègnon* « tombereau ». — Meyer-Lübke, *Rom. etym.-Wörterb.*, no 1036, préfère partir de ***benniola**, avec substition de suffixe].

2. *Prov. Suppl.-Wörterb.*, I, 153. Levy n'a relevé que deux exemples ; un troisième se trouve dans l'introduction du *Cartulaire de Saint-Victor de Marseille*, p. v : « De barrals, de *boicesas*, de cercles, II deniers ».

BOUCAN

Un article du *Livre des Mestiers* d'Étienne Boileau défend aux teinturiers de se servir d'alun « de bouquauz » [1]. Le glossaire-index de l'édition Lespinasse et Bonnardot déclare qu'il s'agit d'alun gâté « demeuré au fond du tonneau ou *boucaut* ». Littré et Godefroy citent effectivement ce passage du *Livre des Mestiers* comme renfermant le plus ancien exemple du mot actuel *boucaut*. C'est une étrange méprise. Il faut lire *bouquanz* et voir dans l'expression française la traduction de l'expression provençale *alun de volcan, de bolcan, de bolca,* qui figure dans plusieurs anciens tarifs de péage méridionaux [2] : l'alun *volcanique,* dit aussi *lave alunifère,* est bien connu des minéralogistes. Dans le coutumier de la Vicomté de l'Eau de Rouen, rédigé à la fin du xviiie siècle, on lit : « Alun de glace et de *boucan* ne doit rien » [3].

BOURGEON

Paulin Paris tirait *bourgeon* du latin **botryonem**. Gaston Paris vient de reprendre pour son compte cette étymologie [4]. Elle lui paraît si évidente qu'il se déclare surpris que personne ne l'ait encore proposée. Mais la phonétique proteste là contre. Il suffit de se rappeler que **repatriare** donne *repairier* [5], et ***materiamen** *mairien* [6], pour être convaincu que **botryonem, botrionem** aurait

1. LIV, 3. L'édition de Lespinasse et Bonnardot porte *bouquam*, mais, dans le glossaire-index, les éditeurs déclarent que c'est une erreur de lecture.

2. *Péages de Tarascon,* art. 69, dans les *Mém. de l'Acad. de Nîmes,* 1890; *Droits de courtage de Narbonne,* dans Fagniez, *Doc. rel. à l'hist. de l'industrie et du commerce en France,* I, 331 ; *Péages du Comté de Provence,* dans *Cart. de Saint-Victor de Marseille,* I, introd., p. LXXVI, LXXVIII, LXXIX, LXXX, XCI, XCV et XCVI. [Cf. Abbé Devaux, *Essai sur la langue du Dauphiné septentr.,* doc. IV, 4, où *boloan* doit être corrigé en *bolcan*].

3. Ch. de Beaurepaire, *La Vicomté de l'Eau de Rouen,* p. 305.

4. *Romania,* XXIV, 612.

5. De là le substantif aujourd'hui écrit *repaire* et *repère.*

6. Forme primitive de *merrain.*

donné *boiron*, non *bourgeon* [1], et pour se dispenser d'examiner le côté sémantique de la question. **Botryouem** survit probablement dans le provençal moderne *bouiroun* « vermille, masse de vers enfilés pour la pêche aux anguilles », cette masse pouvant être comparée à une grappe [2] ; mais c'est tout.

Diez rattache *bourgeon* au verbe germanique **burjan** « lever, soulever, exciter ». Improuvée par Mackel, passée sous silence par Körting, cette étymologie a été de nouveau soutenue par Braune [3]. Elle ne me séduit pas. Je crois qu'il faut reconnaître le germanique **burjan** dans l'ancien wallon *burir* « s'élancer impétueusement », et dans le terme de chasse *bourrir* « faire bruire ses ailes en prenant son vol » [4] ; mais nous voilà bien loin du sens de « bourgeon ». En provençal moderne, le bourgeon naissant porte les noms de *bourro*, *bourroun*, *bourroulh*, etc. Le premier terme est manifestement identique au français *bourre*, du latin **burra**, et les deux autres s'expliquent par les dérivés ***burronem** et ***burruculum**. Donc *bourgeon* est ***burrionem**, comme *porgeon*, que connaissent tant de patois français [5], est ***porrionem**. Inclinons-nous devant Ménage qui a écrit : « *Bourgeon*, de **burrio**, qui a été fait de **burra** : les bourgeons des arbres ont quelque chose de velu et qui approche de la bourre » [6].

(Romania, XXVIII, 174).

1. L'**i** en hiatus avant l'accent passe dans la syllabe précédente même s'il en est séparé par une consonne double ou par un groupe de consonnes : **gutt(u)-rionem**, ***impast(u)riare** et *** post(e)rionem** donnent *goitron* (goitre), *empaistrier* (empêtrer) et *poistron* (derrière du corps).

2. En latin classique, on appliquait **botryo** aux conserves d'œufs de poisson dont l'aspect rappelle effectivement celui d'une grappe. [Meyer-Lübke, *Rom. etym. Wörterb.*, n° 1248, accepte cette étymologie].

3. *Zeitschr. f. rom. Phil.*, XIX, 355.

4. [Meyer-Lübke, qui expliquait jadis le terme de chasse lombard *bori* par le germanique **burjan** (*Zeitschr. f. rom. Phil.*, XX, 529-530), a changé d'avis et fait appel à une onomatopée (*Rom. etym. Wörterb.*, n° 1250)].

5. Voir l'art. *porion* de Godefroy.

6. *Origines*, p. 136. [Les observations faites par Horning, qui doute du bien fondé de cette étymologie, dans *Zeitsch. f. rom. Phil.*, XXVII, 142-3, n'ont pas empêché Meyer-Lübke de l'accepter (*Rom. etym. Wörterb.*, n° 1414). Après

BRENÈCHE

Littré a un article *brenèche* « poiré nouveau et encore doux », sans étymologie ni rapprochement d'aucune sorte. Le mot paraît surtout usité dans le bassin de la Loire. Jaubert donne *bernâche* et *brenache* « vin blanc doux, capiteux, point encore éclairci, vin bourru » ; Thibault, *bernâche* « vin blanc nouveau encore trouble » ; Dottin, *bernache* « vin blanc nouveau ». Jaubert rapproche notre mot de l'italien *vernaccia*, ce qui est méritoire. Il faut ajouter que le correspondant français est *grenache*, au XIIIe siècle *garnache* [1], plus récemment *vernage* (dans un texte anglo-français) et *creneche* (chez Marguerite de Valois). D'après Littré, *grenache* est proprement le nom d'un cépage (blanc ou noir) des Pyrénées-Orientales, d'origine espagnole. Mistral est muet. L'espagnol a *garnacha*, qui désigne soit un vin aromatisé, soit un cépage noir très connu en Aragon. Dans l'emploi que lui attribue actuellement l'usage commun, le français *grenache* peut être considéré comme un emprunt à l'espagnol *garnacha*, mais l'espagnol est lui-même tributaire de l'ancien français, et celui-ci probablement de l'italien [2]. Le *b* initial des formes patoises *brenèche*, *bernache*, etc., doit remonter à une forme *vernache*, calquée plus fidèlement sur l'italien que *grenache* [3]. [Horning le croit sorti d'une

les avoir relues, je répète, comme il y a vingt ans (*Romania*, XXXVII, 626) : « Je ne puis que m'en tenir à ce que j'ai dit ». Cf. le patois de l'Yonne, où, d'après Jossier, *bourgeon* signifie à la fois « bouton qui pousse sur les paupières » et « fragment, flocon, surtout en parlant de la laine »].

1. L'exemple le plus ancien, que ne citent ni Littré ni Godefroy, se trouve dans un fabliau, *Rec. général*, III, p. 148. Aucun de nos vieux dictionnaires ne donne *grenache* ; l'Académie et le *Dictionnaire général* le laissent de côté. Le mot, sorti de l'usage après le XVIe siècle, nous est revenu au XIXe par l'espagnol.

2. *Vernaccia* est dans Dante. Antoine Oudin le traduit par « sorte de raisin et de vin blanc ». [Cf. les remarques communiquées par Schuchardt à Kuno Meyer, et publiées par ce dernier dans les *Sitzungsber.* de l'Académie de Berlin, ann. 1912, p. 1150-1].

3. Antoine Le Maçon emploie *vernace* dans sa traduction du *Décaméron*.

contamination ayant son point de départ dans *bren* « ordure »
(*Zeitschr. from. Phil.*, XIX, 183, et XXVII, 143)].

(*Romania*, XXVIII, 175).

BROINE

Mistral ne connaît que *aurouno* comme nom de l'aurone : c'est
un gallicisme. Ni Raynouard, ni Levy n'ont de forme provençale
ancienne correspondant au latin **abrotonum**, qui est comme on sait
le type étymologique de *aurone*. Je relève dans Axel Duboul,
Las plantos as camps, p. 19 : « *Broine*, armoise champêtre, aurone
des champs ». Cette forme *broine* a évidemment subi une aphérèse :
la langue du moyen âge a dû posséder **abroine*. Nous pouvons
conclure de l'existence de *broine* dans la région toulousaine que
le latin **abrotonum** s'est conservé dans la langue populaire de
la Gaule aussi bien au Midi qu'au Nord [1].

BROUFOUNIÉ

Mistral enregistre un curieux mot, qu'il traduit par « bruit de
la tempête, mugissement de la mer agitée, gros temps », et qui
affecte les formes suivantes : *broufounié, bréfounié, brafounié, bou-
founié, boufanié, grifounié.* Il le rapproche du grec βαρυφωνία
« voix forte », ce qui n'est pas mal trouvé. Le mot vient effectivement du grec, et la désinence actuelle en *-nié* représente une
ancienne désinence en *-nia* ; mais βαρύς et φωνή n'y sont pour rien.
Le mot méridional est tout simplement le frère du français *Épiphanie*, autrement dit la fête des Rois. La forme *Brefania* est
dûment attestée en ancien provençal au sens religieux [2] ; on trouvera ci-dessous, à l'article *Bruvenie*, les considérations phonétiques
afférentes. Toute idée religieuse s'est évanouie aujourd'hui dans

---

1. A côté de *aurone*, les botanistes français mentionnent *vrogne*, forme qui a
subi l'aphérèse, comme la forme méridionale *broine* ; en wallon, on dit *ivrogne*,
par étymologie populaire, [à côté de *avrougne, lavrone*, etc.].

2. Voir Emil Levy, *Prov. Suppl.-Wörterb.*, I, 163.

le Midi, et il n'a surnagé que le souvenir du « charivari » qui accompagnait autrefois la célébration de cette fête. Sur ce dernier point, on peut voir des détails dans Du Cange, aux articles *epiphania* et *montina*. J'ajouterai seulement que le charivari est encore à la mode à Rome; j'y ai assisté par deux fois, [en 1880-1881], à la *Befana*, et j'ai pu constater personnellement que le divertissement principal consiste à se faire sonner réciproquement dans les oreilles, et le plus fort possible, des clochettes, des trompes et, en général, les instruments les plus bruyants qu'on peut se procurer.

BRUVENIE

Une charte du cartulaire de Saint-Vincent de Metz est ainsi datée : « L'endemayn de la *Bruvenye* m. cc. xliiij. ». Godefroy, enregistrant *Bruvenye* d'après ce seul exemple, traduit prudemment par « fête particulière au pays messin ». J'ai parcouru tout le cartulaire de Saint-Vincent ; je n'y ai relevé que trois autres mentions de cette fête: « la vigile de la *Bruvenye* m. cc. xliiij. (f° 44 r°) ; as octaves de la *Bruvenie* m. cc. xliij. (*ibid.*); a la *Bruvenie* m. cc. xliiij. (f° 46 r°) ». Il est probable que le dépouillement des chartes lorraines fournirait d'autres exemples de ce mot. Je n'hésite pas à y voir le latin **Epiphania**, grec Επιφάνια « Épiphanie ». L'italien dit *Befana* et *Befania*, les patois de l'Engadine *Bavania* et *Boagna*, etc. [1] Nous avons donc, comme en lorrain l'aphérèse de la voyelle initiale [2] et le changement du **p** en *b* ; l'engadin nous montre en outre, dans *Bavania*, le changement de **ph** en *v* et, dans *Boagna*, la labialisation de l'*e* issu primitivement

1. J'emprunte les exemples engadins à Salvioni, *Nuove Postille romanze*. [Cf. J. Jud, *Zur Gesch. der bündnorrom. Kirchensprache*, p. 39].

2. On trouve quelquefois *Piphaine* en ancien français, comme en provençal *Piphania*; Godefroy en donne trois exemples sous *Tifaigne*, autre nom de l'Épiphanie, qui vient, comme chacun le sait, de **Theophania**, Θεοφάνια. Les théologiens du moyen âge connaissent aussi **Betphania**, mot hybride (hébreu et grec), francisé en *Bethphanie* par l'ancien traducteur de Jean Belet, Bibl. nat. lat. 995, f° 36 r°. Malgré les apparences, il ne faut pas voir dans **Bethphania** l'étymologie des mots romans, commençant par *b*, que nous avons cités.

de l'i bref d'**Epiphania** ; il n'y a donc de propre au lorrain *Bruvenie*
que le changement de l'**a** médial en *e*, qui est normal, car l'épenthèse d'une *r*, phénomène dont les exemples ne manquent pas
après *b* initial, se trouve aussi dans l'ancien provençal *Brefania* [1].

BURGALESE

Carpentier a relevé dans les registres du Trésor des chartes deux
mentions d'une arme appelée *burgalese*, en 1386, et *burgalaise*,
en 1410. Il a créé dans Du Cange un article factice *burgalaisia*
pour y insérer sa trouvaille, et depuis lors on vit là-dessus.
Qu'était-ce qu'une *burgalese* ? Une sorte de lance, dit Carpentier ;
une sorte de javelot, de lance ou de pique, dit Godefroy. Le mot
n'a pas échappé à Victor Gay ; on lit dans son *Glossaire archéologique
du moyen âge et de la Renaissance* : « *Burgalaise*, lance ou dague
bordelaise ». S'il est permis à la philologie d'intervenir dans
l'affaire, elle ne décidera pas si c'est d'une lance, d'une pique,
d'un javelot ou d'une dague qu'il s'agit, mais elle peut garantir
qu'il s'agit d'une arme de *Burgos*, et non de *Bordeaux* [2]. C'est
déjà quelque chose. *Burgalese* correspond manifestement à l'adjectif espagnol *burgales*, ethnique de *Burgos*.

BUS

Mistral m'apprend que la haie de la charrue s'appelle *bus* dans
le Var. Il croit reconnaître dans *bus* le latin **buris** ; mais, pour
ne rien dire de la phonétique, **buris** est synonyme de **stiva**, et
désigne le « manche », non la « haie » de la charrue. *Bus* est
l'ancien provençal *bust* « tronc, buste ». La haie est en quelque
sorte le corps même de la charrue, et les parties qui y sont fixées,
manche, soc, coutre, etc., en sont considérées comme les
membres.

---

1. Voir, ci-dessus, l'article *broufounié*.

2. Cf. l'ancien esp. *alabesa*, catal. et prov. *alavesa*, lance qui tire son nom de
la province d'Alava [et « cotel dit *serragossan* », donc de Sarragosse, dans Du
Cange, v° *cultellus*, et dans Godefroy, v° *sarragossan*, d'après une lettre de
rémission de 1460, relative à Mugron (Landes)].

CADARZ

L'ancien tarif de courtage de Narbonne a un article ainsi conçu : «*Cadarz*, la carga xii den. narb. » [1]. Le mot manque dans Raynouard et dans Levy. Comme l'article en question est immédiatement suivi d'un autre où figure la soie (*ceda*), je crois qu'il ne faut pas hésiter à voir dans *cadarz* le même mot que l'espagnol *cadarzo*, qui désigne la soie de qualité inférieure. Cotgrave a un article *cadarce*, avec le même sens, et Godefroy reproduit Cotgrave. L'origine de l'espagnol *cadarzo* reste à trouver [2].

CADOLA

Le lyonnais *cadola*, francisé en *cadole* [3], désigne une petite hutte, un petit cabinet, et, par analogie, la partie pontée à l'arrière des grands bateaux du Rhône. Nizier du Puitspelu rapproche ce mot du latin de la basse époque **catabulum** « écurie », qu'il tire bien à tort de **caput** [4]. Le mot lyonnais étant féminin, l'étymologie en doit plutôt être cherchée dans le grec καταβολή, qui a pu être latinisé en ***catabola** et aboutir régulièrement en provençal à *cadaula*, comme παραβολή, latinisé en **parabola**, a abouti à *paraula*. La conservation du c explosif et la mutation du t en d montrent que *cadola* est emprunté au provençal, et non traditionnel [5]. Καταβολή,

---

1. Ce tarif a été republié en dernier lieu par Fagniez, *Doc. rel. à l'hist. de l'industrie*, I, 331. L'article *cadarz* du Glossaire a été rédigé d'après mes indications.

2. [Schuchardt rattache avec raison à l'espagnol et au provençal l'ital. *catarzo*, et propose de remonter directement ou indirectement au grec ἀκάθαρτος « ordure » (*Zeitschr. f. rom. Phil.*, XXVI, 398)].

3. Sur le sens de « loquet », que possède aussi *cadole* en français, voir le *Dictionnaire général* ; le type étymologique est le même.

4. **Catabulum** vient probablement de κατάβολος, que le grec classique applique au fond où est mouillé un vaisseau, et même à un parc à huîtres ; le sens spécial qu'il a pris et sa forme neutre semblent indiquer qu'il a subi l'influence de **stabulum**, mot par lequel il est glosé (cf. *Thesaurus linguae latinae*, s. v°).

5. Il est curieux que Mistral, v° *cadaulo*, ne donne pas de sens correspondant.

qui se rattache à κατάβάλλειν, signifie proprement « action de
jeter »; c'est le terme consacré pour désigner les fondements d'un
édifice. Il n'y a rien d'extraordinaire à ce que ce mot ait été
appliqué à une simple cabane, à une hutte.

CAGOUILLE

Nos marins ont donné le nom de *cagouille* à une volute servant
d'ornement au haut de l'éperon d'un navire. J'ai cru que ce
terme de marine était un emprunt à l'espagnol *cogollo*, et je l'ai
dit dans le *Dictionnaire général* ; je n'hésite pas aujourd'hui à
faire amende honorable pour cette opinion irréfléchie [1]. Je me
rallie à Littré, suivi sagement par Darmesteter, et je crois que le
terme de marine n'est qu'un sens figuré de *cagouille* « colimaçon,
escargot ». Mais d'où vient ce mot, très répandu en son sens
propre non seulement dans l'Angoumois et la Saintonge, comme
le dit Littré, mais en Berry, en Limousin, en Périgord et en Gascogne [2] ? Littré, dans son Supplément, le rapproche du provençal
cacalauso et du languedocien *cagaraulo*, sans plus. Mistral va tout
droit au latin **cochlea**, mais, comme il veut aussi tirer de **cochlea**
cacalauso, *cagaraulo* et *escaragol*, tout en admirant là sa bravoure
habituelle, on hésite à marcher derrière lui [3]. Et pourtant il se
pourrait que Mistral eût raison, au moins approximativement. En
gascon, la forme ancienne du mot est *cogolha* : elle se lit dans un
texte latin de Bordeaux, où il est question d'argent payé « ad

[Cf. l'art. *cadole* de Fertiault, *Dict. du langage pop. verduno-chalonnais*, dans
Rev. de phil. franç. et prov., IV, 285, et W. O. Streng, *Haus und Hof im
Franz.*, Helsingfors, 1907, p. 42].

1. [Déjà condamnée par Schuchardt dans la *Zeitschr.* de Kluge, I, 66 ; cf.
Zeitschr. f. rom. Phil., XXVI, 392].

2. Berrichon *cocoille* « limaçon » (Jaubert). [Cf. *Atlas ling.*, cartes 322,
coquille, et 481, *escargot*].

3. Non moins brave que Mistral, Fourès explique par *excocliolum* le gour-
donnais *escargol* et beaucoup d'autres formes, parmi lesquelles on est étonné de
ne pas trouver *cagouille* ; voir *Bull. de la Soc. des parlers de France*, I, 318.

mundandum vineas *de las cogolhas* que destruebant ipsas vineas [1] ».
Voilà donc *cagouille* qui fait un premier pas vers **cochlea**. Ce
dernier me semble en avoir fait un autre de son côté — et décisif
— dès les temps les plus reculés de la langue latine. On sait qu'il
n'est pas rare de voir une voyelle épenthétique s'introduire entre
deux consonnes dans l'adaptation latine de certains mots grecs
faite à l'époque archaïque : on trouve **dracuma, cicinus, trichi-
linium, psalteria**, de δραχμή, κύκνος, τρικλίνιον, ψάλτρια [2]. On
pourrait imaginer que κοχλίας a été rendu par ***coculea**. Or
Fleckeisen [3] a proposé de lire **coculea** au lieu de **cochlea** dans
deux passages de Plaute, *Capt.* 80 et *Pœn.* 3, 1, 29, et Ritschl [4]
incline à lui donner raison, au moins pour le premier de ces
passages. L'hypothèse de Fleckeisen vaut ce qu'elle vaut, mais
il est difficile de nier que le gascon *cogolha* postule ***coculea** [5].

(Romania, XXIX, 165).

CAGOUILLON

Godefroy donne trois exemples poitevins du mot *cagouillon*
(variante : *gugouillon*), qui désigne, d'après lui, « le blé que l'on
ramasse avec le balai quand il a été passé au van ». En réalité,
les *cagouillons* me paraissent être les vannures et criblures, c'est-

---

1. *Arch. hist. de la Gironde*, t. XXII, p. 184. J'emprunte la citation au sup
plément à Du Cange qui se lit dans l'édition Favre (supplément perdu dans le
tome VIII, où je viens seulement de le dénicher, p. 445, v° *cogolha*). Emil Levy
n'a pas relevé le mot dans son *Provenz. Suppl.-Wörterb.* Il le donne dans son
Petit Dict. franco-prov.].

2. Cf. Schuchardt, *Vokal. des Vulgarl.*, II, 394 et s.

3. *Krit. Miscell.*, p. 39, remarque.

4. *Opusc.*, II, 509.

5. De ce ***coculea**, qui n'est qu'un postulatum, il faut peut-être rapprocher
nuculeus, fréquemment attesté à côté de **nucleus** (Schuchardt, *Vokal.*, II, 417).
Dans le fascicule II de ses *Rom. Etymologieen*, p. 31 (Vienne, 1899), Schuchardt
tire *cagouille* de ***coculia**, forme résultant, d'après lui, d'une confusion entre
cochlea et **conchylium**. [Cf. quelques remarques complémentaires, *Zeitschr.
f. rom. Phil.*, XXVI, 392].

à-dire la balle du blé [1]. Le mot *cagouillon* représente clairement le latin **cucullionem**, proprement « capuchon » [2]. On comprend sans peine comment l'enveloppe du grain de blé a pu être comparée à un capuchon. La forme primitive a dû être **cogoillon*, comme celle de *cagouille* est *cogoille* [3].

CARQUERON

Carqueron est un terme de tisserand, lequel désigne une sorte de levier. Le *Dictionnaire général* se demande s'il ne faut pas rattacher le mot au latin **calcare** « presser ». Il vaut mieux, il me semble, considérer *carqueron* comme dérivé de *carquer*, forme picarde de *charger*.

CARTAYER

Le *Dictionnaire général* propose dubitativement de voir dans le verbe *cartayer* « éviter les ornières en dirigeant les roues dans l'intervalle qui les sépare » un dérivé de la forme picarde *carrette* pour *charrette*. Or le wallon dit dans le même sens *quâteler*, comme l'a fait remarquer Littré, et *cartayer* existe aussi en saintongeais, ce qui écarte tout type étymologique commençant par un **c** latin. Littré tire *cartayer* de *quatre* ; il faut le tirer de *quart*, comme le fait Jônain, qui écrit *quartéyer* pour mieux appuyer son étymologie [4].

1. [Les patois ne semblent pas, à en juger par le silence des lexicographes poitevins, avoir conservé cet ancien mot].

2. [Meyer-Lübke, qui imprime ***cucullio**, comme si le mot n'était pas attesté en latin antique (*Rom. etym. Wörterb.*, n° 2358), rattache au même type, outre le poitevin, l'espagnol *cogujon* « pointe d'une coite de lit, etc. » et le provençal moderne *cougoulhoun* « sommet »].

3. [Schuchardt veut que *cagouillon* tienne à *cagouille* (voir *Zeitschr. f. rom. Phil.*, XXVI, 392-3) ; les raisons qu'il en donne ne m'ont pas convaincu].

4. Le patois normand dit *carter* et *carteyer* au sens général de « se tenir à l'écart » et au sens spécial du mot français *cartayer* (Du Bois, *Gloss. du patois normand*, p. 67 ; *Dict. du patois normand en usage dans le dép. de l'Eure*, p. 92). [Cf. les intéressantes observations présentées sur le côté sémantique de cette étymologie par Horning, *Zeitschr. f. rom. Phil.*, XXVII, 144].

CASCANE

Littré n'indique pas l'étymologie de l'ancien terme militaire *cascane* « puits de mine ». Le mot est donné dès 1640 par Antoine Oudin, qui explique que « c'est un lieu en forme de degré d'où les gens qui travaillent se donnent la terre l'un à l'autre ». C'est l'italien *cascana*, de *cascare* « tomber ».

CERCE

J'emprunte à Littré les quatre articles suivants :

Cerce, s. f. Feuille de bois large et mince pour monter les cribles et les tamis. ‖ Menuiserie qui entoure les meules d'un moulin. ‖ Ustensile d'encastage pour les poteries. — Étym. Autre forme de *cercle*.

Cerche, s. f. Le même que *cerce*. — Étym. Autre forme de *cercle*.

Sarche, s. f. Cercle de bois auquel on attache une étoffe pour faire un tamis. — Étym. Forme ancienne et altérée de *cercle*.

Cherche, s. f. Terme de construction. Nom de tout ce qu'un seul trait de compas ne peut représenter et qui demande divers points pour être décrit... — Étym. Voy. *chercher*.

Le *Dictionnaire général* a groupé ces différents sens et formes [1] sous un article unique *cerce* ; il considère *cerce* comme la forme primitive et la fait venir de *cerceau*. Cette opinion ne me paraît plus soutenable aujourd'hui. Pour arriver à l'étymologie définitive, il n'est pas inutile de parcourir tout le domaine phonétique et sémantique de ce mot dans le passé et dans le présent.

Godefroy n'a pas d'article *cerce*, mais il distingue trois mots *cerche*. Dans le premier article, il met *cerche*, subst. verbal de *cerchier* (aujourd'hui *chercher*), dont l'origine ne fait pas question. Dans le second, il réunit sous la signification « abside » un passage du *Roman du Mont-Saint-Michel*, où on lit *cherche*, un texte de 1415 relatif à Rennes, où il y a *cerche*, et une citation de l'*Architecture* de Ph. Delorme, où il est question de la « cherche r'alongée » : il est clair que, dans ce dernier cas, il s'agit du terme de

1. La mention de la forme *sarche* a été omise.

construction que Littré donne exclusivement sous la forme *cherche*, et non d'une abside. Enfin, dans le troisième, sont cités trois passages du *Livre des Mestiers*, portant tous les trois *cerche*, avec cette définition : « garniture du bord d'un chapeau, d'un écrin, d'une gaîne [1] ».

Furetière (1690) ne connaît ni *cerce*, ni *cerche*, ni *sarche* ; il ne donne *cherche* que comme terme de construction, mais il a un article *serse* que les dictionnaires modernes ont eu le tort de négliger : « *Serse*, s. f. T. de marine. Modèle qu'on fait pour la construction d'un vaisseau ; voyez *gabarit*, c'est la mesme chose ».

Thomas Corneille (1731) donne *sarche* au sens de « cercle de tamis », et il ajoute : « On s'en sert aussi pour hausser les vaisseaux à faire la lessive. » Ces deux sens se trouvent réunis dans le *Glossaire du Bas-Maine* de Dottin et dans le *Glossaire du pays blaisois* de Thibault ; le deuxième est seul dans le *Vocabulaire du Haut-Maine* du comte de Montesson. Thibault y ajoute : « cercle cloué au sommet et à l'intérieur d'une cuve pour en consolider les douves ». Il remarque en outre que *sarche* est une prononciation locale de *serche*, « forme ancienne de *cercle* ».

Je n'hésite pas à rapporter ici l'article suivant du *Glossaire du Morvan* du comte de Chambure : « *Sasse*, s. f. Espèce de tamis dont on se sert pour faire égoutter les fromages frais ». L'auteur ajoute que dans les villes l'équivalent de *sasse* est *serce* ; mais cette constatation ne l'empêche pas de considérer *sasse* comme le féminin de *sas* « tamis » du latin *setacium. Il n'en est rien ; *sasse* correspond à *serce*, comme *ace* à *herse*. De même le lorrain *saçotte* « moule à fromage » (Adam) est un diminutif de *serce*, et non de *sas*, bien qu'une contamination ait pu se produire [2].

Pour terminer cette enquête, il faut franchir la Manche et prendre en considération l'anglais *searce* ou *sarce* « tamis », mani-

---

1. Il faut rattacher à *cerche* un verbe *encercher* qui manque dans Godefroy et qui se trouve écrit *encharger* ou *encharcher* dans les statuts des gaîniers de 1560, art. 11, 17 et 18 (R. de Lespinasse, *Métiers de Paris*, III, p. 488 et 489).

2. Dans la Meuse, d'après Labourasse, on a *sássot*, *sássá* « tamis », *sássotte*, *socé*, *sôcé*, *sássie* « forme à fromage », et *sozé* « cercle de futaille ».

festement emprunté du français *cerce* (peut-être influencé par *saas*, la *cerce* d'un *saas* ayant fini par s'entendre du *saas* lui-même).

En fin de compte, je considère que la forme *cherche* du *Roman du Mont-Saint-Michel* est pour *cerce*, que les formes *cerche*, *sarche* et *cherche* sont dues à l'étymologie populaire (influence du verbe *chercher*, primitivement *cerchier*), et que *cerce* doit remonter au latin **circitem**, synonyme de **circinum**, devenu de bonne heure, par métathèse, ***cirticem** [1].

CHAINTRE

Ce mot français dialectal, enregistré par Littré [2], a été récemment l'objet d'une étude de Horning [3]. Ce savant a bien vu qu'on ne pouvait séparer le français *chaintre* du provençal [moderne] *cance*, qui a exactement le même sens : il les rattache tous deux au radical de *jante*, expliquant le premier par ***camitem**, le second par une variante ***camicem**. Mais si, en provençal, on peut accepter *cance* > ***camicem**, en s'appuyant sur *ronce* < **rumicem** (bien que *ronze* soit plus normal que *ronce*), il est impossible d'être aussi tolérant pour ce qui concerne le français : de ***camitem** le français tirerait ***chante**, qui pourrait, avec épenthèse d'une *r*, devenir ***chantre**, mais non *chaintre*. A ce point de vue, la forme

---

1. Il faut probablement rattacher à la même étymologie le normand *sarche*, s. f., que Du Bois définit ainsi : « trépied en bois pour placer le cuvier à lessive ». [Schuchardt déclare invraisemblable la métathèse que je suppose, et s'en tient au latin **circinus** ou **circen**, admettant en français le doublet *cerce, cerne* ; cf. *Zeitschr. f. rom. Phil.*, XXVI, 401. Meyer-Lübke ne croit pas que, pour un mot populaire comme *cerce*, on puisse admettre, comme pour les mots demi-savants *marge* et *vierge*, invoqués par Schuchardt, la chute de l'*n* latine, et il a raison ; mais il repousse aussi la métathèse, et il se contente du type latin **circes**, sans dire comment il s'en représente l'évolution (*Rom. etym. Wörterb.*, n° 190)].

2. [Et par Cotgrave, sous les formes *chantre* et *cheintre*. Du Pinet le mentionne sous la forme *chantre*, dans sa traduction de Pline (Lyon, 1562, t. II, p. 34 : « se garder de rayer la chauassine » (en marge : «, c'est le bout du champ, où on contourne la charrue : aucuns [l']appellent *chantre* ») ; cf. une autre citation du même dans Godefroy, art. *chevassine*].

3. *Zeitschr. f. rom. Phil.*, XXI, 452.

avec **m** simple, que Horning substitue au type ***cammita*** ou
cambita, imaginé par Thurneysen, ne sert de rien : voyez plutôt
amita > *ante* (et non **ainte*), **semita** < *sente* (et non **seinte*),
etc.

Je ne connais, et je crois qu'il n'y a qu'un seul type étymologique qui puisse concilier le français et le provençal, c'est **cancerem**. En provençal, *cance* peut très bien avoir été autrefois **cancer* [1], comme *carce* a été *carcer*, de **carcerem** ; en français, il n'y
a qu'à rappeler **vincere** > *veintre* [2] pour légitimer *chaintre* <
cancerem.

Mistral a déjà rapproché *cance* du latin **cancelli**, et il ne me
semble pas si mal inspiré. D'après Festus, au témoignage de Paul
Diacre, **cancellus** est un diminutif de **cancer**, et le simple a eu
autrefois le sens du dérivé : **cancri** *dicebantur ab antiquis qui nunc
per diminutionem* **cancelli**. La déclinaison **cancer, eris**, parallèle
à **cancer; cri**, se trouve non seulement dans Caton et dans
Lucrèce, mais dans un auteur chrétien de la décadence, dans
Arnobe. Pourquoi ne pas admettre en latin vulgaire **cancer, eris**
au sens de **cancellus**, quand le provençal et le français nous
acculent à un type **cancerem** ? Le rapport sémantique, bien qu'un
peu flottant, se laisse entrevoir. *Cance* et *chaintre* désignent presque
partout « l'espace de terre qui reste à labourer aux deux bouts
d'un champ où la charrue a tourné et qu'on ne peut labourer
qu'à la maille ou au louchet » [3], ou les « sillons tracés sur les
limites d'un champ dans le sens contraire du labourage général de
la pièce de terre » [4]. C'est peut-être l'intersection des sillons à la

---

1. Voir, ci-dessous, l'article *chancera*.

2. Cf. le nom de lieu *Cainstra, Chainstra*, dans quatre chartes d'environ 1100,
Mabille, *Cartul. de Marmoutiers pour le Dunois*, nos 82, 87, 90, et 91. — [Dans
un mémoire lu à l'Académie des Lincei, le 16 mars 1920, F. Ovidio cherche à
démontrer que l'ancien français *veintre* n'a pu sortir phonétiquement du latin
vincere, et il fait appel à l'analogie des infinitifs tels que *feindre, fraindre*, etc.,
pour expliquer l'*i* de *veintre*. Son argumentation ne m'a pas convaincu, mais
je ne puis m'occuper ici de cette question très ardue].

3. *Dict. languedocien-franç.* de l'abbé de Sauvages ; dans cette citation, on
remarquera l'emploi de *maille* au sens du français dialectal *maigle* « hoyau ».

4. Lalanne, **p. 78**. Cf. Dottin, *Glossaire des parlers du Bas-Maine*, p. 125 :

lisière d'un champ labouré qui fait qualifier cette lisière elle-même de **cancelli** ou **cancerem** [1]. A moins qu'il ne faille voir dans l'emploi spécial de *cance* et de *chaintre* une simple application du sens figuré de « limite, borne », que **cancelli** a déjà en latin classique [2].

(*Romania*, XXIX, 167).

CHAMBRULE

On lit dans Littré : « *Chambrule*, s. masc., charbon, maladie qui attaque les moissons. Étymologie : *champ* et *brûler* ».

Dans la première édition de son *Traité de la formation des noms composés*, Darmesteter admettait sans difficulté que *chambrûle* (c'est ainsi qu'il écrit) était pour *brûle-champ* [3]. Dans la seconde, il avoue que l'explication de *chambrule* est bien douteuse [4]. Le mot apparaît pour la première fois dans le *Dict. des sciences naturelles*, tome VIII (1817), où on trouve *chambrule* et *chambuche* [5]. En 1784, dans son *Cours d'agriculture*, t. V, p. 138, l'abbé Rozier ne con-

« Haie très large plantée d'arbres et d'arbustes entrelacés ; espace non cultivé laissé dans un champ entre la haie et le dernier sillon et sur lequel on prenait jadis de la terre pour mêler aux engrais ; feuilles amassées pour faire la litière ou du fumier ; les deux ou trois sillons perpendiculaires aux autres ; planche large, sillon plat ».

1. Un cas sémantique analogue est celui du franç. *claie*, à peu près synonyme du lat. **cancellus**, qui s'est appliqué à l'échine et au revers de la main ; voir des exemples dans Littré et dans Godefroy, s. vº. Je m'aperçois au dernier moment que Grégoire de Tours emploie **cancer** et **cancellus** dans un sens inconnu au latin classique et qui paraît être celui de « croisée d'ogive » (Bonnet, *Le latin de Grégoire de Tours*, p. 249).

2. [Les observations présentées par Hörning pour appuyer l'apparentement de *chaintre* à *jante* (*Zeitschr. f. rom. Phil.*, XXVII, 149-5) ne me paraissent pas valables].

3. P. 193, n. 1.

4. P. 221, n. 1.

5. [Noter que Le Duchat a relevé la forme *chamboucle*, latinisée en *chambuclum* par le Lyonnais J. Bruyerin dans son *De Re cibaria*, publié en 1560, l. IV, ch. 10 ; « atrum illud triticum et putre, quod nostri agricolæ *chambuclum* appellant acsi ambustum dixeris » ; voir le *Dict. étymol.* de Ménage, édit. 1750].

naît que *chambucle*. Il est certain que *chambuche* est une pure coquille typographique pour *chambucle*, lequel est devenu ailleurs, par une autre coquille, *chambuele*, voire *chambuelle* et *chambruelle* [1]. Je crains que *chambrule* ne soit pas non plus de bon aloi, mais je n'en suis pas sûr. En tout cas, *chambucle* est un mot du Forez bien authentique [2]. Dans le Lyonnais on dit *chambuclio* et *charbuclio* [3]. Mistral donne *chabuscle*, *chabouscle* et, dans le Var, *chambouscle* (forme où le *ch* dénonce une importation). D'accord avec Nizier du Puitspelu, je tiens *charbucle* ou *charbuclio* pour primitif, et j'admets que *chambuclio* a subi l'influence de *champ*. Mais je n'y saurais voir comme lui un composé fait avec **carbo** et **ustulare** [4]. Il faut nécessairement supposer la création, en latin vulgaire, de ***carbusculus**, à côté du classique **carbunculus** [5].

CHANCERA

Ce mot a été relevé par Raynouard dans la coutume provençale de Montferrand [6], avec le sens de « dot ». Raynouard cite

1. Notamment dans le Larousse et dans le *Nouveau Larousse illustré*.

2. Littré le donne, mais il en fait à tort un substantif féminin.

3. [Je relève *cą̆bŭkl* (s. masc.) dans l'*Atlas ling.* de Gilliéron et Edmont, carte 919, point 818 (Saint-Symphorien-sur-Coise, Rhône) ; *tsẹrbupǝ* au Val d'Illiez (Valais), recueilli par Fankhauser, et *ṣābǚļyǒ* à Vaux (Ain), recueilli par Duraffour, *Ann. de l'Univ. de Grenoble*, XXXIV, 334].

4. [Dans le bas-limousin *tsobuscla* « brûler la peau, la pelure, l'écorce de quelque chose » (Béronie), il y a certainement *uscla* < **ustulare**, mais ce verbe me paraît sans rapport avec le substantif qui nous occupe].

5. Je rattache à la même étymologie le meusien *chabouclé*, *chaublonqué*, qui se dit du linge taché de moisissure (Labourasse). [Il vaut mieux partir de **carbunculus** que de ***carbusculus** pour expliquer le groupe *cl*, qu'on trouve aussi dans la Marne, notamment à Reims et à Florent]. — Quant au nom de plante *chambreule*, qu'un quidam a glosé par *brûle-champs* dans le *Nouveau Dict. d'hist. nat.*, t. VI (1816), et qui s'applique au galéopsis, il n'a rien à voir avec le charbon des blés ; c'est un dérivé de *chambre*, pour *chanvre*.

6. *Lex. rom.*, II, 391. Cette coutume a été publiée dans les *Annales du Midi*, III, 298 et s. Le mot figure à l'art. 109, avec la graphie *chansera*, qui est aussi celle de la coutume de Chénérailles au passage correspondant, bien qu'on ait imprimé *chausera* dans le *Musée des Archives départementales*, p. 177.

à propos ce passage de Du Cange, à l'article *vercheria* : « Arverni superiores eadem notione *valcheire*, inferiores *chăncere* dicunt ». Le même sens convient au français *chancelle*, que Godefroy a relevé dans la coutume d'Aigueperse et dans la rédaction du xvᵉ siècle de la coutume de Montferrand, bien qu'il traduise par « chambre de l'épousée, ses meubles et habits » et qu'il le rapproche à l'aventure de *chainsil*. Le patois actuel de la Limagne connaît encore le verbe *tsancelai* « donner à une fille une part des biens paternels pour qu'elle n'ait ensuite plus rien à réclamer » [1]. Le patois du Bas-Limousin nous offre non seulement le même verbe (*tsonsela*) mais un substantif féminin *tsanse*, qui est ainsi expliqué dans le dictionnaire de Béronie et Vialle : « On appelle ainsi dans certains endroits les droits successifs qu'une personne a dans une maison ; on le dit aussi de la constitution qu'un père fait à son fils et de la dot qu'il constitue à sa fille ». L'existence de ce substantif féminin *tsanse* prouve que le mot *chancera* de la coutume de Montferrand était (ou avait été à l'origine) un proparoxyton [2]. Il en résulte en outre que le type primitif a dû être un féminin de la troisième déclinaison latine, qui s'est fidèlement conservé en Limousin et qui a passé à la première en Auvergne : ce type ne peut guère être que le **cancerem** dont je me suis occupé à l'article *chaintre*. Comment la lisière d'un champ labouré est-elle devenue la dot d'une fille à marier ? Par le même jeu de sémantique qui a aussi attribué ce dernier sens au mot

---

1. C'est ainsi que j'interprète la définition bizarre du Dʳ Pommerol (*Essai d'un glossaire patois de la Limagne*, dans le *Bull. hist. et sc. de l'Auvergne*, 1898, p. 211) : « *Tsancelai* : fille à laquelle on donne une certaine part... »

2. La désinence ne peut être ramenée à un type latin en -a r i a ou -eria, car, s'il en était ainsi, la coutume de Montferrand, qui écrit *charreira*, *feira*, *madeira*, *maneira*, *prumeirament*, aurait **chanseira*, et non *chansera*. Remarquer aussi la désinence différente de *valcheire* et de *chancere* dans la citation de Du Cange. [J'ai eu le plaisir de découvrir dans le *Cartulaire de Notre-Dame du Pont* (Haute-Auvergne), art. 2, la forme médiévale *canser*, qui confirme mon hypothèse (voir *Romania*, XXXVII, 117 ; cf. *Ann. du Midi*, XX, 185 et 202). L'explication de *tsance* comme un « postverbal » de *tsancela*, proposée dubitativement par Horning (*Zeitschr. f. rom. Phil.*, XXVII, 145) ne saurait donc être acceptée, bien qu'on ne voie pas pourquoi l'*r* a été remplacée par *l*].

verquiera, proprement « jardin, terre cultivée attenante à l'habitation [1] ».

(Romania, XXIX, 168).

CHANCIÈRE

Behrens vient d'étudier le mot normand *canchière*, qui désigne la partie labourée, aux deux bouts d'un champ, perpendiculairement au labour du reste du champ [2]. Tandis que Joret y voit un dérivé de *chant*, au sens de « côté », il croit que *canchière* est pour **canjière*, dérivé du verbe *canjier* « changer ». L'opinion de Behrens ne peut se soutenir en présence de ce fait, qui lui a échappé : la forme française correspondante au normand *canchière* est *chancière*, usitée notamment (avec un sens identique) dans le Bas-Maine [3]. Donc, il nous faut un type étymologique ayant **c** ou **ti** après la nasale. *Chant* ne peut donner comme dérivé que *chantière* [4]. Un type latin ***cantiaria** expliquerait fort bien la coexistence de *canchière* en normand et de *chancière* en français ; mais je ne crois pas légitime de le supposer tant qu'on n'aura pas la preuve de l'existence de ***cantius** au lieu de **cantus**. Ayant montré ci-dessus que le français *chaintre* et le provençal *cance*, synonymes de *chancière*, *canchière*, reposent sur un type latin **cancerem**, je suis amené naturellement à croire à un dérivé adjectif ***cancereus**, ***cancerius**, pris substantivement sous la forme féminine ***canceria** [5].

(Romania, XXIX, 169).

1. J'ignore l'étymologie de ce mot, dont la forme latine la plus ancienne, dans les textes du moyen âge, flotte entre *vercaria* et *avergaria*, et qui ne peut se rattacher à **vervex**, comme on l'a dit. [J. Jud vient de lui consacrer une étude approfondie, où il le rattache au gaulois **verco-**, **vergo-** « œuvre » (*Zeitschr. f. Schweizer. Geschichte*, 2ᵉ année, p. 439-458].

2. *Festgabe f. G. Gröber*, p. 150.

3. Dottin, p. 128.

4. Cette forme existe effectivement, avec une variante *chaintière* influencée par *chaintre* (Dottin, p. 121 et 125).

5. Ce type convient aussi au provençal mod. *canciero* « billon, planche de labour, sole de terrain » (Mistral).

Mélanges d'Étymologie.   5

CHAROLESSE

Dans la plaine du Lyonnais, au-dessous de Riverie, on appelle *charolesse* un chemin suffisant au passage des chars. Nizier du Puitspelu voit dans ce mot un dérivé de *char* avec un premier suffixe, *-ola*, auquel est venu s'en adjoindre un second, *-esse*. Je ne connais pas d'autre exemple d'intercalation du suffixe *-ol*, et je crois qu'il faut faire appel ici au suffixe **-arius**, qui très anciennement, dès la période du latin vulgaire, s'est combiné avec le suffixe **-ĭcius** pour former des adjectifs en **-arĭcius**, dont beaucoup se sont substantivés par la suite. Flavius Vopiscus emploie l'adjectif **sigillaricius** au sens de « qui sert à sceller » ; la *Lex Alamannorum* connaît **canis porcaricius** et **canis ursaricius** « chien pour chasser le sanglier et l'ours », et **vaccaricia** « étable à vaches »[1]. On a formé de même ***carraricia**, et, en exprimant, puis en sous-entendant **via**, on s'est servi de ce mot pour désigner un chemin à charretier[2]. *Charolesse* est une forme dissimilée pour **charoresse*, **charraresse*.

CHEBICHE

Dans une partie du Berry on appelle *chebiches* (prononcé ordinairement *j'biches*) les fanes, c'est-à-dire, d'après Jaubert, « les tiges ou feuilles de légumes coupées, enlevées de leur racine ». Je crois qu'il faut voir dans *chebiche* une forme assimilée, dont l'état antérieur doit être **chebice*. L'assimilation de *ç* ou *s* avec *ch* est fréquente en Berry, souvent régressive (*chécher*, pour *sécher*), parfois progressive (*chachioux*, pour *chacioux*, chassieux). **Chebice* correspond à un type latin ***capĭcia**, [qui se retrouve dans le dauphinois *chavisso*, cité par Mistral, v° *chavasso*], comme le rouergat *cobis* correspond à la forme masculine ***capĭcium** : ce sont des

---

1. Voir, ci-dessus, l'article *auvereche*.

2. L'italien *carrareccia* remonte au même type étymologique ; Oudin le traduit par « la trace du charroy ».

dérivés de *capus, pour caput « tête » [1]. En lyonnais on dit *chavassi*, c'est-à-dire *capacia* [2] ; dans la Creuse *chabesso* [3], c'est-à-dire *capĭcia* ; [en Savoie *éçhĕvé* (masc. pl.) et *éslĕvé* (s. f.), c'est-à-dire *capĭcium* ;] en Poitou *chabusse* et *chabuche*, c'est-à-dire *capūcia*. Partout le sens est le même.

(Romania, XXVIII, 175).

CHÈNEVIS

Littré suppose, pour expliquer *chènevis*, un type latin *cannabisum, et Brachet un type *cannabisium ; ni l'un ni l'autre ne remarque que le latin ne possède pas de suffixe dérivatif -isum ou -isium. Scheler est plus avisé en mettant en avant *cannabicium, mais cette hypothèse ne peut pas rendre compte de la forme *chenevuis*, qui doit être considérée comme l'ancêtre de notre *chènevis* actuel [4]. La même terminaison se retrouve pour désigner la graine du lin : *linuis* et *linuise* sont très fréquents dans les textes du moyen âge et vivent encore de nos jours (au moins le dernier) en Picardie et en Artois. On ne peut guère hésiter à y reconnaître un type en –ūtium, –ūtia et à inscrire *canapūtium [5], *linūtium et *linūtia dans le vocabulaire du latin populaire de

---

1. [Le simple *chef* est lui-même employé, au pluriel, dans quelques localités de l'Ardenne pour désigner les fanes (Bruneau, *Enquête ling.*, p. 376].

2. Cf. [Mistral, vᵒ *chavasso*, et] l'article *chevasson*, ci-dessous.

3. C'est Nizier du Puitspelu qui cite *chabesso* comme usité dans la Creuse ; je n'ai pas eu occasion de constater directement son existence.

4. Il faut lire *chanevuis* (et non *chaneuvis*, comme l'ont fait les éditeurs, Bonnardot et R. de Lespinasse) dans le péage du Petit-Pont de Paris, *Livre des Mestiers*, p. 233. *Chenevuis* se trouve au sens actuel dans le *Registre criminel du Châtelet*, à la date du 9 février 1391 (Godefroy, *Compl.*) Il est employé au sens de « chenevière » dans des lettres de rémission de 1390, citées par Carpentier (Du Cange, vᵒ *cheneverium*, et Godefroy, vᵒ *chenewis*). Un texte de Lille (1440) donne *kennebuye* à côté de *lynuis* (Godefroy, vᵒ *chennebuie*, où le mot est traduit à tort par « chanvre »).

5. Je me suis déjà expliqué (*Essais de phil. fr.*, p. 409) sur le **p** du latin vulgaire, postulé par le *p* italien et le *b* provençal. J'ajoute que la graphie avec un **p** domine dans les glossaires : voir Goetz, *Thes. glossar emendat.*, I, 174.

la Gaule [1]. Il faut noter d'autre part que l'italien appelle le chènevis *canapuccia* [2], et qu'à Isbergues, près de Saint-Pol, on dit *canebuche*, ce qui nous reporte clairement à **canapūcia**.

CHEVASSON

Le chevène [3] s'appelle dans le Jura *chevasson*, dans le Doubs *tchaivaisson*, dans le Rhône *chavasson*. Nizier du Puitspelu dit que *chavasson* remonte à **caput** « tête », et il y voit « le suffixe *-asson*, diminutif du suffixe péjoratif *-asse*, le *chavasson* étant un poisson peu estimé ». Je me représente un peu différemment la formation de ce mot. Le témoignage direct des formes romanes prouve que le latin vulgaire a désigné ce poisson par les dérivés **capĭcius** [4] et **capŏcius** [5]. Il est plus naturel encore d'admettre un type lat.

1. A côté de **canapatum**, **canapetum**, **canaponem**, **canaposum** et **canaposa**, qui sont postulés par d'autres noms français ou provençaux du chènevis.

2. Mot oublié par Salvioni dans ses *Postille* et *Nuove Postille italiane al voc. lat. rom.* [Horning suggère que le type en -ūcium, etc., pourrait aussi être accepté pour le français, en supposant une prononciation demi-savante analogue à celle que l'on constate dans le lyonnais *beneviser* (dont la base est le lat. beneficium), et en considérant la forme *canebuche*, usitée à Saint-Pol, comme seule populaire ; voir *Zeitschr. f. rom. Phil.* XXVII, 145-6].

3. C'est ainsi que s'appelle en bon français le poisson que les naturalistes désignent par le terme de *Squalius Cephalus*. Sur l'étymologie de *chevène*, voir mes *Essais*, p. 261. Souhaitons que l'Académie française admette le mot dans la nouvelle édition de son dictionnaire et qu'elle ne l'écrive ni *schwène*, comme Armand Silvestre dans ses *Contes irrévérencieux*, ni *juène*, comme le prononcent les pêcheurs des environs de Paris. [L'hypothèse qu'il faudrait partir d'un type lat. vulg. **capicinem**, et non de **capitinem**, pour expliquer l'ancien français *chevesne*, émise par Horning (*Zeitschr. f. rom. Phil.*, XXVII, 147), ne me paraît pas nécessaire].

4. Provençal moderne *cabes* ; ancien français *chavessot*, que Godefroy ne sait comment traduire.

5. Provençal ancien *cabotz*, qu'Emil Levy prend à tort pour un mot en -*ot*. Cf. ce texte latin de Toulouse, de l'année 1181, cité dans Du Cange, v° *cabos* : « Non vendant troitam..., neque lampridam....., neque assegiam..., neque *cabos* nisi .ii. denarios ad plus ». Le français *chabot* a dû être primitivement *chaboz*.

*capacius « le poisson à grosse tête », tout à fait analogue à *beccacia « l'oiseau à grand bec », la bécasse. *Capacio a dû bientôt prendre place à côté de *capacius, comme gobio à côté de gobius : il est représenté aussi, à côté de *chevasson*, etc., par le provençal moderne *cabassoun*, nom d'un poisson méditerranéen (*Atherina Boyeri*), que l'on francise en *cabasson*. Il n'y a aucune idée péjorative dans tout cela.

(Romania, XXVIII, 177.)

CHEVOISTRE

A côté de *chevestre*, qui correspond normalement au latin capĭstrum « chevêtre », l'ancien français offre une forme *cheveistre*, *chevoistre*. Dans une note sur le vers 3512 du poème d'*Érec*, Foerster rappelle que *chevoistre* et *espois* offrent deux cas isolés de diphtongaison de l'ĭ latin dans une syllabe fermée, et que ces deux cas sont inexpliqués. *Espois* n'est pas primitif ; il s'est substitué à *espes* sous l'influence de *espoisse* (*spĭssia) « épaisseur » et de *espoissier* (*spĭssiare) « épaissir »[1]. Au contraire, *chevoistre* a sa racine dans le latin vulgaire, tout comme l'engadin *chavaister* : il remonte à *capistrium, au lieu de capĭstrum, comme *cloître* (jadis *cloistre*) à *claustrium, au lieu de claustrum[2].

CHIAULER

Littré a remarqué dans le *Glossaire* de Jaubert le substantif *chiaule* « rejeton » et le verbe *chiauler* « pousser des rejetons », et il a

---

1. Cf. Meyer-Lübke, *Gramm.*, I, § III.

2. L'idée développée par Horning (*Zeitschr. f rom. Phil.*, XXIII, 414), d'après laquelle l'*i* sortirait directement du s, ne me paraît pas acceptable. Il est bon de noter que *chevoistre*, employé par Chrétien de Troyes, paraît représenté aujourd'hui par *choître* dans l'Aube (Baudouin, *Patois de la forêt de Clairvaux*, p. 113). [Par suite il paraît préférable de rattacher *chevoistre* aux formes dialectales du français où l'ĭ, même entravé, apparaît diphtongué en *oi*, plutôt que de faire appel au type *capĭstrium. Le bas-engadin *chavaister* correspond d'ailleurs phonétiquement au lat. classique capĭstrum].

voulu expliquer *chiaule* par **capitulum** « petite tête » [1], opinion
que les lois phonétiques condamnent absolument. En réalité,
chiaule, substantif féminin, est tiré de *chiauler*, et *chiauler* dérive
d'un ancien substantif masculin *chiau*, conservé par le patois du
Maine au double sens de « chien qui vient de naître » et de
« rejeton qui pousse sur la racine des végétaux »[2]. *Chiau* est
l'ancien français *chael* « petit du chien » [3], qui vient du latin **catellus**, diminutif de **catulus**. Le provençal *cadel*, qui signifie à la fois
« petit chien » et « rejeton » ne laisse aucun doute sur l'étymologie de *chiauler*. Il est intéressant de voir se produire dans nos
patois le même procédé sémantique qui en latin classique avait
donné à **pullus** « petit d'un animal » le sens de « rejeton d'une
plante ».

CHINQUÊME

Godefroy a relevé le substantif féminin *chinqueme* dans un
registre des archives communales de Saint-Omer, où on lit : « de
le *chinqueme* duskes a la feste de Toussains ». Il a compris que
le mot devait désigner une fête, mais c'est tout. Évidemment,
chinqueme correspond au latin **quinquagesima** comme notre mot
actuel *carême* à **quadragesima** [4] ; mais que faut-il entendre
par **quinquagesima** ? De nos jours la *quinquagésime*, c'est le
dimanche qui précède le premier dimanche de carême, c'est-à-
dire le 50ᵉ jour avant Pâques. Au moyen âge, le latin **quinquagesima** s'applique aussi bien au 50ᵉ jour après Pâques qu'au 50ᵉ
jour avant Pâques, et il fait très heureusement concurrence à son
synonyme *pentecoste*, simple transcription du grec πεντηκοστή. La
Chinquême des gens de Saint-Omer est sans aucun doute ce que

1. *Hist. de la langue franç.*, 6ᵉ éd., II, 122.
2. Par une extension du sens de rejeton, *chiau* s'applique aussi, en certains
endroits, aux déchirures de la peau près des ongles, ce qu'on nomme en
français des *envies* (Dottin). Il n'a rien à faire avec *scion*.
3. Littré enregistre dans son *Dictionnaire* le substantif masculin pluriel *cheaus*,
terme de chasse qui s'applique aux petits du chien, du loup et du renard.
4. Le latin classique **quinquagesima** a dû devenir de bonne heure *cinque-
sima*, comme **quadragesima** s'est contracté en *quaresima*.

la grande majorité des Français appelle la *Pentecôte*. L'expression s'est conservée dans le patois wallon [1], et le néerlandais l'a empruntée au wallon : *cinkesme* est en effet l'étymologie de *sinksen*, nom de la Pentecôte en sud-néerlandais. L'espagnol archaïque dit aussi *cincuesma* et *cincuaesma* dans le même sens. Rappelons enfin, dans le même ordre d'idées, qu'en ancien wallon l'Épiphanie est appelée *treisme*, de **tredecima** [2].

CLIMPER

Climper signifie « gauchir » en patois wallon. Grandgagnage enregistre le mot et ses dérivés sans donner d'étymologie. Le sens nous pousse à voir dans *climper* le radical germanique qui se trouve dans le moyen haut-allemand **slimp** « oblique » ; *climper* doit être issu d'un ancien verbe wallon **sclimper* [3].

CLIN

Le *Dictionnaire général*, suivant l'opinion de Littré, a fondu en un seul article le terme de marine *clin* « bordage où les madriers se recouvrent » et le terme de tonnellerie *clain* « biseau ménagé sur le bord par lequel s'assemblent les douves. » Voilà qui est bien ; mais faut-il rattacher ce mot *clin* à l'ancien français *clin* « inclinaison » ? Je ne le crois pas, malgré la convenance sémantique. Le précieux dictionnaire français-allemand de Mozin (1811) remarque au mot *clin* que l'usage de border à clin appartient à la Hollande et à l'Angleterre, et il traduit par « die Planken klin-

1. Grandgagnage, *Dict. étym.*, II, 364 ; *Zeitschr. f. rom. Phil.*, IX, 484 et XXI, 111. Au dernier moment, je trouve dans le Complément de Godefroy un exemple de *ciunkesme*, substantif masculin, au sens manifeste de « pentecôte » ; il provient de Tournai. Godefroy l'a noyé dans l'article *cinquiesme*, IX, 95. [Pour d'autres survivances du mot latin, cf. J. Jud, *Gesch. des bündnerromanischen*, index].

2. Voir, ci-dessous, l'article *treisme*.

3. Voir, ci-dessous, l'article *esclem*. Pour la chute récente du *s*, comparer *clinche* « gauche », du germanique **slink**.

kerweise anlegen ». En allemand et en néerlandais, le bordage à clin s'appelle *klinkwerk* [1]. Le *Dictionnaire de Trévoux* ne connaît pas le mot *clin*, ou du moins ne le donne pas à l'ordre alphabétique ; mais à l'article *border* il donne l'indication suivante : « *Border une* (corriger *en*) *carvelle*, c'est border en sorte que les bordages ne se touchent point ; *border à quien*, c'est border en sorte que l'extrémité d'un bordage passe sur l'autre. » *Border à quien* est la prononciation patoise de *border à clin*, et cette expression correspond aussi sûrement à *klinkwerk* que *border en carvelle* correspond à l'allemand et au hollandais *karvielwerk*. Le verbe *klinken*, commun au bas allemand et au néerlandais, et qui existe aussi en anglais (*cling*) et en danois (*clynge*) [2], signifie « fixer » : il paraît devoir être distingué de *klinken* ou *klingen* « résonner ». Vercoullie pense que c'est au premier de ces deux verbes qu'il faut rattacher le néerlandais *klink*, allemand *klinke* « loquet », d'où le français *clenche*.

(*Romania*, XXIX, 170.)

CONSIRE

Le substantif wallon *consîre* ne s'emploie que dans l'expression *consîre di nivaie* « amas de neige formé par le vent » [3]. Grandgagnage n'a pas donné l'étymologie de ce mot. Si l'on remarque que les patois du Midi de la France disent exactement dans le même sens *coungiero* ou *cougniero*, on n'hésitera pas à y voir le latin **congeria**, variante populaire de **congeries** [4].

---

1. Cf. l'art. *clin* du *Gloss. nautique* de Jal ; dans son supplément, Jal donne un exemple de *clinquer* « border à clin » au XVᵉ siècle. [Un exemple plus ancien (1394) se trouve dans *Romania*, XXXI, 363, art. *bordingue*].

2. [En réalité, *klinke* est emprunté à l'allemand, comme me l'a fait observer, dès avril 1910, une de mes élèves, Mᵐᵉ Lis Jacobsen ; le danois *clynge* est un mot différent, qui signifie « grimper », comme le suédois *klunga*].

3. Grandgagnage, II, p. XVII.

4. Mistral a justement rapproché *coungiero* de **congeries** ; mais il voit dans *cougniero* un dérivé de **cuneus**, coin. Il n'y a pas lieu de séparer ces deux formes divergentes : *cougniero* remonte à **congeria** aussi bien que *coungiero*. [Horning remarque justement que le *s* sourd du wallon ne correspond pas normalement ·

COPEAU

Il est certain que notre mot actuel *copeau*, autrefois *coipel*, *coispel*, n'a rien à voir à l'origine avec le verbe *couper*, autrefois *colper*, en dépit de Ménage, de Scheler et du *Dictionnaire général*. Diez, qui propose pourtant en première ligne le verbe *couper*, s'est demandé si *copeau* n'était pas plutôt le même mot que l'ancien français *coispel* « pointe » [1]. Cette identification me paraît aller de soi. Quelle est l'étymologie de *coispel* ? Le latin **cuspis** se présente naturellement à l'esprit. Körting suppose un type ***cuspellum** ; mais l'*i* de *coispel* reste inexpliqué. Peut-être faut-il admettre en ancien français un substantif féminin **coispe*, dont *coispel* serait le diminutif. **Coispe* représenterait ***cuspia** [2]. Quoique le latin classique ne connaisse que la déclinaison **cuspis**, **cuspidis**, il n'est pas impossible que le latin vulgaire ait décliné **cuspis**, ***cuspis** : la formation de ***cuspia** serait alors identique à celle de ***neptia** « nièce » ou de ***apia** « abeille [3] ».

au *g* latin de **congeria**, et il se demande si *consire* ne serait pas un mot venu du Lyonnais et altéré dans la transmission, hypothèse peu vraisemblable. — Cf. Feller, dans *Bull. du Dict. wallon*, III (1908), p. 42].

1. Cf. l'article *coispel* de Godefroy. [La carte 319, *copeaux*, de l'*Atlas linguistique* et les dictionnaires des patois de langue d'oïl fournissent beaucoup de formes telles que *couépiau*, *couapiau*, etc., dans le détail desquelles je ne saurais entrer ici].

2. Un auteur italien du XIVe siècle, Gui de Vigevano, emploie *cuspia* en parlant d'un couteau (cf. Du Cange, s. v°); mais ce mot signifie chez lui la rainure (*cavatura*) et non ce que nos anciens textes français appellent *coispel*.

3. ***Apia** est appuyé sur le lombard *avia* et sur le lyonnais *avi* ; je ne saurais voir dans ces deux dialectes une formation régressive comme le fait Meyer-Lübke (*Gramm. des l. rom.*, t. II, p. 441). [Cf. *Rom. etym. Wörterb.* n° 524, et Horning, *Zeitschr. f. rom. Phil.*, XXVII, 151-2 ; toutefois, il y a des objections phonétiques graves, que me signale J. Jud, contre l'hypothèse d'un type ***apia** en latin vulgaire. Pour revenir à *copeau*, je note que les plus anciens exemples du mot, fournis par la *Folie Tristan* d'Oxford (éd. Bédier, 525, 784 et 789), sont écrits *cospel*, et non **cuspel*, ce qui peut faire douter du rapport avec le latin **cuspis**. En tout cas, l'étymologie par le celtique (breton *skolp*, etc.), que Schuchardt a proposée (*Zeitschr. f. rom. Phil.*, XXVI, 400) et que Meyer-Lübke accepte sans sourciller (*Rom. etym. Wörterb.*, n° 7731), doit être, malgré

CORONDA

Le provençal *couroundo*, autrefois *coronda*, signifie « colonne, poteau, solive » [1]. Il existe aussi en catalan, sous la forme *coronda*, et en asturien, sous la forme *colondra*. Mistral et Raynouard le rattachent sans hésiter à **columna** ; Menéndez Pidal imagine un type monstrueux **columita* pour expliquer *colondra* [2]. Il est bón de protester là contre, même si l'on ne peut donner une étymologie définitive. J'ai longtemps songé au grec κορωνίς, ίδος, qui a pu être latinisé en **coronida*, comme tant de mots de même désinence [3]. Κορωνίς signifie « corneille » et s'applique par analogie à différents objets de forme recourbée (comme le bec de la corneille), même à une couronne ; mais une couronne n'est pas une colonne.

D'autre part, on trouve *coronna* dans *Flamenca* en rime avec *donna*, c'est-à-dire avec un *o* ouvert [4]. Comment expliquer cette forme ? En Bas-Limousin on dit *courouno*, peut-être par confusion avec le mot *courouno*, qui vient de **corōna**. Mais le marseillais a *courouendo*, qui atteste *corònda* avec un *o* ouvert, tandis que *couroundo*, forme plus répandue aujourd'hui, suppose *corónda* avec un *o* fermé. Enfin, il faut tenir compte de l'espagnol *cureña*,

l'identité du sens, résolument écartée. Il est étrange que Meyer-Lübke enregistre, sous **cuspis** (nº 2425), l'ancien vénitien *cospelo*, qui a le même sens que l'ancien français *coispel*, appliqué à une partie du fourreau de l'épée, sans faire mention de l'ancien français].

1. Raynouard n'a qu'un exemple ; Emil Levy en cite plusieurs autres. Il y en a un, que ne connaît pas Levy, dans les homélies de Tortosa (*Ann. du Midi*, IX, 410) ; cf. le bas-latin *corondatus* « colonne d'un livre », dans *Revue de Gascogne*, année 1900, p. 102.

2. *Romania*, XXIX, 343. L'asturien a dû avoir à l'origine la même forme que le catalan, puis l'intercalation d'un *r* à la finale a fait sortir *colondra*, par dissimilation, de **corondra*. Voir, ci-dessus, l'article *coulindrou*.

3. **Coronis** est dans Martial : il désigne la ligne recourbée qu'on traçait à la fin d'un livre, et, au figuré, la fin du livre elle-même. Sur le passage des mots grecs en ις, ίδος à la première déclinaison latine, voir, ci-dessous, l'article *promoistre*.

4. Cf. *Journal des Savants*, 1901, p. 371.

autrefois *curueña* « affût de canon », qu'il paraît difficile de séparer du provençal *coronda* et non moins difficile de mettre d'accord avec lui [1].

ÇOULE

On lit dans le Roman de *Renart*, édition Martin, br. II, 331 :

> « Harou ! » escrie a pleine gole.
> Li vilein qui sont *a la coule*,
> Quant il oent que cele bret,
> Trestuit se sont cele part tret.

L'édition Méon porte : *en la coule*, leçon que donnent trois manuscrits. L'éditeur pense que *coule* veut dire « bâtiment, ferme », et Godefroy est de son avis. Léopold Constans a exercé sa sagacité sur ce passage, qu'il a réimprimé dans sa *Chrestomathie de l'ancien français*. Il voit dans *coule* un substantif verbal de *couler* : du coup voilà la locution familière actuelle *être à la coule* » être prompt à agir, avisé » datée du XIIIᵉ siècle. Constans s'appuie sur un passage de la continuation de Guillaume de Tyr, où il est question d'une embarcation « qui estoit a la cole », ce qu'il interprète de son chef par « qui était plus agile ou mieux conduite ». Mais dans la continuation de Guillaume de Tyr, *cole* est le vénitien *colla* « vent » et *estre a la cole* veut dire « estre en partance » [2].

En réalité, dans le Roman de *Renart*, le mot écrit *coule* doit être prononcé avec un *c* spirant, soit *çoule*. Il s'agit du jeu encore populaire

---

1. Quant à l'espagnol *corondel*, qui désigne la réglette avec laquelle le typographe sépare les colonnes d'une page, c'est évidemment un mot catalan, dérivé de *coronda*. — [Pour l'ensemble de la question, voir un article très documenté de Schuchardt (*Zeitschr. f. rom. Phil.*, XXVI, 410-4), résumé par Meyer-Lübke (*Rom. etym. Wörterb.*, nᵒ 2437), article qui, s'il ne fait pas la lumière sur tous les points, y introduit un élément nouveau et important, à savoir l'hypothèse d'une contamination entre **columna** et **cylindrus**, que la sémantique rend vraisemblable].

2. *Hist. occid. des Croisades*, tome II, *Éracle*, XXXIII, 19.

dans quelques-unes de nos provinces, le jeu de la *choule*, comme on dit en Picardie et dans le voisinage, le jeu de la *soule*, comme on dit en Bretagne [1]. L'ancienne graphie *coule* avec *c* spirant, concordant avec la forme picarde *choule*, oppose une barrière infranchissable à l'étymologie par **solea** mise en avant, avec une belle assurance, par Siméon Luce [2] et par d'autres [3]. Il nous faut un type primitif commençant par **ce-** ou **ci-**, sans doute quelque chose comme ***ciulla**, dont nos successeurs en philologie française nous révèleront quelque jour le mystère [4].

(Romania, XXVIII, 178.)

COULINDROU

La groseille se dit dans la région toulousaine *coulindrou* et le groseillier, *coulindrouné* [5]. Dans le Rouergue, à côté de *coulindrou*, on emploie aussi *coulintou, goulintou* et *courintou* : la plante s'appelle *coulintié, goulintié, courintié, courentié* [6]. Mistral, à l'article *courintou*, indique comme étymologie à la fois *Courintou*, « Corinthe », nom de ville bien connu, et *couriandre* « cori-

---

1. [Sur ce jeu célèbre, voir surtout la belle publication illustrée de J. J. Jusserand, *Sports et jeux d'exercice dans l'ancienne France*, 2ᵉ édit., Paris, 1901, p. 265 et suiv.].

2. *La France pendant la Guerre de Cent ans* (1890), p. 117.

3. Notamment par Alexandre Sorel, *Le jeu de la choule, recherches sur son origine, sa signification et la façon dont il se pratiquait*, dans le *Bulletin historique et philologique* du Comité des travaux historiques et scientifiques, année 1894, p. 390 et suiv.

4. [J'ai cru, longtemps après que ces lignes étaient écrites, avoir percé le mystère, et j'ai mis en avant, comme étymologie de *çoule*, l'ancien haut-allemand **ciulla** (d'où l'allemand moderne *keule* « massue ») ; voir *Ann. de l'École des hautes études* pour 1919-20, p. 5 et suiv. Je me suis trompé, et je saisis cette occasion d'en faire l'aveu. Une obligeante communication de Jules Ronjat a attiré mon attention sur le fait (qui maintenant m'apparaît incontestable comme à lui), que, dans ce mot haut-allemand, l'i est purement et simplement destiné à indiquer la prononciation de l'**u** suivant (= ü) ; cf. moyen-haut-allem. **kiusche**, forme évoluée d'un **chûski** antérieur cité ci-dessous, p. 80].

5. A. Duboul, *Las Plantos as camps*, p. 30.

6. Vayssier, p. 121, 133.

andre », sans commentaire. Je crois que *couriandre*, même sous la forme dissimilée *couliandre*, doit être écarté [1] : la groseille a été ainsi appelée à cause de sa ressemblance avec le raisin de Corinthe, dont le grain est très petit [2]. Mon collègue Gilliéron me communique quelques résultats de son enquête sur les patois pour la préparation de l'*Atlas linguistique de la France*, et j'y vois que la groseille s'appelle *raҗim de Coulindre* (Aude), *araҗim de Couringlo* (Hautes-Pyrénées) ; cf. *Atlas*, carte 670. L'anglais lui aussi entend par *currant*, autrefois *corant*, *corantes*, non seulement le raisin de Corinthe, mais la groseille. Il est curieux de constater l'accord de l'anglais et du provençal moderne, indépendamment du français, à ce qui semble ; mais qui sait si le français n'a pas possédé autrefois un terme analogue ? Je remarque d'ailleurs que la groseille s'est appelée au XVIe siècle « raisin d'outre mer ». A. de Candolle se demande [3] si dans cette expression il n'y a pas un souvenir du fait que le groseillier aurait été importé en France par les Danois et les Normands, *venus par mer* ; il n'en faut rien croire. Nous avons simplement affaire à une figure de rhétorique bien connue en sémantique et qui consiste à appliquer à la groseille le nom même de raisin d'outre mer, c'est-à-dire du raisin de Corinthe.

La forme *Coulindre*, par laquelle est rendu en provençal le nom de Corinthe, est remarquable. Notez qu'on ne la trouve pas seulement dans la locution composée *raҗim de Coulindre* et dans le dérivé *coulindrou* : dans une partie des Basses-Pyrénées, la groseille s'appelle absolument *coulindro*. Nous avons un écho de la prononciation grecque byzantine dans le changement en *nd* du groupe *nt* [4]. L'*r* de la dernière syllabe est épenthétique, et c'est à sa présence qu'est dû le changement en *l* de l'*r* médiale.

---

1. [Je ne m'explique pas pourquoi Meyer-Lübke, tout en renvoyant au présent article, rattache le prov. à **coriandrum** (*Rom. etym. Wörterb.*, n° 2232)].

2. Par un autre effet de la même cause, le grec moderne appelle la groseille φραγκοστάφυλα « raisin franc » (communication de mon collègue Hubert Pernot).

3. *Origine des plantes cultivées*, 4e éd., p. 221.

4. H. Pernot me fait pourtant remarquer que l'évolution phonétique de νθ

COUMÉRE

En Berry, on donne le nom de *coumère* à des champignons de la famille des agarics ou des clavaires. Le comte Jaubert voit dans cette désignation un emploi figuré du mot *coumère* « commère », et le justifie en disant que ces champignons croissent en compagnie. C'est fort ingénieux. On voit d'ici les groupes de champignons, perdus au fond des bois ou des brandes, qui charment leurs loisirs en se livrant à d'innocents commérages. Malheureusement c'est de la poésie, et ce n'est que cela. Comme Jaubert donne aussi les variantes *couméle* et *coméle*, avec le dérivé *comelon*, il est clair que *coumere* n'est qu'une altération de *coumele*, altération qui s'explique par une étymologie populaire. Il n'est pas possible de séparer *comele*, *coumele* de *coulemelle*, mot que j'ai étudié naguère [1]. Les *coumères* du Berry ne sont pas des « commères », mais des « colonnettes » : la poésie n'y perd rien [2].

(Romania, XXIX, 171.)

CRAVENTER

A côté de *cravanter* (d'où le composé *acravanter*), qui s'explique tout naturellement, comme le provençal *crebantar* et l'espagnol *quebrantar*, par un type du latin vulgaire ***crepantare**, tiré de

n'est pas la même que celle de ντ : Κόρινθος a abouti en grec moderne à Κόρφος. On ne peut donc expliquer le changement du *nth* en *nd*, qui s'observe dans *coulindrou*, par la prononciation grecque. [Toujours est-il que l'ancien français offre la forme *Corinde* (quelle qu'en soit l'origine) pour *Corinthe*. Le Dr P. Dorveaux m'en signale l'exemple suivant dans les *Mystères du XVe siècle* publiés par Jubinal, p. 301 :

J'ay vermeillon et tainture inde,
Figues et raisin de Corinde].

1. Voir mes *Essais*, p. 275. Il est utile de signaler que *coulemelle* est représenté par *caimmerolle* dans lé patois de la forêt de Clairvaux (Baudouin, p. 100).

2. Dans le Blaisois, ce champignon est appelé *coimelle*, que les citadins francisent en *commère* (Thibault, p. 97).

crepans, participe de **crepare**, l'ancien français dit aussi et plus fréquemment *craventer* (d'où le composé *acraventer*) : cette dernière forme est constante dans la *Chanson de Roland* et elle s'est conservée jusqu'à nos jours dans les patois francais et franco-provençaux qui distinguent encore les sons *en* et *an* [1]. Il faut évidemment supposer l'existence d'un type étymologique ***crepentare**, employé en latin vulgaire concurremment avec ***crepantare** [2]. Par suite, le témoignage du grammairien Eutychès, qui donne le type latin **crepo, crepere**, à côté de **crepo, crepare**, trouve dans les langues romanes une éclatante confirmation que l'on ne paraît pas avoir remarquée jusqu'ici et qu'il m'a paru bon de signaler. Le dictionnaire de Quicherat-Daveluy-Chatelain qualifie **crepere** d'archaïsme : peut-être faut-il y voir un néologisme sorti du prétérit **crepui** et du supin **crepitum**. Toutefois, comme Ennius emploie **sonere** pour **sonare**, il est possible que **crepere** ait existé anciennement à côté de **crepare**, et que le latin vulgaire ***crepentare** se rattache au latin archaïque : le flot roman charrie plus d'une paillette du fumier d'Ennius.

CREULE

Dans le Bessin, on désigne par le substantif féminin *creule* « la réunion de plusieurs grondins suspendus à une corde pour faire un lot. » Joret, à qui j'emprunte le mot et la définition, n'indique pas d'étymologie. *Creule* est clairement le latin **corolla** [3].

1. Voir les articles *acravanter* et *cravanter* de Godefroy.

2. Dans le *Glossaire* de la *Chanson de Roland*, L. Gautier donne effectivement ***crepentare** à l'article *craventer*, mais, à l'article *acraventer*, il part de ***accrapentare**, qui paraît être une faute d'impression pour ***accrepantare**.

3. Cf. l'art. 2525 de Körting [et l'art. 2243 de Meyer-Lübke] ; sur l'usage d'enfiler le poisson, voir mes *Essais*, p. 379. [La difficulté phonétique que soulève le passage de l'*o* entravé à *eu* n'est pas un obstacle absolu. Cet *o* doit être un *ō* (et non un *ŏ*, comme je l'ai dit dans ma première édition, Add., p. 178) ; par suite, on ne peut admettre, comme je l'avais suggéré, l'influence des formes diminutives flottantes entre *-ole* et *-eule*, telles que *baverole* et *bavereule* (ci-dessus, p. 42). Faut-il joindre *creule* < **corōlla** à *ailleurs* < **aliōrsum**, *creule* < **crŭpta** et *keule* **cŭlcita** ? — En tout cas, *creule* paraît être pour

CURLE

Curle « rouet qui sert à tordre le filet de caret » est enregistré dans le *Dictionnaire général* avec la mention « origine inconnue ». C'est un emprunt bien clair à l'italien *curlo*, qu'Antoine Oudin traduit par « tournette » ; on trouve aussi chez lui *corlo*. Meyer-Lübke a proposé justement le type latin ***currulus** comme étymologie [1]. Le vrai genre de *curle* est le masculin, bien que les dictionnaires français le donnent tous comme un mot féminin.

CUSCHEMENT

On ne connaît qu'un exemple de l'adverbe *cuschement* au moyen âge : il se trouve dans la *Passion* de Clermont-Ferrand, v. 350. Diez rattache l'adjectif que suppose cet adverbe [2] à l'ancien haut-allemand **chûski**, allemand moderne *keusch,* et il en rapproche l'ancien provençal et l'ancien catalan *cusc*. Comme cette étymologie inspire de la défiance à quelques philologues [3], et comme Godefroy qualifie l'adverbe *cuschement* de « mot douteux », il n'est pas inutile d'affirmer que Diez a tout à fait raison et de montrer que la famille romane de *cuschement* n'est pas encore éteinte. Le provençal moderne possède les verbes *cusca* « parer, arranger, soigner [un enfant], servir [un malade] », et *descusca* « défigurer, rendre méconnaissable », qui remontent certainement à cet ancien adjectif [4]. Le patois du Bas-Limousin a l'adjectif

creuille (cf. *Romania,* XXXVIII, 405). Dans la vallée d'Yères, Delboulle signale greuille et son dérivé *greuillie ;* ce dernier mot se prononce creuillie dans la banlieue du Havre (C. Maze, p. 137)].

1. *Gramm. des l. rom.,* t. II, p. 517 (§ 430) ; [cf. *Rom. etym. Wörterb.,* n° 2415].

2. Gaston Paris me signale le nom propre *Cucheval* (cⁿᵉ d'Ouve-Wirquin, Pas-de-Calais) comme renfermant un exemple pétrifié de cet adjectif combiné avec le subst. *val.*

3. Mackel, p. 20 ; Körting, n° 334 ; Emil Levy, I, 431.

4. Mistral rattache *cusca* au « roman » *cusço,* « valet ». [Ce mot n'a rien à voir ici ; il doit être prononcé *cusço ;* c'est une variante graphie de *cusso* < lat. **cocionem** « courtier ». C'est par erreur que le mot latin est écrit **coctio** par Meyer-Lübke, *Rom. etym. Wörterb.,* n° 2017].

cuschous « délicat, difficile, réservé », la locution verbale *fa cusche* « répugner », et le verbe *decuscha*, *descuscha* « mépriser, déprécier »[1], auxquels il ne faut pas non plus chercher d'autre étymologie. Kluge pense que le sens primitif de l'adjectif germanique est « propre » : le sens de « parer », que possède le verbe provençal *cusca*, dérive tout naturellement du sens primitif. En ancien et en moyen haut-allemand *chûski*, *kiusche* signifie « abstinent, modéré, tranquille, sage, pudique » : le patois du Bas-Limousin et le catalan se rattachent au même ordre d'idées. Quant à l'ancien provençal *cusc*, on ne le trouve [au féminin, *cusca* ou *cuscha*, qualifiant le substantif *gen*] que dans un vers de Marcabru dont le texte critique n'est pas encore établi, et il faut attendre pour se prononcer[2]. Dans la *Passion*, où *cuschement* est employé pour qualifier la manière dont Joseph d'Arimathie et Nicodème aromatisent le cadavre du Christ, Bartsch le traduit par « proprement »; peut-être faut-il entendre « révéremment ».

DACRE

Godefroy donne *dacre*, *dakere* « sorte de mesure », d'après les archives de Saint-Omer. L'article *dacre* doit être fondu avec l'article *tacre* « bloc, certaine quantité, en particulier lot de cuirs au nombre de dix ». Sont à joindre au dossier les articles *dacra*, *tacha* 2 (en partie), *tachia* 3, *tachra*, *tacra* et *traca* de Du Cange. De cet ensemble de textes, il résulte que l'expression *tacre de cuirs* était consacrée au moyen âge, non seulement au Nord et au Nord-Est, mais à Paris, en Berry, en Anjou et jusqu'en Bretagne[3].

1. Raymond Laborde, *Lex. limousin* (Brive, 1895).

2. [L'édition Dejeanne (Toulouse, 1909), XI, 10, montre que le texte tel que l'a cité Raynouard ne laisse rien à désirer. Mais Dejeanne a tort de s'en rapporter pour le sens à Raynouard, lequel, rattachant *cusc* à *cusson*, traduit par « coquine », ce qui ne saurait être accepté. Il faut traduire *una gen ques fa cusca* par « des gens qui posent pour la vertu », ou quelque chose d'approchant. J'ajoute que le provençal moderne *descusca* est attesté dès le moyen âge (Emil Levy, II, 134, v° *descuscar*). — Cf. le lyonnais *decuchie* « déshonorer, railler », que ne donne pas Nizier du Puitspelu, mais que J. Jud me signale dans Onofrio].

3. On trouve quelquefois (en Angleterre et en Normandie) le mot appli-

En outre, Paul Boissonnade m'apprend qu'il l'a rencontrée à Poitiers et à Niort [1]. Les textes cités ne dépassent pas le xve siècle ; pourtant le mot a vécu beaucoup plus tard, et peut-être est-il encore vivant aujourd'hui. J'en trouve la preuve dans l'article suivant du *Dictionnaire du Commerce* de Savary des Bruslons (Supplément, 1731), reproduit par les dernières éditions de Trévoux : « TRACQUE. On nomme ainsi au Croisic en Bretagne un certain nombre de cuirs à poil, sur le pied duquel se payent les droits de la prévôté de Nantes. Il faut dix cuirs pour un tracque ; le droit de chaque tracque est de deux sols monnoye ».

Mistral rattache à l'ancien français le provençal moderne *traco* « pile de planches, de bois de charpente », et il a probablement raison. Le catalan connaît *traca* ; les textes bordelais du xvie siècle emploient *tracque* comme les textes de la France du Nord [2] ; en Béarn, *traque* désigne encore aujourd'hui un lot de cercles.

Le néerlandais *daker*, l'allemand *decher* et l'anglais *dicker* ont exactement le sens de l'ancien français *dacre*, *tacre* ; les germanistes les tirent du latin **decuria**. Il n'est pas douteux que le français soit d'origine germanique, mais je ne vois pas d'où vient l'*a*, qu'il possède en commun avec le néerlandais, ni quelle est la cause du changement du *d* initial en *t*, changement que nous offrent tous nos textes français, sauf ceux de Saint-Omer.

(Romania, XXIX, 197).

DAGAGNE

Godefroy a relevé *dagagne*, variante *degagne*, « sorte de filet » dans l'ancienne traduction française du traité latin de Pietro de' Crescenzi intitulé *Ruralia Commoda*. C'est un italianisme : je trouve *degagna* dans les dictionnaires italiens courants et *daga-*

---

qué à une certaine quantité de fer. Godefroy fait *tacre* du masculin, d'après les textes les plus récents ; les plus anciens emploient le mot au féminin.

1. Gouget, *Commerce de Niort*, p. justif., n° 2, imprime *tatra* pour *tacra*.

2. Francisque-Michel, *Hist. du comm. de Bordeaux*, I, 257. [Cf. *craque* (lire : *tracque*) *de cuyrs* dans un acte bordelais de 1470, publié par H. Stein, *Charles de France*, p. 730-2].

gna dans Oudin. L'étymologie du mot est manifestement dans le type latin **decania** qui se rattache à **decem** « dix », mais je ne saurais dire exactement pourquoi ce filet a été appelé en latin vulgaire **decania** [1]. On a déjà rattaché au même type latin l'espagnol *degaña* « ferme, grange », et le lombard *degagna* « partie d'un village » [2].

DEGEIT

Le latin **dejeçtus** « abject, vil » ne figure ni dans Du Cange ni dans la première édition de Körting. C'est pourtant l'étymologie bien claire de l'ancien provençal *degeit* et de l'ancien français *degiet* « lépreux » [3].

Godefroy traduit *degiet* par « infirme, malade, faible » ; mais il n'y a pas un exemple où le sens de « lépreux » ne convienne. Aux textes qu'il indique on peut joindre : *Ami et Amile*, vers 2120, 2238, etc., le Renclus de Moiliens, *Carité*, VI, 5, et enfin cet article de la coutume de Charroux (Vienne) : « Si aucun home ou aucune fame appeloit autre larron provat, et diget de quei, o *deget* provat, o putnais, o cuvert » [4].

1. [D'après Schuchardt (*Zeitschr. f. rom. Phil.*, XXVI, 407-9 ; cf. Meyer Lübke, *Rom. etym. Wörterb.*, n° 7018), la forme primitive du mot italien qui désigne une sorte de filet serait *ragagna* et dériverait du radical germanique **rak-** « râteau »].

2. Meyer-Lübke, *Gramm. des l. rom.*, II, § 405; [En anc. esp., *degaña* signifie « ermitage » ; voir Berceo, *Vida de santo Domingo de Silos*, édit. Fitz-Gerald, fasc. 149 de la Bibl. de l'École des hautes études].

3. Le lépreux a été appelé **dejectus** par un euphémisme analogue à celui qui lui a fait appliquer le qualificatif **misellus**, ancien provençal et ancien français *mesel*.

4. La Fontenelle de Vaudoré, *Coutumes de Charroux* (Poitiers, 1843), p. 44. L'éditeur imprime « … larron, puat et diget de quei o deget pvat o putuais, o cuvert », et il traduit imperturbablement : « Si un homme où une femme appellent quelqu'un voleur, et disent de celle-ci qu'elle est une p…, une c… ou une injure pareille ». La lecture *provat* est évidente. Godefroy cite ce texte à l'article *punais*, où il corrige, sans le dire, *putuais* en *putnais*, en quoi il a raison, et *pvat* en *puant*, en quoi il a tort. Cette coutume marchoise est d'une

Emil Levy a cité cinq exemples provençaux [1]. Il est facile d'en trouver d'autres. Paul Meyer m'a obligeamment signalé dans *Girart de Roussillon*, texte provençalisé du manuscrit de Paris, le vers suivant, p. 211 de l'édition Francisque-Michel :

Ab tan veus un *digiet* que a lui venc [2].

Dans le registre CC 42 des archives communales de Périgueux, relatif à l'année 1320-1321, il est souvent question de *digietz* et de *digietas* que l'on enfume, que l'on brûle et que l'on rebrûle, comme ôn le fit alors, hélas ! dans presque toute la France [3]. A Limoges, on se sert du même mot. Levy a cité l'acte par lequel Pierre Audoi avait laissé une rente, au XIIIe siècle, « a l'ops de las chamizas aus malaptes *degietz* au jorn deu divenres sainht a donar chasque an durablamen [4] ». Dans une chronique de Limoges en en langue vulgaire, on lit : « En l'an mil CCCXXI furent ars *lous degiets* per lous cas que lour furent soubre meys » [5]. L'ancienne enceinte du château de Limoges avait, près de la Porte Pisse-vache, une tour dite *deu Degiet* en 1497 [6], *du Digiet* en 1559 [7], *du Digiet* en 1563 [8] : il faut vraisemblablement entendre par là « Tour du Lépreux », quoique Paul Ducourtieux prétende que

langue indécise, très voisine du provençal. On peut citer encore un passage des *Sermons poitevins*, où *lepros, deget* et *meseau* sont employés concurremment : « Si li venguirent à l'encontre *lepros*... ; quant il i auroit *deget* ou *meseau* à juger » (éd. Boucherie, p. 138). L'éditeur, dans son glossaire, rattache *deget* au lat. **delicatus.**

1. *Prov. Suppl.-Wörterb.*; II, p. 50, 239 et XI.

2. Sur le passage correspondant des manuscrits d'Oxford et de Londres, voir, ci-dessous, l'article *gahel*, p. 104.

3. Communication de R. de Villepelet.

4. *Mémorial du Consulat*, art. 52.

5. Duplès-Agier, *Chron. de Saint-Martial*, p. 152. [L'éditeur met une majuscule à *Degiets*, ce que lui reproche J.-B. Champeval, qui a bien vu que le mot signifie « lépreux » et vient du lat. **dejectus** (*Bull. de la Soc. arch. du Limousin*, XLII, 381)].

6. Terrier de Saint-Pierre-du-Queyroix, communication de L. Guibert.

7. *Reg. consulaires*, II, 175.

8. *Ibid.*, II, 258.

cette tour tirait son nom des amoncellements de décombres qui étaient près de cette partie de la muraille [1].

(*Romania*, XXVIII, 179).

DESPAISENTER

Godefroy enregistre le verbe *sed espaiseter* « se fâcher », avec un seul exemple, emprunté à la chronique de Jean de Stavelot, où *despaiseteis* est une variante du texte, lequel porte *despasenteis*. Grandgagnage, II, 582, a relevé *despasenteis*, variante *depaisetiez*, dans une ordonnance liégeoise de 1424 : il tire le verbe d'un ancien participe *despaisant*, non attesté. Il faut probablement admettre l'existence, dès la période du latin vulgaire, de verbes parasynthétiques tirés de **patiens** : d'une part ***dispatientare**, d'où régulièrement *despaisenter*, de l'autre ***appatientare**, d'où régulièrement *apaisenter* et son composé *rapaisenter*, qui figurent dans Godefroy et dont on a des exemples dès le commencement du XIIᵉ siècle [2]. Remarquons cependant que la phonétique laisse le champ libre à une autre hypothèse : un adjectif ***pacentus**, tiré de **pax**, comme **maculentus** de **macula**, ou **cruentus** du radical de **cruor**, d'où ***pacentare** [3]. Le sens s'accommoderait même mieux de cette dernière étymologie.

ÉCHIFE

A Lyon, on appelle *échife* ou *échifre* une « écharde », c'est-à-dire un très petit éclat de bois qui pénètre accidentellement dans la peau. C'est un mot féminin qui, dans le patois des environs de la ville, a la terminaison en *a*. Mistral donne le dauphinois

---

1. *Bull. de la Soc. archéol. du Limousin*, XXXI, 181.

2. Aux exemples de *apaisanter* cités par Godefroy, il faut ajouter le *Dialogus anime conquerentis*, éd. Bonnardot, XI, 14 (*apasente*), et Jean de Condé, *Dit du Levrier*, 1325, où Scheler a eu tort de lire *apaisance* et d'admettre l'existence d'un verbe *apaisancier*. [Cf. liégeois mod. *apâh'ter* « apaiser » (J. Haust, *Étym. wall. et franç.*, p. 69)].

3. Voir l'art. *aimaillanter*, ci-dessus, p. 10.

echifo, eichifo avec le même sens, et il l'incorpore, à tort, dans son article *esclembo* [1]. Nizier du Puitspelu se demande si *échife* a quelque chose à voir avec l'anglais chi p, qui a à peu près le même sens ; on peut hardiment répondre que non. Il est tout indiqué de rattacher *échife* à la racine germanique **skif-**, qui se trouve notamment dans l'allemand *schiefer*, l'anglais *shiver*, autrefois *shive*, « écharde » [2].

ÉCOUCHER

Écoucher le lin, le chanvre, c'est frapper la filasse avec une baguette, dite *écouche*, pour en faire tomber les fragments de la tige qui y sont restés adhérents. Le participe passé est dans la *Violette* de Girbert de Montreuil, vers 2119 :

> En un lit l'ont souef couchié
> De lin tout novel *escouchié* [3].

Il faut faire table rase de ce que dit le *Dictionnaire général* de l'étymologie de ce mot, terme rural non enregistré par l'Académie française. *Écoucher* est très clairement ***excuticare**, formé avec **ex** et ***cutica**, forme allongée de **cutis** « peau, écorce » [4]. Le patois du Bas-Maine dit *écoche, écocher*, sous l'influence de *écot*, qui désigne les fragments de tiges restés adhérents à la filasse, et d'où dérive *écoter*, synonyme de *écoucher* [5].

1. Pour l'étymologie de ce mot, voir l'article qui lui est consacré ci-dessous, p. 92. — [Au Lyonnais et au Dauphiné il faut ajouter le Vivarais pour embrasser tout le domaine de *échife* ; voir la carte 476 (*épine*) de l'*Atlas ling.*, point 827].

2. [Jud me signale la variante *échicle*, que donnent la plupart des dictionnaires patois de la région bourguignonne, et dans laquelle il est porté à voir la forme primitive du mot, sans pouvoir en trouver l'étymologie].

3. Dans Godefroy, v° *escouchier*, avec cette glose absurde : « *Escouchié* s'est dit pour couvert, garni, en parlant d'un lit ».

4. De ***cutica** vient l'italien *codega* « couenne » ; voir Körting, 2724. [Cf. cependant quelques remarques de Horning (*Zeitschr. f. rom. Phil.*, XXVII, 147) sur la difficulté de distinguer, dans certains patois français, les représentants du type ***excuticare** de ceux du type ***excussare**, et J. Haust, *Étym. wall. et franç.*, p. 155].

5. [Au Canada, *écoucher* est devenu *écorcher* par contamination ; cf. *Romania*, XXXIX, 222].

ENCHOISTRE

On trouvera dans Godefroy de nombreux exemples du mot *enchoistre*, et qui vont jusqu'au XIV⁰ siècle [1]. C'est un adjectif de sens péjoratif, que l'auteur rend par « grossier, laid, mauvais ». Si l'on tient compte de la forme picarde *encoistre*, on en conclura que la diphtongue *oi* ne peut provenir que d'une ancienne diphtongue **au** combinée avec un élément palatal, et l'on sera amené nécessairement à proposer l'étymologie **encausticum**. La régression de l'élément palatal du suffixe **-icum** et l'épenthèse d'une *r* se produisent exactement de même dans l'ancien français *ruistre*, aujourd'hui *rustre*, de **rusticum**. J'aime à me figurer que l'ancien français *enchoistre* est un témoin qui a survécu aux querelles esthétiques des artistes gallo-romains, et qu'une coterie de peintres ou de sculpteurs, pour qui « peint à l'encaustique » était synonyme de « laid », a fini par imposer au public sa manière de voir et son argot d'atelier.

[Sur d'autres mots de la même famille (poitevin *enchotir*, anc. limousin *enchostia*), voir *Romania*, XXXVIII, 388, et XLII, 392].

(Romania, XXVIII, 180).

ENDEIGNER

Le *Glossaire des patois du Bas-Maine* de Dottin enregistre un verbe neutre *endeigner*, qui signifie « s'envenimer ». Voilà un très beau représentant populaire du latin **indignari**, dans la langue vulgaire ***indignare** [2]. Godefroy donne un exemple de

---

1. Il me semble retrouver cet ancien mot dans le picard actuel. Cf. ces deux articles de Corblet : «*Enchoite*, embarrassé, qui s'embarrasse facilement. *Inchoat*, se dit du mauvais temps à Boulogne-sur-Mer. *Inchoète*, qui ne sait pas se servir de ses mains ». [Ajouter les art. *inchoite* et *inchot* de Haigneré, *Patois boulonnais*, Vocab., p. 342 ; mais remarquer que le *ch* picard actuel ne peut remonter directement à **c** latin devant **a**].

2. Le mot manque dans Körting. [Meyer-Lübke l'enregistre d'après le présent article, n⁰ 4378 de son *Rom. etym. Wörterb.*].

s'endaignier « s'indigner » et un autre de *endaignement* « indigna-
tion ». Ils viennent tous les deux de la *Bible française* du xiii° siècle,
et l'on pourrait se demander si l'on n'a pas affaire avec eux à une
création individuelle, pour traduire le latin **indignari**, d'après
l'analogie de *desdaignier*, aujourd'hui *dédaigner*. Le sens qu'a le
verbe *endeigner* dans le Bas-Maine, et qui se retrouve ailleurs [1], ne
comporte pas de pareil doute. Les médecins et les vétérinaires
romains employaient déjà **indignari** et **indignatio** avec ce sens
spécial [2] ; les auteurs du moyen âge ont fait comme eux. Il est
fâcheux que Godefroy n'ait pas recueilli l'exemple de la traduction de Lanfranc qui est cité par Littré à l'historique du mot *indigner* : « le panicle *s'endaigna* ».

ENUBLE

Enuble, ennuble, anuble est un adjectif qui, en ancien français,
signifie « sombre », et qui est plus fréquent que son synonyme
nuble. A côté de *enuble*, on trouve le verbe *enubler* « assombrir »,
du latin **innubilare** [3]. Faut-il considérer *enuble* comme un adjectif postverbal tiré de *enubler* ? Les formations de ce genre sont si
rares que je préfère voir dans le français *enuble* le latin **innubilus**
qui existe, comme on sait, avec le sens contraire de « sans nuage ».
La valeur négative du préfixe **in-** ayant de bonne heure cessé

---

1. Notamment en Franche-Comté (cf. *endaignou*, à Plancher-les-Mines,
Dr Poulet, p. 104, art. *condougne* ; *end'gni end'gneu*, dans le patois des Fourgs,
mots que Tissot, p. 173, rattache à tort à l'anc. français *engrigner*, mais que
plus loin, p. 290, acceptant la manière de voir de Dartois, il explique par **indignatio**) ; dans les Vosges (cf. Haillant, v° *édogné*, avec une étymologie erronée, par le lat. **dolere**) ; en Normandie (cf. Du Méril, v° *endagné* « invétéré »,
mot donné comme usité dans l'arrondissement de Bayeux, bien que Joret ne
l'ait pas recueilli », et J. Fleury, v° *endeygniei* « envieilli [mal], devenu presque
incurable, parce qu'on l'a laissé se prolonger trop longtemps », mot que l'auteur
rapproche de l'écossais **to ding** « réduire à l'incapacité de réussir »), etc., etc.

2. **Indignatio** est dans Publius Vegetius, *Ars Veter.*, I, 63, II, 13, 16, III,
15, etc., et **indignari** dans Caelius Aurelianus, *Acut.*, III, 3 : « potum dabi-
mus paulatim, ne tumentia *indignentur* ».

3. Körting, 5005 ; aux formes romanes citées on peut ajouter le prov. mod.
ennivoula [et le liégeois mod. *énûler*].

d'être sentie, on aura établi entre **innubilus** et **innubilare** le même rapport qu'entre **nubilus** et **nubilare**. A ce point de vue, *enuble*, par son existence même, donne plus de vraisemblance à mon explication de l'ancien français *enrievre* par ***inreprobus** [1].

ÉPRAULT

Littré enregistre *éprault* comme « un des noms vulgaires du céleri », sans indication étymologique [2]. Le latin **apium**, qui a donné *ache* en français propre, est représenté dans la région du Nord par *ape* [3]. Il est certain qu'il a existé dans l'Est une variante **aipe*, qui survit dans *leppe*, nom actuel de l'ache à Wisembach [4]. De **aipe* on a tiré **aiperel*, comme de *seü* on a tiré **seürel*, aujourd'hui *sureau*. Il est clair que *éprault* est une orthographe arbitraire d'un ancien **aipereau*, pour **aiperel*.

(Romania, XXVIII, 182.)

ÉREURE

Joret rattache au latin **area** « aire » le mot du patois du Bessin *ereure*, qui désigne le premier labour donné à un champ. C'est clairement le latin **aratura**, de **arare**, labourer, comme l'ont reconnu depuis longtemps d'autres lexicographes normands, les frères Du Méril, Du Bois, Moisy (v° *airure*). On peut voir dans Godefroy que *areure*, substantif féminin, est fréquent au moyen âge, en particulier dans les textes normands, et qu'il s'est conservé dans divers patois. A côté de *areure*, représentant le subst. **aratura**, Godefroy enregistre un adjectif féminin *areure*, particulier aux textes lorrains, qui, lui, vient de **aratoria**, et qui forme un doublet avec notre mot actuel *aratoire*.

Ce qui paraît avoir donné le change à Joret, c'est l'existence,

---

1. *Essais de phil. fr.*, p. 289.
2. Ce nom figure dans E. A. Duchesne, *Rép. des plantes* (Paris, 1836), p. 160.
3. Godefroy, *Compl.*, v° *ache*.
4. Haillant, *Flore pop. des Vosges*, p. 93. [Cf. l'art. *apium* du *Franz. etym. Wörterb.* de W. v. Wartburg].

en Normandie même, d'un autre substantif, que le *Dict. du patois
de l'Eure* donne sous les formes *arure, ariure* et *airiure,* et qui
s'applique à l'espace, qui se trouve entre les raies d'un champ
labouré lorsque cet espace est environ le triple d'un sillon ordinaire. Pour ce substantif, la parenté avec **area** « aire » est plus
que probable : le type étymologique doit être *areatura.

ERTURON

Jaubert a enregistré, dans le *Supplément* de son *Glossaire du Centre,*
les noms *erturon* et *turon,* donnés au ver qui se loge dans les bois
et au trou qu'il y fait. Il y voit un diminutif de *turc* (prononcé
tur), nom de la larve du hanneton. Je n'hésite pas à reconnaître
dans *erturon* le français *artison,* autrefois *artuison* [1], modifié par
un phénomène de rhotacisme qui n'est pas rare en Berry [2].

[Le rhotacisme a atteint aussi notre mot en Auvergne : cf.
arteirou « parasite du fromage », qui est enregistré par Michalias
dans son *Glossaire de la commune d'Ambert*].

(Romania, XXIX, 174).

ESCABIL

Le patois de l'Aveyron a un substantif *escabil* (prononcé *escobil*)
qui signifie, d'après l'abbé Vayssier, « trognon de chou, trognon de
fruit, épluchures », et un verbe *escabilha* « couper les racines d'un
pied de chou pour utiliser le trognon ». L'étymologie **esca vilis,**
donnée par l'abbé Vayssier, n'est pas sérieuse. Mistral croit que
escabil est tiré de *escabilha,* et il confond ce dernier avec le verbe *esca-
belha* « écheveler » ou « décapiter ». Le sens de « trognon de chou »
me paraît primitif, et je rattache *escabil* au latin **scapus** par un
diminutif *scapĭculus [3]. L'abbé Vayssier nous apprend lui-même

---

1. Sur l'étymologie de *artison,* que le *Dictionnaire général* déclare prudemment d'origine inconnue, voir ce qu'a dit Bugge, *Romania,* IV, 350.

2. Cf. dans Jaubert, *chemiron* (pour *chemison*), *chenorir* (à côté de *chenosir*),
mureler, murelière (pour *museler, muselière*), *gerente, girande* « femme en couche »
(pour *gisante* ; voir ci-dessous, p. 110), *furi, fouril* (pour *fusil*).

3. [Meyer-Lübke, *Rom. etym. Wörterb.,* n° 7656, propose concurremment
*scapĭle, mais le verbe *escabilha* appuie *scapĭculus].

que le trognon du chou s'appelle indifféremment *trous* ou *escabil* :
or *trous* est le latin **thyrsus** [1], synonyme de **scapus**.

(*Romania*, XXVIII, 182).

ESCAUT

Escaut veut dire « peloton de fil » dans nos patois méridionaux [2]. Mistral y voit un dérivé du latin **caput**, ce qui n'est pas
possible. La phonétique nous reporte clairement à un type ***exca-
ptum**. On peut très bien admettre que le latin s'est servi de l'expression **excipere filum** pour dire « mettre le fil en peloton » et
que, dans la langue vulgaire, on a transformé **excipere** en ***excapere**, d'où le participe ***excaptus**, qui s'est ensuite employé substantivement [3]. Sur la vocalisation du **p** en *u* dans le groupe **pt**,
je renvoie à ce que j'ai dit à l'article *acheter*.

(*Romania*, XXVIII, 183).

ESCLEM

Le mot *esclem* ne se trouve que dans le *Comput* de Philippe de
Thaon. Godefroy le traduit par « ascendant » ; c'est inexact. Le
premier passage qu'il cite montre clairement le vrai sens :

> Iço fait sa chariere
> Ki nen est dreituriere,
> Anceis veit en *esclem*.

Esclem, s'opposant à *dreiturier*, doit signifier « oblique » ; il
vient manifestement de l'ancien haut-allemand **slimb** (allemand
moderne *schlimm*) qui a le même sens [4]. [On rencontre aussi en

---

1. Conservé en français dans la locution vieillie *trou* (trognon) *de chou*.

2. On dit aussi, au fém., *escauto*, et, au masc., avec suffixe diminutif, *escau-
tou|n]* ; le mot signifie parfois « écheveau ». [Cf. la carte *écheveau* de l'*Atlas
ling.*].

3. Le participe passé **tractus** s'emploie substantivement au pluriel neutre,
en latin classique, pour désigner la laine enroulée sur la quenouille.

4. Voir l'article *climper*; p. 71, et, ci-dessous, l'article *esclembo*, p. 92.

ancien français la variante *esclame* (voir Godefroy, art. *esclame* 1),
avec le même sens au figuré].

ESCLEMBO

Mistral tire le provençal moderne *esclembo, esclimbo* « écharde,
petit éclat de bois » du latin **scindula**, ce qui n'est pas possible
phonétiquement. *Esclembo* correspond très exactement à l'ancien
haut allemand **slimb** (allemand moderne *schlimm*), qui signifie
« oblique ». On comprend facilement le rapport sémantique : un
éclat de bois est presque toujours le résultat d'une section
oblique [1].

ESCOFIER

Godefroy a relevé *escofer* dans un tarif du cartulaire municipal
de Lyon, et l'a traduit par « sorte de monnaie ». C'est une lourde
méprise. L'ancien lyonnais *escofier* est bien connu; Godefroy lui-
même l'a cité, à l'article *escohier*, comme désignant « un marchand
de cuirs, un tanneur, un mégissier [2] ». Il est impossible de le séparer de l'ancien français *escohier*, qui a un sens analogue. Quelle
est l'étymologie ? Nizier du Puitspelu a fait preuve de peu de
critique en voulant le rattacher au latin **corium** et en écartant le
rapprochement avec le néerlandais **schoen** « soulier », proposé
par Carpentier. L'étymologie germanique (gothique **skohs**) me
paraît s'imposer. En français, **skoh** + **arius** donne très régulièrement *escohier, escoier* [3]. Le *f* du franco-provençal est embarras-

---

1. Voir ci-dessus les articles *climper* et *esclem*. Le patois wallon a le mot
esclembe « morceau de bois en forme de cognée pour ajuster les bêles et fausses
bêles » (Grandgagnage, II, 348). [Cf. *Miscell. ling. in onore di G. Ascoli*, 440,
et *Arch. romanic.*, 16].

2. Cochard attribue à l'ancien lyonnais le sens de « cordonnier », et Jean
Mongin m'apprend que, dans le Jura, *écoufi* a encore aujourd'hui ce sens.

3. [Remarquons que l'anglo-saxon possède le mot **scōheré**, formé avec les
mêmes éléments; voir Bosworth et Toller, *Anglo-saxon Dict.* (1882-1892), avec
mention de l'island. **skoari**; Hessels, *An eighth. Century Lat.-Anglo-saxon
Glossary* (1890), et *A late eighth. Century Lat.-Anglo-saxon Glossary* (1906)].

sant ; on le retrouve, il me semble, dans le lombard *scofone*
« chaussure, guêtre » [1]. Il y a d'autres exemples où h germanique devient *f* en roman, mais pas en fin de syllabe. Les germanistes ramènent le gothique **skohs** à une racine primitive
***skohw-** ; on peut supposer que ***skohw-** a abouti à **escof*, comme
***eihw-** à *if*, et que le *f* issu du **w** germanique appuyé, en fin de
syllabe, a passé dans le dérivé *escofier* [2].

ESGLOUA

Le provençal moderne *esgloua* signifie « égruger », c'est-à-dire
détacher le chènevis de son enveloppe. Comme, à côté du verbe,
il existe un substantif verbal *glouo* [3] « outil pour égruger le
chanvre », on est porté à croire qu'on a dit autrefois **gloua* au
sens du moderne *esgloua*. Il est difficile de ne pas songer au latin
glubere, dans les gloses **glubare**, « écorcer » et « écorcher ». Il
est vrai que **glubere** a un **u** long en latin classique, mais les graphies **deglobere**, *Corp. gloss. lat.* V, 405, 46, **globuere**, *ibid.*,
V, 459, 1, et V, 502, 40, **glouere**, *ibid.*, V, 569, 46, autorisent à
admettre en latin vulgaire ***glŭbare** et ***exglŭbare**. Le bas-limousin *degloouba* « écorcer » paraît indiquer ***deglobuare** ; pourtant
j'ai des scrupules phonétiques.

ESNOILLIE

Chambure définit le morvandeau *esnoillie* par « ondée de soleil entre deux averses ». Il le tire du latin **ex + nubecula**, ce qui

---

1. Voir Du Cange, *scoffones* et *scafones*, et surtout Muratori, *Antiq. ital.*, II,
432 ; [cf. *Beitrag Mussafia*, p. 103].

2. [Cf. *Bull. du Dict. wallon*, VII (1912), 101-2, et *Arch. f. d. Stud. der n.
Sprach.*, CXXIX, 124].

3. Mistral rapproche *glouo* du latin du moyen âge *gloa* et de l'ancien français *gloe*, qui signifient tous deux « bûche », mais le rapprochement ne nous
paraît pas fondé, bien que l'étymologie de *gloe* nous échappe. [L'ancien français
gloe, conservé dans certains patois, est d'origine germanique ; il se rattache à
l'allemand **klieben** « fendre », comme *lioube*, dont il sera question ci-dessous ;
cf. Meyer-Lübke, *Rom. etym. Wörterb.*, n° 3790, et Bertoni, *Arch. Romanicum*,
III, 111].

n'est pas admissible. Il faut reconnaître dans *esnoillie* un très bel exemple de dissimilation pour **esloillie*, **esseloillie*, c'est-à-dire **essoleillée*, « coup de soleil ». Mistral ne connaît que *soulel-hado, sourelhado*; mais le patois de la Creuse emploie *eissour-lhado* < **exsoliculata* dans un sens identique à celui que possède *esnoillie* en Morvan.

(*Romania*, XXIX, 172).

ESPAELER

Godefroy a recueilli trois exemples de l'ancien verbe *espaeler* « étalonner », et il le rapproche avec raison du picard moderne *épaler* « mesurer [une pièce de terre] ». Le type étymologique est manifestement ***expagellare**, et l'élément essentiel se retrouve dans le provençal *pagelo*, gascon *pagero* « mesure de vin, de bois, etc.; patron, etc. [1] », et dans le wallon *payèle* [2]. Le latin **pagella** est extrêmement fréquent dans les textes du moyen âge avec un sens analogue. Vercoullie considère le mot latin **comme** venant **du** néerlandais *pegel* « étalon », et il tire ce dernier de **peg** « cheville » [3]. D'autre part, Kluge rattache le bas-allemand *pegel* et l'anglo-saxon *paegel* « étalon » à un radical germanique **pag-**. On trouve trop souvent, dans les textes du haut moyen âge, **pagina** et **paginula** au sens même de **pagella**, pour ne pas considérer ce dernier mot comme le diminutif foncièrement latin de **pagina**. Il est vraisemblable que l'anglo-saxon *paegel* et le néerlandais ou bas-allemand *pegel* sont des emprunts faits par les langues germaniques au latin **pagella**.

ESPANIR

En Gascogne et en Querci, on dit *espani* pour « sevrer » [4]. Mistral, qui enregistre ce verbe, y voit un composé formé avec

---

1. Voir Mistral au mot *pagelo*; il n'y a rien dans Raynouard.
2. Grandgagnage, II, 183.
3. *Peg* et *pegel* sont certainement sans rapport étymologique direct.
4. Le provençal ancien ne nous a pas laissé d'exemples de l'emploi de *sebrar*

le préfixe *es-* et le substantif *pan* « pain ». Mais un composé ainsi formé ne pourrait signifier que « priver de pain », et non « mettre au pain » [1]. Le moderne *espani* représente un ancien *espanir*, non attesté dans les textes provençaux du moyen âge [2], mais que nous offrent les textes français [3], et que les patois du Nord et de l'Est ont conservé sous des formes diverses, très reconnaissables : *spanir, épanir, épénir, épônir, aupénir, pénir,* etc. Grandgagnage a fort bien vu qu'il venait du verbe germanique *spanjan, ancien haut-allemand *spennan*, qui a le même sens et qui est tiré d'un substantif signifiant « tétine » [4]. Il est curieux de voir le gascon et le wallon se donner la main par-dessus le français et le provençal propres, lesquels ne connaissent pas le mot germanique [5].

dans le sens spécial du français *sevrer* [cf. Levy, *Prov. Suppl. W.*, VII, 503 ; mais l'*Atlas ling.* atteste cet emploi (carte B 1708) dans le Cantal (point 811), la Creuse (point 603), la Gironde (point 653), le Lot-et-Garonne (point 636) et la Haute-Vienne (points 604 et 605)]. Les parlers du Midi ont d'ailleurs beaucoup de verbes très expressifs pour rendre cette idée : *desbesa* (déshabituer), *deslacha* (priver du lait), *desmama* (ôter de la mamelle), *desmeira* (séparer de la mère), *despoupa* (ôter du sein), *desteta* et *destetina* (id.), *destria* et *detria* (trier), *esclaure* (exclure), *tari, atari* et *estari* (tarir), etc.

1. Il propose aussi en seconde ligne *pan*, de **pannus**, et cite le grec σπάνις.

2. [Emil Levy ne donne que *espanar*, avec un seul exemple du XIVe siècle, où la désinence de la première conjugaison est peut-être due à une faute de copiste].

3. Cf. l'article *espanir* 2 de Godefroy. [Voir aussi le *Glossaire* de Froissart par Scheler, son édition de Jean de Condé, II, 339, et son mémoire sur le *Catholicon de Lille*, p. 9; n. 2. Dans un glossaire latin-français (Bibl. du Vatic., Vatic. 2748), décrit par Ernest Langlois, on lit : « Ablactare, sevrer vel *espamer* » (*Not. et extr.*, XXXIII, 2e partie, p. 250). Faut-il admettre l'existence d'un verbe *espanier*, ou corriger en *espanir* ? D'autre part, il me paraît certain que dans Marie de France, *Fables*, VIII, 12, la leçon *espeldri*, admise dans le texte par Warncke, doit être remplacée par *espani*. Enfin j'ajoute, grâce à mon confrère et collègue Jeanroy, que *espanir* est employé au figuré par Adam de la Hale, *Feuillée*, 43].

4. *Gloss. du patois wallon*, II, 381 ; cf. Mackel, p. 45. [Avant la publication de l'art. *spani* de Grandgagnage, Diez avait introduit un art. *espanir* dans la deuxième édition de son *Etym. Wörterb.* (1862, p. 283) et indiqué l'étymologie].

5. [L'*Atlas ling.* (carte citée) nous renseigne mieux que ne le fait Mistral sur

ESSAIDIER

L'ancien français *essaidier*, dont les exemples ne sont pas fréquents, signifie « presser » et « faire sortir en pressant ». Il est difficile, au point de vue de la forme, de refuser de reconnaître dans *essaidier* le latin **exagitare**. Les Romains disaient **exagitare leporem** « faire lever, poursuivre un lièvre », et **exagitare silvam** « battre un bois pour en faire sortir le gibier ». La déviation que le sens a subie depuis l'antiquité n'est pas assez considérable pour faire échec à la phonétique et inspirer des doutes sur l'étymologie.

ESSIEF

On lit dans le *Dictionnaire de Trévoux* : « *Essief*, s. m. Vieux mot, qui signifie patron, modèle ». Godefroy a recueilli quelques exemples de ce vieux mot *essief* [1] et du verbe correspondant *essiever*, *essiaver*, qui signifie « vérifier » les mesures. *Essief* est un substantif verbal formé sur *essever*, latin **exæquare** [2]. *Essever* est devenu *essiever*, d'après les formes où l'accent était sur le radical (comme c'est le cas pour le substantif *essief*), et *essiaver*, par confusion avec les formes correspondantes du verbe *essaiver*, qui veut dire « arroser », et qui vient de **exaquare** [3]. L'expression

le domaine de *espanir* dans la langue d'oc : ce mot manque dans la Gascogne proprement dite, mais se trouve dans le Lot-et-Garonne (rive droite de la Garonne, points 637 et 632), dans la Dordogne (points 616, 624, 626 et 628), dans la Haute-Vienne (point 506) et dans la Vienne (en bordure de la Haute-Vienne, point 609].

1. Parmi eux s'est malencontreusement glissé un texte relatif aux filandières de Chauny et à « leurs *eschies* » : il est clair qu'il faut reconnaître là le primitif du français actuel *écheveau* et le joindre à l'article *eschief* 2 de Godefroy.

2. En ancien limousin, on a aussi le substantif verbal *eissec*, de *eissegar* ; voir l'article *eisec* d'Emil Levy. Scheler a très judicieusement expliqué le wallon *risaiwer* par *reexæquare* (Grandgagnage, II, 313).

3. Cf. les articles *essever* 1 de Godefroy, *essaver* de Littré, *eissaga* 1 de Mistral, etc. Par une contamination inverse, « rouir » se dit *eissega* à Saint-Yrieix-la-Montagne, et l'on trouve *eissigar*, pour *eissagar*, dans le *Mémorial du Consulat de Limoges* (Emil Levy, II, 341, vᵒ *eisigar*).

exæquare mensuras se trouve sur une inscription de Pompéi. Ce n'est pas d'ailleurs le seul emploi dans lequel exæquare s'est maintenu au moyen âge. On trouve, dans des régions très différentes de la France, des représentants de ce verbe au sens de « partager le bétail mis à cheptel » ; voir Godefroy aux articles *essever* 2 et *exiguer*, Mistral à l'article *cissaga* 2, et Emil Levy à l'article *eisegar* [1].

[D'autre part, en Velay, exæquare, devenu *igiga*, survit avec deux sens distincts et assez particuliers. Le baron de Vinols définit en effet *igiga* en ces termes : « arranger, remettre un membre luxé, châtrer un animal » ; cf. *Romania*, XL, 113].

(Romania, XXVIII, 183).

ESTOBER

Carpentier a institué un article *escober* dans Du Cange pour y insérer deux exemples, de 1303 et de 1328, empruntés à des chartes du Limousin. Dans l'un on lit : « Ad quatuor causas sive *escobers* », et dans l'autre : « in quolibet casu consueto quatuor *escobers* ». Il s'agit de l'aide féodale bien connue sous le nom d'aide aux quatre cas. Il faut lire *estober*, forme méridionale qui correspond au français *estovoir*. L'existence de *estober* en plein Limousin porte un coup mortel à l'ingénieuse explication proposée par Tobler pour le verbe français *estovoir*, qu'il considère comme tiré de la locution *est ues*, est opus ; comment en effet le provençal aurait-il *estober*, lui qui dit *es ops*, et plutôt *ops es* ? Suchier voit dans *estovoir* le latin stupere, et il vient de développer cette étymologie [2] ; on en pourrait souhaiter une meilleure, mais je n'en connais pas [3].

---

1. La contamination du verbe exaequare par exaquare ne s'est pas produite partout dans le Midi : le limousin actuel dit régulièrement *eissega*. — Notons en passant que le provençal *eiga*, au moyen âge *egar*, ne vient pas du verbe composé exæquare, comme le croit Joret (*Romania*, VIII, 440), mais du simple æquare.

2. Dans *Miscellanea linguistica in onore di G. Ascoli* (Turin, 1901), p. 67-69.

3. [Par acquit de conscience, je renvoie à l'article **stopere* de Körting, où l'on trouvera d'autres étymologies (notamment celle de Körting lui-même), et

ESTOINC

Estoinc, d'après l'orthographe anglo-normande *estuinc*, est un ancien terme de marine qui se lit dans le *Brut* de Wace, dans la *Vie de saint Gilles*, et dans la chronique de Jean d'Authon. Godefroy définit : « Espèce de bonnette appelée aujourd'hui bonnette en étui ». C'est ce qu'avaient dit les éditeurs de la *Vie de saint Gilles*, G. Paris et A. Bos, d'après Jal, *Archéol. navale*, II, 155, ce dernier n'ayant en vue, au passage indiqué, que le texte de Jean d'Authon. Mais voici qu'un jeune auteur, en qui nous retrouvons l'érudition spéciale de Jal, avec un joli brin de plume au bout, Charles de La Roncière, se pose en contradicteur [1] : pour lui l'*estoinc* est un cordage, l'étai qui soutient le mât d'avant en arrière [2]. Une étude attentive de la *Vie de saint Gilles* ne favorise pas cette opinion : l'étai (*estai*, du norois **stag**) figurant au vers 890 à côté du hauban (*hobent*), on ne peut guère songer à le voir déjà dans l'*estuinc* du vers 886, tandis qu'il est assez naturel que l'auteur, après avoir mentionné le lof au vers 885, parle de la bonnette immédiatement après. D'ailleurs, ce qui me paraît sans réplique, c'est que la bonnette en étui s'appelait encore *étouine* au siècle dernier [3], et que le rapport formel de *étouine* avec l'ancien

à la *Romania*, XXIX, 319, où j'ai exposé les idées extravagantes du Dr Pfeiffer. Körting pense que *estovoir* est un infinitif refait du verbe *ester*, qui aurait comme point de départ le prétérit *estut* et serait modelé sur *povoir*, dont le prétérit est *put* ; ici encore, s'il en était besoin, le *b* du limousin *estober* viendrait mettre le holà. [E. Walberg s'est fait de nouveau le champion de **stupere** (*Romania*, XL, 610-17); mais l'étymologie ne s'impose pas, car elle ne satisfait pleinement ni à la sémantique ni à la phonétique. D'autre part, Bourciez, séduit par l'étymologie de Tobler, croit possible que le latin vulgaire ait formé sur **est opus** un verbe ***estopere**, opinion peu vraisemblable (*Revue critique*, 1902, 1er sem., p. 424-5)].

1. *Histoire de la marine française*, 1, p. 117, n. 7. L'auteur cite, outre le *Brut* et la *Vie de S. Gilles*, un texte normand de 1369, où on lit *estuins*.

2. Jal, à propos du passage du *Brut* reproduit par Fr.-Michel avec la leçon *estroins*, semble avoir une opinion analogue, *Arch. nav.*, I, 175 ; cf., ci-dessous, l'article *estrenc*, p. 100.

3. Jal, *Gloss. naut.*, v° *estouine*.

français *estoinc* n'est pas niable. Il y a plus : on est fondé à considérer *étui* dans la locution nautique « bonnette en étui » comme une altération par étymologie populaire de **étoin*, qui serait la forme normale de l'ancien français *estoinc*, car dans cette locution le mot *étui* n'a pas de sens [1].

D'où vient l'ancien français *estoinc* ? Ch. de La Roncière le rapproche de l'islandais **stædingr**, qui désigne effectivement, dans les anciens textes, un article de grément sur lequel les lexicographes ne sont pas d'accord [2]. C'est un rapprochement bien fait pour séduire, et je m'y suis d'abord laissé prendre. Mais mon collègue Louis Duvau m'apprend que **stædingr**, écrit aussi **stœdingr**, repose sur un élément **sta**, **stō**, dont l'ō radical s'est infléchi sous l'influence de l'**i** du suffixe -**ingr** : nous ne trouvons donc pas là l'explication de l'*o* de l'ancien français *estoinc*, de l'*u* de l'anglo-normand *estuinc*. L'étymologie de *estoinc*, *estuinc*, doit être cherchée dans la racine qu'offrent l'islandais **stod** « support », **stoda** ou **stydia** « étayer », l'anglais **stud** et **to stud**, de même sens, et dans la combinaison **stud** ou **stod** $+$ **ing(r)**, combinaison dont l'ancien islandais n'offre pas d'exemple connu, mais qui se trouve effectivement réalisée dans l'anglais *studding-sail*, lequel veut précisément dire « bonnette en étui [3] ».

(Romania, XXIX, 172).

---

1. J'al pense tout le contraire, car dans son *Glossaire nautique*, article *estouine*, il considère *estoin* comme une corruption de *estui*, ancienne forme de *étui*. Dans son *Archéologie navale*, II, 155, il rapporte, d'après Aubin, que la bonnette en étui aurait pris son nom de sa forme, mais il fait remarquer justement qu'un étui n'a pas de forme déterminée, et il en est réduit à conclure, avec résignation, qu'il faut « admettre un nom consacré même quand on se rend difficilement compte de la raison qui l'a fait adopter ».

2. G. Vigfusson, *Icel.-engl. Dict.*, y voit le cordage dit « bras » qui sert à manœuvrer la vergue, et J. Fritzner, *Ordbog over det g. norske Sprog*, la vergue elle-même.

3. Le breton dit *misan a studincq* pour « bonnette », locution où *studincq* paraît emprunté à l'anglais *studding*, comme le remarque Ernault, *Revue celtique*, XIX, 325. [Cf. *Wörter und Sachen*, IV, 60.]

ESTRENC

On lit dans le *Brut* de Wace, en un passage où sont accumulés les termes nautiques :

> Donc veïssiés ancres lever,
> *Estrans* trere, hobans fermer.

Au lieu de *estrans*, un manuscrit donne la variante *estrens* [1] ; un autre, *estrems* [2]. Godefroy, à l'article *estran*, traduit laconiquement par « étai ». Dans la langue de la marine, l'étai est le cordage qui soutient le mât contre les efforts qui pourraient le faire tomber d'avant en arrière, comme le hauban le soutient en sens inverse. Jal, dans son commentaire de ce passage, rapproche *estrems* de *estroins* qui se lit plus loin, au vers 11508, d'après la leçon de Fr.-Michel. Considérant l'un et l'autre comme des altérations d'un hypothétique *estrive*, il veut les tirer de l'espagnol *estribo* « étrier », que C. Oudin traduit par « estay » [3]. Est-ce dans ce commentaire de Jal que Godefroy a puisé sa traduction ? En tout cas, s'il est douteux que par *estrens* Wace ait voulu désigner précisément les étais, il paraît bien certain qu'il avait en vue des cordages ; c'est ce que montre l'emploi du verbe *traire*. Je considère *estrens* comme le pluriel de *estrenc*, forme française correspondant régulièrement à celle du mot qui veut dire « corde » dans tous les idiomes scandinaves et germaniques : isl. *strengr*, angl. *string*, allem. *strang*, etc. [4].

(Romania, XXIX, 174).

1. Édit. Le Roux de Lincy, v. 11486, variante.

2. C'est la leçon adoptée par Fr.-Michel, qui a imprimé ce passage en appendice de son édition de *Tristan*.

3. *Arch. navale*, I, 175. *Estroins* pour *estoins*, est tout à fait distinct de *estrens* ; cf. l'article *estoinc*, ci-dessus, p. 98.

4. A l'article *estrem* de son *Gloss. nautique*, Jal, tout en déclarant que l'origine du mot est inconnue, propose timidement d'y voir « une francisation de l'espagnol *estrenque*, gros câble de jonc ». Il va de soi que l'espagnol est, comme le français, d'origine scandinave ou germanique ; cf. Körting, 9111. [Ajouter *Wörter und Sachen*, IV, 24].

ESTRICHIER

Godefroy a cru devoir fondre dans l'article *estrecier* (du lat. vulg. ***strictiare**) deux exemples de l'ancien verbe *estrichier* :

Ke tout li pont ki sont seur le riviere, que on ne les puist abaissier ne *estrichier*. (1282, S.-Omer, Arch. JJ 61, f⁰ 93 v⁰).

> Ne lur estut pas *estricher*
> Ne tendre tref ne helenger.
> (*Vie de saint Gilles*, 891) [1].

Il est difficile de méconnaître l'origine germanique (ou no-roise) du verbe *estrichier* comme terme de marine : l'anglais dit *to strike sail*, l'allemand *das Segel streichen*, le néerlandais *'t Zeil stryken*, pour « abaisser, amener la voile » : le mieux n'est-il pas d'admettre ce sens dans la *Vie de saint Gilles* ? Dans le texte de Saint-Omer, le couple *abaissier ne estrichier* doit probablement être considéré comme une locution pléonastique [2].

(*Romania*, XXIX, 175).

FANÈTE

On trouve dans le supplément de Grandgagnage le mot arden-nais *fanète* « trident », que l'auteur rattache dubitativement au verbe *faner*. Il faut y voir un diminutif de *foine*, *foisne*, mot français qui a le même sens, et qui vient du latin **fuscina** [3].

---

1. Les éditeurs de la *Vie de saint Gilles*, G. Paris et A. Bos, traduisent dubi-tativement *estricher* par « carguer les voiles, » et Godefroy a fait sienne cette traduction en supprimant le « peut-être » des éditeurs.

2. Sous *estriquier* 1, Godefroy traduit *estrikier le drap* par « mesurer, auner » ; c'est une erreur manifeste. Il faut entendre « aplaigner » ; le provençal dit *bais-sar* dans le même sens.

3. Cf. l'art. *foinete* de Godefroy. [J. Haust m'apprend que la forme *fanète*, enregistrée par Grandgagnage, est peu sûre, la seule bien attestée étant *fônète*, à côté du simple *fône*].

FARGETTE

N. du Puitspelu donne *fargette* « poche » et *fargina* « besace, gibecière ». Mistral mentionne *fargino* « besace » comme un terme du Dauphiné. Le premier veut rattacher ces deux termes à l'arabe **farda** « ballot »; le second assimile *fargino* à *flausino* « taie d'oreiller ». Peut-être vaut-il mieux s'adresser à l'espagnol *alforja* « besace », d'origine arabe. Il est tout à fait sûr que le mot espagnol a franchi les Pyrénées, puisqu'il est représenté en béarnais par deux formes concurrentes qui ont échappé à Mistral, mais qui sont données par Lespy et Raymond (*auforge* et *forje*), avec le sens de « besace ».

[Il importe surtout de remarquer que Cotgrave a un article *anforge*, et que P. Borel a déjà rattaché ce mot à l'espagnol : « *Anforges*, gibecière de cheval ; de l'Espagnol *Alforia* ». De là vient l'article que Ménage a inséré dans son *Dict. étym.*]

FLAINE

Diez suppose que *flanelle* est dérivé de l'ancien mot *flaine*, et que *flaine* a pour étymologie le latin **velamen**. Körting se demande si *flaine* ne serait pas une contraction de *fil-laine*, ou plutôt de **filaine*, venu d'un type latin ***filana**. Nizier du Puitspelu croit que *flaine* est sorti très régulièrement, en langue d'oïl, de **flamineum**, qui se trouve en bas-latin pour **flammeum** « voile nuptial »[1]. Toutes ces rêveries ne se discutent pas.

Flaine signifie « taie d'oreiller ». C'est un terme de la région lyonnaise[2], où l'on trouve aussi, à côté de *flaina*, la forme

---

1. En réalité, **flamineum** est une faute de lecture pour **stamineum** « étamine », comme Du Cange l'a conjecturé.

2. [Il est aussi usuel en Auvergne (cf. *flaine, flainette* dans F. Mège, p. 115), et il a dû l'être en Limousin (cf. ci-dessous *feunial*, pour **fleunial*, p. 118). Au dernier moment, je relève *flyune* dans un texte forézien de 1394-7 (Arch. dép. de la Loire, B 1928 ; extrait dans l'*Inv.-sommaire*, III, 16-17, avec l'interprétation dubitative par « lit de plume »)].

fliuna. Un règlement de Cluny, imprimé par Baluze, porte : *flumas, hoc est opertoria pulvinarium.* Carpentier a été bien inspiré en proposant de corriger en *fluinas.* On lit effectivement *fluyna* dans les coutumes de Riom, texte latin [1]. Celles de Montferrand et de Chénérailles, en provençal, portent, au passage correspondant, *floissina* ; celle de Besse, *floissena* [2]. Il me paraît certain que *floenne,* qui figure dans un inventaire franc-comtois de 1348 et que Godefroy ne sait comment traduire, a le même sens. Je crois donc que *flaine* a été primitivement **floisne.* Pour mettre d'accord les formes provençales et les formes françaises, un type ***fluxĭna** est excellent : on conçoit que la taie d'oreiller ait été populairement désignée par un dérivé de l'adjectif **fluxus** « lâche ». **Flŭxĭna* donne régulièrement en français **floisne,* et la graphie *floenne* est à rapprocher de *foene* correspondant à **fŭscĭna** « fouine, trident » [3]. En provençal, *floissena* est un ancien proparoxyton, et *floissina* présente le même changement de suffixe que l'on trouve dans *fouissina,* de **fŭscīna,* pour **fŭscĭna.** Il faut noter pourtant la discordance du gascon *floyno,* qui semble postuler un ŏ et non un ŭ ; peut-être faut-il aussi admettre l'existence de **flūxĭna* pour expliquer l'*u* de certaines des formes mentionnées ci-dessus. Enfin, nous signalerons le néerlandais *fluwijn* « taie d'oreiller » comme étant vraisemblablement un emprunt fait au français.

(Romania, XXVIII, 184).

FUISSEL

L'ancien français *fusel,* ancêtre du mot actuel *fuseau,* est relativement rare. On trouve ordinairement *fuisel, fuissel,* que l'on ne peut expliquer ni par ***fŭsellum,** ni par ***fŭsicellum** [4].

---

1. Sur la forme plus moderne *cluyne,* voir un article spécial, *Romania,* XXXVIII, 473.

2. *Annales du Midi,* III, 302, note 2. [Cf. E. Levy, *Prov. Suppl.-Wörterb.,* III, 508].

3. Cf. l'article *fanète,* ci-dessus, p. 101.

4. [Ni encore moins par ***fusticellum,** comme le fait Meyer-Lübke, *Rom. etym. Wörterb.,* 3615].

Pour rendre raison de *fuissel*, il faut partir de ***fūscellum** : si *fuisel* n'est pas une simple graphie de *fuissel*, il représente sans doute un compromis entre *fusel* et *fuissel*. On sait que le suffixe **-culum** et son succédané en latin vulgaire, **-cellum**, s'ajoutent directement à la forme nominative des imparisyllabiques de la troisième déclinaison : **flos, flosculus, floscellus** ; **vas, vasculum, vascellum**, etc. Or **vas** a une forme concurrente **vasum**, et à côté de **fusus**, masculin, existe un **fusum** neutre. Le rapport apparent de **vasum** à **vascellum** peut avoir entraîné la création de ***fūscellum**, tiré de **fūsum** [1].

(Romania, XXVIII, 186).

GAHEL

Le substantif *gahel* n'est employé qu'une fois en ancien provençal, par l'auteur de la chanson de geste de *Girart de Roussillon* :

> Atant l'es un *gahel* qui a le vent [2].

Paul Meyer identifie *gahel* avec l'ancien français *jaal*, qui désigne, dit-il, « une personne qui sert pour de l'argent, par suite une personne de bas étage ». Aussi traduit-il par « valet » [3]. Mais l'ancien français *jaal* veut dire « prostituée », ni plus ni moins, et c'est un mot féminin. *Gahel* est tout autre chose. Le remanieur provençal l'a fort bien entendu, et il a rendu *gahel* par *digiet* « lépreux » [4]. *Gahel* est manifestement identique au gascon *gahet*, qui a le même sens, et que les coutumes de Condom écrivent *gafed*, forme enregistrée par Raynouard. Mistral a tort de réunir dans le même article le gascon *gahet* et le provençal

1. [C'est aussi ***fuscellum** qui me paraît être à la base des mots patois tels que *fissiau* (pays de Bray), *fiché* (forêt de Clairvaux), *fûchau, fûchot* (Gaye), qui signifient « bâton de chaise, échelon, etc. »].

2. Ms. d'Oxford, vers 7622 de l'édition Foerster. Le ms. de Londres a *migahel* ; P. Meyer avait d'abord cru que c'était la bonne leçon, et que l'auteur avait voulu parler de l'archange saint Michel (*Recueil de textes*, p. 64).

3. *Girart de Roussillon*, p. 242.

4. Sur *digiet*, voir l'article *degeit*, ci-dessus, p. 83.

gafet « crochet ». La désinence du mot gascon est en *e* ouvert
et correspond au diminutif latin **-ellum**, tandis que celle du mot
provençal a un *e* fermé et correspond au latin vulgaire **-ĭttum**.
Mais le radical est le même : à côté de *gafa, gafete* « crochet »,
l'espagnol a *gafo* « lépreux ». Le terme s'est appliqué à l'origine
à ceux à qui la lèpre rendait les mains croches.

Très remarquable, dans ce *gahel* de *Girart de Roussillon*, est la
notation par *h* du son primitif *f*. On sait en effet que les textes écrits
dans la Gascogne propre n'emploient couramment cette notation
qu'à partir du commencement du xvie siècle. Les *Leys d'Amors*,
rédigées au milieu du xive siècle, nous attestent que déjà les
Gascons prononçaient *h* au lieu de *f*. Voici maintenant qu'un
auteur du xiie siècle, qui composait entre Bordeaux et Poitiers,
comme l'a fort justement conjecturé Paul Meyer, écrit *gahel* et
non *gafel* : c'est certainement là un écho de la prononciation
gasconne. Je n'hésite pas à en conclure que, dès cette époque,
bien que la tradition orthographique ait longtemps dissimulé le
fait, les parlers gascons possédaient le son *h* dans les cas où ils le
possèdent aujourd'hui. Les partisans de l'origine ibérique de ce
son *h* salueront sans doute avec joie cet important témoignage,
l'un des plus anciens qu'on puisse invoquer en faveur de leur
théorie [1].

(Annales du Midi, XI, 197).

GARMOS

Garmos ne se trouve au propre que dans le poème de *Guillaume
d'Angleterre*, de Chrétien de Troyes, v. 637, où Foerster le traduit par « fard » : au figuré, il signifie « tromperie ». On en a

---

1. Des exemples de transcription par *f* de noms géographiques qui ont un *h*
en basque, cités par Julien Vinson et, après lui, par Luchaire (*Idiomes pyrénéens*,
p. 207), et dont deux ou trois remontent au commencement du xiie siècle, con-
duisent à une conclusion analogue. Mais les leçons *haissos, hiera, he*, que Paul
Meyer a admises dans la partie gasconne du célèbre *descort* de Raimbaut de
Vaqueiras, ne sont pas appuyées par les plus anciens manuscrits, lesquels écrivent
faissos, fiera, fe. [Le même savant a encore affirmé, en 1893, que le changement de *f* en *h* était relativement récent en gascon (*Romania*, XXII, 299)].

tiré les verbes *garmoser* et *engarmoser* [1]. Ce dernier est employé au sens propre dans le *Livre des Mestiers*, LXXVI, 6 : on défend aux fripiers de « nule chause lauge *engarmouser*, ce est a savoir de fesil de charbon et de huile ». Il y a un si grand rapport de forme entre *garmos* et le néerlandais **warmoes**, autrefois **waermmoes**, ou le haut allemand **warmmuos**, qu'il est difficile de ne pas s'y arrêter. Le **warmoes** est un potage aux herbes, une julienne; à l'origine **moes** s'applique à tous mets en forme de bouillie ou de marmelade [2], et **warm** ne fait qu'y ajouter l'idée de « cuisson ». Il m'apparaît comme très vraisemblable que le mot a pu être appliqué dans la langue des ouvriers à une préparation faite de charbon pilé et d'huile, et à toute autre drogue analogue. Je m'appuie sur l'existence dans les langues germaniques du mot **lakmoes**, qui a passé en wallon sous la forme *lakmouse*, [en italien sous la forme *laccamuffa* [3]], et qui désigne la teinture de tournesol [cf. angl. *litmus*].

GENEVELLE

Godefroy enregistre sans définition le mot *genenelle*, dont il a relevé un exemple berrichon de 1386 : « Deux coros et quatorze *genenelles* et quatre gons ». Il est sûr qu'il faut lire *genevelle*, et qu'il s'agit de ce que nous appelons en bon français une « penture » [4]. La penture porte encore aujourd'hui dans le patois saintongeais le nom de *ghenevèle* [5], et Jônain, qui donne ce mot,

1. [Cf. les articles *carmoiche* et *engamosser* de Ch. Beauquier, *engamôssai* de Contejean, et d'autres analogues dans les glossaires plus récents relatifs à la Franche-Comté et à la Lorraine].

2. [Le mot a passé en ce sens dans les patois de la Franche-Comté sous les formes *moisse, mouesse, mousse*; voir les glossaires de Contejean et de Roussey, etc., et cf. abbé Dartois, p. 209. Ajouter, pour la Suisse romande, Tappolet, *Die alemannischen Lehnwörter...*, p. 115-6, et, pour la Wallonie, J. Haust, *Étym. wall. et franç.*, p. 23-4].

3. [Icilio Guareschi, *Sui colori degli Antichi* (Turin, 1905) : « Il tornasole che è adoperato come reattivo dai chimici è detto anche *laccamuffa* »].

4. Sur l'origine du mot *penture*, voir mes *Essais de phil. franç.*, p. 350.

5. [En Anjou, *génevelle*; Verrier et Onillon tirent le mot de **janua**].

remarque que la peinture « est effectivement un genou ». Voyons s'il y a moyen de passer du latin **genu** au français *genevelle*.

Le latin possède **manibula**, à côté de **manicula**, et il est acquis que notre mot *manivelle* remonte à ***manabella** [1]. Je suppose que le latin vulgaire a créé ***genibulum**, à côté de **geniculum**, d'où ***genabulum**, ***genabula** et, finalement, ***genabella**, type postulé par *genevelle*.

On peut aussi se demander si **janua** « porte » ne serait pas pour quelque chose dans l'origine de *genevelle*. Phonétiquement, ***januabella** aurait en effet abouti au même résultat que ***genabella**, mais l'hypothèse d'un dérivé ***januabulum** n'est pas vraisemblable.

(Romania, XXIX, 175).

GIERNOTE

On lit dans le *Dit du Besant* de Guillaume le Clerc, au sujet de l'Enfant prodigue :

> Volentiers e a gré menjast,
> Se aucun fust qui li donast,
> Ausi come ses pors feseient
> Qui de racinettes viveient
> E des *giernotes* de la terre [2].

Godefroy a vu dans *giernote* un diminutif de *graine* et l'a enregistré sous la forme *grenote* : c'est une grosse erreur. Guillaume le Clerc était de Normandie, comme on sait, et le patois normand connaît encore aujourd'hui le mot dont s'est servi cet auteur. *Gernote, jarnote, gênote, janote, guênote, ganote*, etc., s'applique aux tubercules de différentes plantes dont les cochons sont très friands : *Bunium bulbocastanum* (alias *Conopodium denudatum*), *Œnanthe pimpinelloides* ou *Campanula rapunculus* [3]. Le chirurgien Henri de Mondeville, Normand lui aussi, a identifié le *malum terræ*,

---

1. Voir mes *Essais*, p. 340.
2. Vers 3387 et s. de l'éd. Martin.
3. Voir Joret, *Flore pop. de la Normandie*.

vulgairement « pain de pourceau », avec la *gesnote* de ses compatriotes [1]. Littré donne *gernotte* et *jarnotte*, dans son Supplément, comme synonymes de « terre-noix ». Dans le corps même de son dictionnaire, il a l'article suivant : « *Erneute* ou *ernotte*, nom vulgaire du *carum bulbocastanum* et, en Normandie, de la raiponse, *phyteuma spicatum* ». Il indique, d'après Legoarant, l'anglais *earthnut* « noix de terre », comme étymologie du mot [2]. Je ne vois pas trop comment les Anglais auraient implanté en Normandie leur *earthnut*, qui se trouve, dès 875, sous la forme anglo-saxonne *eorþnutena*. N'est-il pas préférable de s'adresser aux Scandinaves [3] ? Bien que je ne trouve pas de composé tout fait avec *jörd* « terre » et *hnot* « noix » dans le dictionnaire islandais-anglais de Vigfusson, il n'y a pas là de quoi nous arrêter, car le suédois a *jordnöt* dans un sens analogue. Le *j* initial du mot scandinave qui veut dire « terre », explique fort bien le *g* continu du normand *giernote*. Le changement en semi-explosive dans les formes *guênote*, *ganote* n'est pas un obstacle à l'étymologie proposée. Dans le Bas-Maine, nous voyons *lierre*, *lièvre*, *liure* et *violiers*, devenus d'abord *yerre*, *yèvre*, *yure*, *yolier*, aboutir à un son initial analogue, que Dottin note par *g* [4].

1. Voir l'article *gesnote* du glossaire mis par le Dr Bos à la fin de son édition de la traduction française de Mondeville publiée dans la collection de la *Société des anciens textes français*. [Un autre exemple de notre mot en ancien français se trouve dans les *Corrogationes Promethei* d'Alexandre Neckam, où on lit : « fructibus quibusdam qui in gallico dicuntur *gernothes* (var. *gernous*) » ; extraits publiés par P. Meyer dans *Notices et extraits*, XXXV, 2e partie (1897), p. 680].

2. Fleury voit dans notre mot une combinaison du verbe latin **germinare** avec l'anglais *nut*, tandis que Joret considère la désinence *-ote* comme identique à notre suffixe diminutif *-ot*, *-ote* (*Romania*, XVI, 144). L'ancienne forme *giernote* écarte définitivement tout rapport avec **germinare**. Schœtensack voit dans le premier élément de *giernote* le grec κάρυον (*Beiträge*, p. 142, note 3).

3. Behrens vient d'examiner un autre mot normand, *tierre*, « lien pour attacher les animaux au pâturage » [article réimprimé dans son recueil de *Beiträge*, p. 264-5]. Il lui donne pour base l'anglais médiéval *tedir*, aujourd'hui *tether*, dont il rapproche le néerlandais *tudder* et finalement les formes scandinaves *tjoder*, *tjor*, *tjör*. Il me semble plus naturel, pour *tierre* comme pour *giernote*, de faire venir le normand du norois que de l'anglais.

4. Dans le Bas-Maine on dit *janote*, *jénote* et même *janette* (par substitution

Je reviens à l'article *grenote* de Godefroy. On y trouve, à la suite de l'exemple du *Dit du Besant*, un autre exemple emprunté au fableau de la *Dame escolliee*, que Godefroy cite d'après les manuscrits, bien qu'il soit imprimé dans le recueil de Montaiglon et Raynaud, VI, 94 et s. Les éditeurs lisent, au vers 573 :

> Que ce sachiez, par ces *grenotes*
> Sont les femes fieres et sotes.

Au glossaire, ils commentent « *Grenote*, graine ; par extension testicule ». Comme le manuscrit de l'Arsenal porte *guernotes* (le silence des éditeurs ne peut prévaloir contre le témoignage formel de Godefroy), je pense que la bonne leçon est *giernote* : la comparaison de ce dont il s'agit avec un tubercule de terre-noix est fort naturelle, tandis que de penser à une petite graine, cela ne se comprendrait guère qu'à Lilliput [1].

(Romania, XXIX, 177).

GINOUSCLO

L'euphorbe ou épurge porte le nom vulgaire de *ginousclo* à Montpellier et aux environs [2]. Ce nom, francisé en *ginouscle*, est devenu, par suite d'une coquille typographique, *ginousèle*, parfois

---

du suffixe *-ette* à la désinence confondue avec le suffixe *-ote*), ailleurs *jagnerote* (probablement métathèse de **jargnote*), que certains dictionnaires altèrent stupidement en *jacquerote* : toutes ces formes se rattachent vraisemblablement au normand. Le wallon (rouchi) a *ernote*, que Grandgagnage tire directement du flamand *eerdnot*, ce qui est vraisemblable ; mais d'où le berrichon a-t-il reçu ses formes *arnoute*, *anote*, *anete* ? [Cf. le bourguignon *arnotte* (auquel Ménage a consacré un article dans son *Dict. etym.*, où il rapporte à Saumaise le mérite d'en avoir indiqué l'étymologie par l'allemand *erdnuss*) et beaucoup d'autres formes patoises enregistrées dans Rolland, *Flore pop.*, VI, 157, 166, etc.].

1. [Behrens a attiré l'attention sur l'existence en italien de *granelli* « testicules » (*Beiträge*, p. 119-21), et je crois, tout bien considéré, que, dans le fableau de la *Dame escolliee*, *grenote* ou *guernote* est un dérivé de *grain* plutôt que le mot qui signifie « terre-noix »].

2. L. Planchon, *Plantes médic. et toxiq. de l'Hérault*, dans *Mém. de l'Acad. des Sc. et Lettres de Montpellier*, section de médecine, 2e série, t. I (1899), p. 256. [Cf. Rolland, *Flore pop.*, IX, 222].

même *ginousèle*, dans les grands dictionnaires de la langue française et dans mainte compilation de botanique [1]. Il ne saute pas aux yeux que *ginousclo* se rattache au latin **lac, lactis** : pourtant il n'en faut point douter. Mistral l'a parfaitement senti, et il a groupé *ginousclo* avec *lachusclo*. De même que *lachusclo* a perdu sa syllabe initiale (confondue avec l'article féminin), et est devenu *chusclo*, puis *jusclo*, dans certaines régions [2], de même nous pouvons remonter de *ginousclo* à **chinousclo*, puis à **lachinousclo*, c'est-à-dire, en fin de compte, à un type du latin vulgaire ***lactīnuscula**. Je reviendrai plus loin, à l'article *lachusclo*, sur le suffixe **-uscus, -usculus**.

(Romania, XXIX, 176).

GIRANDE

Dans le Berry, *girande* signifie « femme en couche ». On dit aussi *gerante*, que Jaubert écrit *gerente* et qu'il rattache au latin **gerens, entis**, participe de **gerere** « porter ». Je pense que *gerante* est pour *gesante*, participe de *gésir* « être en *gésine* », employé substantivement [3], et que *girande* en est une altération. Le changement de *s* médial en *r* n'est pas inconnu au berrichon [4].

GLOUTRENIE

A côté de *gloutonie*, *gloutenie*, qui dérivent normalement de *glouton*, l'ancien français présente plus souvent une forme *gloutornie*, *glouternie*, *gloutrenie*, dont la raison d'être n'apparaît pas

---

1. *Ginousèle* fait son apparition dans le t. XVII (publié en 1820) du *Dict. des Sc. nat.*, où on lit : « *Ginousèle* (Bot.). Suivant M. Gouan l'épurge, *euphorbia lathyris*, est ainsi nommée aux environs de Montpellier ».

2. Même aphérèse dans *chuguelo*, pour **lachuguelo*, proprement « petite laitue », nom vulgaire de la mâche, mot qui a été francisé en *chuguette*. Littré a enregistré *chuguette* sans en donner l'étymologie ; d'autres lexicographes l'ont altéré en *chuquette*.

3. Cf. Godefroy, IV, 268, col. 2.

4. Cf. l'article *erturon*, ci-dessus, p. 90.

au premier abord. Van Hamel [1] considère *gloutrenie* comme une métathèse de *glouternie*, forme issue elle-même par une autre métathèse de *gloutenerie. Mais, outre que *gloutenerie* ne paraît pas exister, et que *gloutonerie* est extrêmement rare en ancien français, on ne voit pas pourquoi *gloutonerie, gloutenerie* auraient abouti à *gloutornie, glouternie*, alors que les futurs *donerai, menerai* deviennent *dourrai, menrai, dorrai, merrai*, mais jamais *mernai, *dornai. L'italien possède également *ghiottornia*, à côté de *ghiottoneria* et de *ghiottonia*, et *lecornia* : on considère les formes en *-ornia* comme issues par métathèse des formes normales en *-oneria* [2].

Je propose de faire remonter le français et l'italien à une forme du latin vulgaire ***glutturnia**, de ***glutturnus** « glouton ». Les adjectifs italiens *musorno* « musard » et *piorno* « pluvieux » montrent que le suffixe latin **-urnus** n'est pas absolument inconnu de la langue populaire [3]. Si l'on admet que **gluttus**, attesté en latin vulgaire au sens de « trachée-artère » [4], a pu s'appliquer à l'œsophage, la formation de ***glutturnus**, au sens de « glouton», n'est pas extraordinaire : cf. **taciturnus, somnurnus**, etc. Il est possible d'ailleurs qu'elle ait été provoquée par une influence analogique, celle de **guttur** sur **gluttus**. D'après l'ancienne glose « **gutturnia, gutturis inflatio** » [5], on ne peut douter de l'existence de ***gutturnus**, à côté de **gutturosus**, au sens de « goîtreux » [6] : ***glutturnus** ne se serait-il pas moulé sur ***gutturnus** comme, en italien, *lecornia* sur *ghiottornia* ? Au point de vue de la phonétique française, on peut comparer à ***glutturnia** > *glouternie, gloutrenie*, ***nocturnalem** > *nuiternel, nuitrenel* [7].

(Romania, XXIX, 178).

---

1. Édition du Renclus de Moiliens, I, p. CXLIV, et glossaire.

2. Canello, *Arch. glottol.*, III, 397 ; Meyer-Lübke, *Ital. Gramm.*, § 290.

3. Diez, *Gramm. des l. rom.*, II, 357.

4. Cf. la glose « glutus, βρόγχος », *Corpus gloss. lat.*, II, 34, 36.

5. *Ibid.*, V, 601, 5:

6. Dans ***gutturnus**, comme dans **eburnus**, le suffixe dérivatif est **-nus**, et non **-urnus**, puisque l'u et le r font partie du thème.

7. **Cadurcinum** > *Querci* et **Saturninum** > *Sernin* relèvent du provençal, **tiburtinum** > *tévertin, travertin*, de l'italien ; mais le rapprochement est instructif.

GOBETER

Gobeter est un terme de maçonnerie qui veut dire « jeter à
petits coups ». Littré le tire de l'ancien mot *gobet* « morceau
qu'on avale », de même radical que notre verbe actuel *gober*. Une
autre étymologie me paraît plus probable. Je vois dans *gobeter* un
doublet de *copter*, autrefois *copeter* « sonner [une cloche] à petits
coups ». On trouve en effet *gobeter* pour *copter*, au moyen âge [1].
A côté de *coup*, le français connaît une forme dialectale *coube*,
cobe, qui repose sur ***colapum**, tandis que *coup* vient de ***colpum** [2].
De *cobe* [3] vient *cobeter*, altéré postérieurement en *gobeter*.

GODEMETIN

Une ordonnance de police, promulguée en 1307 par le sénéchal de Poitou et de Limousin, Pierre de Villeblevin, pour taxer
les denrées les plus diverses pendant le séjour à Poitiers de la
cour pontificale, contient l'article suivant, qui porte le n° 47 dans
l'édition donnée récemment par Levillain [4] : « Selle a escuier

1. Exemple du XIIIe siècle dans Godefroy, IX, 192 (Compl., v° *copeter*). Cet
exemple vient de la traduction de Jean Belet contenue dans le ms. Bibl. nat.,
lat. 995, à laquelle est aussi emprunté un prétendu substantif *nacobet*, que
Godefroy traduit par « sonnerie d'une cloche ». [Le manuscrit porte réellement
nacobet, qu'il faut décomposer en *n'a cobet*, les locutions *a doble* et *a cobet* s'opposant l'une à l'autre dans le passage, ainsi conçu : « Sachez generalement que en
tote quaresme ne deit l'on soner a doble n'a cobet, mes simplement » ; cf. le
texte latin (Migne, t. CCII, col. 98) : « quod non debeamus... compulsare
nec depulsare... sed simpulsare ». Sur le caractère dialectal de cette traduction,
voir ce qui est dit ci-dessous, p. 183 et 221, n. 3.
2. Voir Mussafia, *Zur Kritik und Interpretation romanischer Texte*, IV, p. 56.
3. *Cobe* se trouve, à côté de *coube*, dans les coutumes de Charroux, et au
vers 7638 de la *Vie de saint Martin* de Péan Gastineau ; il est encore usité en
Berry (Jaubert) et en Touraine (Brachet, dans *Romania*, I, 90).
4. *Le Moyen âge*, 1897, p. 84. Cf. *Annales du Midi*, 1898, p. 121-122. J'appelle le sénéchal Pierre de *Villeblevin*, et non *Villeblouain*, comme Levillain et
d'autres auteurs, pour mettre le nom de ce fonctionnaire en harmonie avec son
lieu d'origine, *Villeblevin* (Yonne) ; [cf. H. Stein, *Rech. sur quelques fonction-
naires royaux...* (Paris, 1919), p. 52-54 et 201-202].

garnie de *godemetin*, d'estriex et de poytrax, xxvi s. ». L'éditeur ne s'explique pas sur le sens du mot *godemetin*. Godefroy a
deux exemples de *godemetin, godmetin* ; le contexte du premier est
ainsi conçu : « les cuirs fres et tannés, le *godemetin*, le pain
apporté par eau ». Le voisinage du pain a suggéré la traduction
aventurée de « gâteau »[1] ; en réalité c'est de cuir qu'il s'agit.
J'estime qu'il faut voir dans *godemetin* une déformation soit de
l'espagnol *guadamaci* ou *guadamacil*, soit du portugais *guadame-
cin*, proprement « cuir de Gadamès »[2]. *Godemetin* est un pendant
curieux de *cordouan* « cuir de Cordoue », mais il n'a pas fait une
si brillante ni si respectable fortune[3].

GOURCE

Carpentier[4] et Godefroy ont relevé, dans une lettre de rémission de l'année 1499, le substantif féminin *gource*, dont il n'y a pas
d'autre exemple : « Iceulx poulscerent le suppliant a force de bas-
tons dedans une *gource* ou fort buisson ». Cette lettre de rémission est relative à des faits qui se sont passés dans la paroisse de

---

1. Le contexte et la traduction figurent dans les *errata*, VIII, 360.

2. Dozy et Engelmann, p. 280. Devic a rattaché à la même étymologie le
français *gamache* « guêtre », ce qui n'est guère probable. [En revanche, l'étymologie convient de tout point à l'ancien provençal *godamesin* (E. Levy, *Prov.
Suppl.-Wörterb.*, IV, 41)].

3. Veri simile mihi videtur et aliam vocem, nunc usque apud meretrices (pace
pudici lectoris dixerim) vigentem, ab eadem origine manavisse. IllamRicheletius
suo *Dictionnaire françois* (1680) inserere non dubitavit, his verbis explicatam :
« *Godemichi*, s. m. Mentula vitrea, quâ, ut perhibent, utuntur malè sanæ vir-
gines, quum circa ipsarum pectus ulcerosum sævit amor ». Apud Cotgravium
(1611) habes *godemiche*, s. f. ; sed erravisse Cotgravium de genere nec non de
accentu vocis manifestum est, quum sæculo decimo sexto Cholieres scripserit :
« Je m'en rapporte aux *godemichi* de velours et d'yvoire qui sont enfournez en
la grotesque ». (*Matinees*, 4 ; éd. Tricotel, I, 158). *Godemichi* hinc cum *guadamaci*, illinc cum *godemetin* [et *godamesin*], miro modo congruit. A coriaceo indu-
mento rem nomen traxisse arbitrandum est, nec mirandum cur *gadameci* potis-
simum in usu fuerit, quum scriptor quidam Arabicus corium Cidami confec-
tum ad lenitatem serici textilis accedere prædicet (Devic, *Dict. des mots français d'origine orientale*, vº *gamache*).

4. Dans Du Cange, vº *gorga* 2.

Royère [orthographe officielle : *Royères*], canton de Saint-Léonard (Haute-Vienne). Il est donc certain que *gource* est une forme francisée du mot limousin *gorço, gorso*, enregistré par Mistral avec le sens de « haie vive » ou de « lieu rempli de buissons, de mauvaises herbes, de décombres ». D'après Jaubert, *gorce* est usité au sens de « châtaigneraie » dans le sud de l'Indre [1] et le nord de la Creuse. Je ne connais pas ce sens dans la Creuse, mais le mot y est très répandu aux sens de « haie, haie vive, buisson » [2]. Les noms de lieu et de famille *Gorse, Gorce, la Gorse, les Gorses, Gorses, Gorsas*, etc., se trouvent à foison dans l'Aveyron, la Charente-Inférieure, la Corrèze, la Creuse, la Dordogne, la Gironde, l'Indre, la Haute-Loire, le Lot, le Lot-et-Garonne, le Puy-de-Dôme et la Vienne (partie sud). Dans la Dordogne, on a *Goursoulas* ; dans la Charente et la Corrèze, *les Goursolles*, etc. Le rapprochement indiqué par Mistral entre notre mot et le bas-breton *garz* « haie, jardin » me paraît fondé. Le celtique possède en effet concurremment **gorto** et **garta** [3]. Les mots romans cités ci-dessus remontent clairement à *gortia, *gortiola [4]. [Cf. le nom de lieu *Ad illa Gortia*, dans une charte de 914, aujourd'hui *Lagorce*, commune de La Geneytouse, canton de Saint-Léonard, Haute-Vienne (R. de Lasteyrie, *Étude sur les comtes et vicomtes de Limoges*, p. 110)].

---

1. [Cf. Tissier, *Dict. berrichon*, p. 91, où ce sens est attesté pour Éguzon].

2. « Haie » en général à Saint-Silvain-Montaigut ; « haie vive » à Saint-Priest-la-Feuille, à Saint-Yrieix-la-Montagne, etc. ; « haie artificielle » à Saint-Laurent, où la « haie vive » s'appelle *buisson* ; « buisson isolé » à Anzème, etc. (Communication de P. Valadeau, instituteur à Saint-Priest-la-Feuille). [Le sens de « châtaigneraie » est en outre bien établi à Crozant, commune de la Creuse limitrophe de l'Indre (communication de mon ami D. Blanchet, instituteur). D'autre part, E. Hubert, archiviste de l'Indre, m'a informé, par lettre du 26 décembre 1890, qu'il avait rencontré fréquemment *gorce* dans des textes des XVIIe et XVIIIe siècles relatifs à la région de l'Indre voisine de la Creuse, mais seulement au sens de « broussaille »].

3. V. Henry, *Lex. étymol. du breton moderne*, vo *garz* 2. Cf. *Rev. celt.*, XVII, 93.

4. Cf. *Rev. celt.*, XXII, 222 [article réimprimé dans mes *Nouv. Essais*, p. 52-4].

GRAULO

Meyer-Lübke fait appel à une contamination qui se serait produite en latin entre le substantif **gracula** et l'adjectif **ravus**, et qui aurait donné naissance à ***gravula**, pour expliquer le provençal *graulo* et le français dialectal *grole* « corneille, freux, choucas » [1]. Il suffit de partir du latin vulgaire ***gragula**. On a signalé plus d'une fois en latin la graphie **gragulus** pour **graculus**, et l'on sait qu'un personnage romain appelé Antistius Gragulus avait un geai sur son coin monétaire [2]. La disparition du g est normale en français et en provençal, et la prononciation ***graula** peut remonter très haut [3]. Il faut noter cependant que **gracula** n'a pas disparu pour cela : il est représenté par *gralha*, *graille* en mainte région. Il semble même qu'il se soit produit un croisement et qu'on ait prononcé parfois quelque chose comme ***graugla** : c'est du moins la seule hypothèse qui explique le rouergat *graulho* et le lyonnais de Craponne *grolhi*.

GRAULOUN

Mistral a parfaitement reconnu la parenté du provençal moderne *garabroun* « guêpe, frelon » avec l'italien *calabrone*, qui remonte au latin **crabonem**, devenu ***carabronem**, ***garabronem**. Mais le domaine de *garabroun* est peu étendu. Un mot beaucoup plus répandu dans le Midi de la France, pour désigner le frelon, est *graulou(n)* et, à Montpellier, *graule*. Mistral le rapproche du latin **gracilis**, du messin *graouli* « dragon » et de l'allemand *græulich* « horrible » ; mais c'est en pure perte. *Grauloun* vient

---

1. *Gramm. des lang. rom.*, I, § 282 ; Körting, nº 4310.

2. Babelon, *Discours au Congrès des sociétés savantes*, 24 avril 1897.

3. Une prononciation analogue explique *caula*, de **coagulare**, à Toulouse et à Pamiers. [Dans son *Rom. etym. Wörterb.*, nº 3850, Meyer-Lübke part de **graulus -a** (cf. *Wiener Studien*, XXV, 100), et il rejette *** gragula** comme inconciliable avec les formes sud-orientales du domaine roman (roumain *graur*, etc.) ; l'objection est sérieuse, à supposer qu'un type unique soit de règle stricte dans toute la latinité].

indubitablement du latin **crabronem** [1], et *graule* d'une forme **crabrus*, qu'il est légitime de supposer en s'appuyant sur l'existence
de **pavus** à côté de **pavonem**.

Je considère *graule* et *graulou(n)* comme sortis par dissimilation
de formes antérieures **graure* et **graurou(n)*, produites normalement par **crabrus* et **crabronem**. A propos du mot *prunelaie*,
j'ai étudié la dissimilation qui se produit en français entre une
consonne intervocalique et une consonne combinée [2]. *Graulou(n)*
et *graule* me fournissent l'occasion de poursuivre la même étude
en provençal. Je constate, là aussi, l'existence de deux courants
inverses, comme je vais le montrer par de nombreux exemples :
je n'indique pas les références quand je puise dans Raynouard ou
dans Mistral.

I. — Combinée dissimile intervocalique

1° R *intervocalique*.

Argelabre, alesabre (métathèse pour **aselabre*), *avasabre* (métathèse, pour *asavabre*, où *v* est pour *l*) « érable », de **acerarbo-
rem* [3].

Belitralio « coquinerie », pour *belitrario*, ancien français *beli-
trerie* [4].

blaveirouna « couvrir d'ecchymoses », dérivé de *blaveirol* « ecchy-
mose ».

brugelho « bruyère », en Limousin, de **brucaria*.

1. **Crabronem** est représenté dans le domaine de la langue d'oïl par des
formes très variées : *grav'lou, grov'lou, grôlon, gorlon* (et, par métathèse, *gole-
ron*), *gravalon, graivelon, granvolon, granvalon*, etc. (cf. Rolland, *Faune pop.*,
III, 270). Toutes ces formes reposent sur **crablonem*, pour **crabronem**. Le
verbe berrichon *gravouner* « bourdonner », à côté de *grolouner*, semble témoi-
gner d'une forme disparue **gravou*, de **crabonem*.

2. *Essais*, p. 362.

3. [Exemple à supprimer : le type étymologique du provençal comme du
français étant **acerabulum** ; cf. W. von Wartburg, *Franz. etym. Wörterb.*]

4. De Sauvages, *Dict. languedocien-franç.*, addit. de l'édition de 1820.

GRAULO

Meyer-Lübke fait appel à une contamination qui se serait produite en latin entre le substantif **gracula** et l'adjectif **ravus**, et qui aurait donné naissance à ***gravula**, pour expliquer le provençal *graulo* et le français dialectal *grole* « corneille, freux, choucas »[1]. Il suffit de partir du latin vulgaire ***gragula**. On a signalé plus d'une fois en latin la graphie **gragulus** pour **graculus**, et l'on sait qu'un personnage romain appelé Antistius Gragulus avait un geai sur son coin monétaire[2]. La disparition du **g** est normale en français et en provençal, et la prononciation ***graula** peut remonter très haut[3]. Il faut noter cependant que **gracula** n'a pas disparu pour cela : il est représenté par *gralha, graille* en mainte région. Il semble même qu'il se soit produit un croisement et qu'on ait prononcé parfois quelque chose comme ***graugla** : c'est du moins la seule hypothèse qui explique le rouergat *graulho* et le lyonnais de Craponne *grolhi*.

GRAULOUN

Mistral a parfaitement reconnu la parenté du provençal moderne *garabroun* « guêpe, frelon » avec l'italien *calabrone*, qui remonte au latin **crabonem**, devenu ***carabronem**, ***garabronem**. Mais le domaine de *garabroun* est peu étendu. Un mot beaucoup plus répandu dans le Midi de la France, pour désigner le frelon, est *graulou(n)* et, à Montpellier, *graule*. Mistral le rapproche du latin **gracilis**, du messin *graouli* « dragon » et de l'allemand *græulich* « horrible » ; mais c'est en pure perte. *Grauloun* vient

1. *Gramm. des lang. rom.*, I, § 282 ; Körting, nº 4310.
2. Babelon, *Discours au Congrès des sociétés savantes*, 24 avril 1897.
3. Une prononciation analogue explique *caula*, de **coagulare**, à Toulouse et à Pamiers. [Dans son *Rom. etym. Wörterb.*, nº 3850, Meyer-Lübke part de **graulus -a** (cf. *Wiener Studien*, XXV, 100), et il rejette *** gragula** comme inconciliable avec les formes sud-orientales du domaine roman (roumain *graur*, etc.) ; l'objection est sérieuse, à supposer qu'un type unique soit de règle stricte dans toute la latinité].

II. — Intervocalique dissimile combinée

1° R *combinée.*

Anterrieux, nom d'une commune et de cinq hameaux (Cantal), autrefois *Entrerieux*, composé de *entre* et *rieu.*

Antéroches et *Enteroches*, hameau et lieu-dit (Cantal), autrefois *Entrerochas*, composé de *entre* et *rocha.*

Fladeri « Frédéric », à Marseille.

plangeiro, plongieiro « sieste », de ***prandiaria**.

renglavo « rhingrave », vêtement.

Sauteyrargues (Hérault) pour *Centeyrargues*, anciennement *Centreirargues*, de **Centrarianicos**.

2° L *combinée.*

ambre (ana a l') « aller l'amble », en Dauphiné et à Marseille.

desguavelar pour *desclavelar* « déclouer », dans *Ferabras*, 1359.

feunial « taie d'oreiller » pour *fleunial* [1], en Limousin.

frevol « faible » et ses dérivés, de **flebilem**.

greure « loir » pour **gleure*, de ***glilurum** [2].

Grizolles (Tarn-et-Garonne), pour *Glisola*, de **Eclesiola**.

grouber (pour **groubel*) « meule de gerbes » et *groumer* (pour **groumel*) « peloton » sur les bords de l'Alagnon [3], de ***globellum, *glomellum**.

Guiole (La), anciennement *Gleiola* (Aveyron), de **Eclesiola**.

gumet, gusmet « peloton », en Gascogne, de ***glumellum, *glumuscellum** [4].

prebaluo « plus-value », en Languedoc.

(Romania, XXVIII, 187).

1. Paraît se rattacher à *flaine* étudié ci-dessus, p. 102.
2. Cf. l'article *greule*, ci-dessous, p. 119.
3. Labouderie, dans *Mém. Soc. Antiq.*, XIII, 368.
4. Cf. l'article *gusmet*, ci-dessous, p. 120. — Le limousin *guceu* « peloton » correspond probablement au français *luissel*, de ***globuscellum** ; mais la réduction de *glo* initial à *gu* doit être indépendante de la dissimilation : cf. *pura*, de **plorare**, à Saint-Yrieix-la-Montagne.

GREMISSEL

Godefroy a un exemple de *gremissel* « peloton », tiré des Archives de la Côte-d'Or. Il faut en rapprocher *grumisseau* « petit grumeau, » qu'il a emprunté à une ancienne édition de Calepin. Les patois de l'Est ont conservé le mot au sens de « peloton » : *gremécé* à Sancey (Doubs), *gremecio* à Mesnay (Jura) [1], *ragreme-cilli* « pelotonner », en Franche-Comté, etc. J'ai déjà eu occasion de parler du provençal *grumiceu* [2] : les formes françaises remontent au même type du latin vulgaire, soit ***grumiscellus**, dérivé de **grumus** « grumeau » contaminé par **glumus** « peloton [3] ».

GREULE

Le provençal moderne *greule* (avec un *e* fermé), qui, seul, ou en composition avec *rat* ou *gàrri*, désigne le loir, se rattache évidemment, comme on l'a dit, au latin **glis, gliris** [4]. Mais comment ? Je crois qu'on peut admettre l'existence d'un diminutif latin ***glirulus**. De même que **corulus** « coudrier » est devenu ***colurus** par métathèse (de là le provençal *colre*, le français

1. *Revue de phil. franç.*, XIV, 38.
2. *Essais*, p. 331.
3. Cf. l'article *gusmet*, ci-dessous, p. 120. [Au dernier moment, je puis signaler, d'après une traduction française de la *Consolatio* de Boèce, que personne n'a encore étudiée et dont je parlerai dans un article d'ensemble sur les traductions de cette œuvre célèbre, destiné au tome XXXVII de l'*Histoire littéraire de la France*, un exemple du XIIIe siècle, appliqué au fil d'Ariane : « Je vos donrai le chief d'un fil, et je tenrai le *gromoissel* a l'entree »].
4. Voir Mistral, v° *gréule*, et Rolland, *Faune pop.*, I, 38. [On ne connaît pas d'exemple de *greule* en ancien provençal, mais on peut faire état, pour la fin du XVe siècle, de la traduction française du *De honesta voluptate* de Platina, due à un médecin de Montpellier, Desdier Cristol ; je la cite d'après la première édition, qui est de 1505 : « Les lers qui sont gros ratz des arbres que aulcuns appellent *ratz grieules* » (fol. XLVIII[a]). Faut-il croire que *grieule* est un élargissement de **griule*, et supposer en latin vulgaire ***glirulus** ? Voir, dans *Zeitschr. f. rom. Phil.*, XXVI, 397, quelques remarques accessoires de Schuchardt].

coudre, etc.), *glirulus est devenu *glilurus, puis *grilurus par dissimilation. *Grilurus, prononcé avec un ĭ bref, comme en témoigne le français *loir* et *lérot*, aboutit régulièrement à *greure*, forme usitée sporadiquement dans le Midi de la France, et d'où est sortie, par une nouvelle dissimilation, la forme plus répandue *greule*. Le limousin *reule* présente la chute du *g* initial, que l'on constate aussi dans le français *loir*, *lérot*. Mais les patois méridionaux ont d'autres formes dont je ne m'explique pas nettement l'origine ; je dois renoncer à les mentionner ici.

(Romania, XXVIII, 191).

GUSMET

« Peloton » se dit en béarnais *gusmet* [1] ; « mettre en peloton », *gusmera* [2]. Mistral rattache *gusmet* au provençal *gruméu* ; mais d'où vient le *s* ? Je suppose que *gusmet* est une métathèse de *gumset [3], et contient le même suffixe que *gremissel* étudié ci-dessus. Pour expliquer la disparition de la consonne qui suivait le *g* initial, le patois de l'Armagnac est précieux : il dit *gumet*, *gumera* [4], et nous permet de poser des types étymologiques *glumellum, *glumellare, qui ont donné primitivement *glumel, *glumela, puis *gumel, *gumela, par dissimilation, avant que *l* fût devenu en gascon *t* à la finale et *r* à la médiale. Nous pouvons donc expliquer *gusmet* par *glūmuscellum. Il y a plus d'un indice de l'altération, par étymologie populaire, de glŏmus en *glūmus ; l'influence de grūmus « grumeau », et peut-être de glūma « pel-

---

1. [Un exemple médiéval de *gusmeg* dans la région bordelaise est relevé par Emil Levy, *Prov. Suppl.-Wörterb.*, IV, 221 : « II. *gusmegs* de fiu », *Arch. hist. de la Gironde*, XII, 275].

2. Sur *arroumera*, qui a un sens analogue, voir, ci-dessus, p. 28.

3. [Cf. *grosmé* « peloton de fil », à côté de *gromsé*, dans les patois de Savoie (Constantin et Désormaux)].

4. Renseignements particuliers, [dus à Ch. Samaran, et] relatifs à Sainte-Christie-d'Armagnac. [On trouve aussi cette forme dans les Landes, mais la forme *guhmet* y est plus répandue (cf. la carte 385 de Millardet), ce qui infirme l'existence du type *glumellum et rattache *gumet* à *glumuscellum, avec chute de *s* étymologique].

licule », doit en être la cause. On sait que **glomusculus** est attesté par les gloses de Placidus ; donc ***glomuscellus** va de soi.

(*Romania*, XXVIII, 191).

HARDERIC

Le *Dictionnaire général* a indiqué que le mot *harderie,* donné par les dictionnaires comme un substantif féminin s'appliquant au sulfate de fer, était une faute typographique pour *harderic,* substantif masculin ; mais il n'a pu retrouver l'histoire du mot avant 1694 ni en donner l'étymologie. Félibien enregistre *harderic,* en 1675, comme synonyme de « ferrette d'Espagne ». Il faut vraisemblablement considérer *harderic* comme une altération de l'arabe *hadid* « fer ». Cette idée m'est suggérée par Devic, qui a relevé dans les traités d'alchimie *edic, edich, adid* et *hadid* comme noms du fer [1].

HOTTEUX (A)

A hotteux signifie, dans les cantons d'Amboise et de Bléré, d'après Brachet [2], « en retard ». La graphie bizarre de Brachet prouve qu'il ne s'est pas rendu compte de l'étymologie de cette locution adverbiale. Elle est pourtant bien simple. Il faut entendre « à haute heure ». L'emploi de *haut* dans le sens de « avancé » est bien connu. Qu'il me suffise de renvoyer à l'article *heure* de Nicot, où notre vieux lexicographe explique fort bien pourquoi « *haute heure* se prend pour heure de jour avancée ».

HUREBEC

Littré ne s'est pas aperçu que ses trois articles *hubert, hurebec* et *urebec* devaient être fondus en un seul. Le mot, sous ses formes diverses, désigne un insecte qui ronge la vigne, le peuplier, le bou-

---

1. *Dict. étym. des mots d'origine orientale,* p. 4, article *alchimie.*
2. *Romania,* I, 91.

leau, etc. Eug. Rolland l'appelle *Rhynchites betuleti,* et il cite d'autres formes dialectales : *bêche, érubé, gueribé, garibet,* etc. [1] On trouve *hurbec* dans Godefroy, et aussi *heurebeuf,* qui figure, en 1470, dans un texte orléanais [2]. Personne ne semble avoir remarqué que dès le XIIe siècle Orderic Vital mentionne cet insecte. A propos de pillards, il écrit que « ab eisdem, quibus impudenter nocuerunt, *hilibecci* despective cognominati sunt ». Plus loin, il se sert à deux reprises de *guiribeccus* avec la même application figurée [3]. Je ne suis pas en mesure de donner l'étymologie définitive du mot [4] ; mais il m'a paru utile de faire ce rapprochement [5].

1. *Faune pop.,* III, 347. [Cf. l'art. *coigniau* de Godefroy].

2. Godefroy a joint à l'exemple orléanais deux textes fribourgeois, où il s'agit probablement de tout autre chose ; [il a en outre un article *urebec* dans son Complément, X, 823]. Le Dr Dorveaux me signale *hurebec* dans Lisset Benancio, *Declaration des abus...,* Tours, 1553, f° 13 r°. [J'ai relevé moi-même dans les *Adages et proverbes de Solon de Voge* (dus à Jean Le Bon), 3e partie (1577), feuille L, cet intéressant adage : « aloby comme vn *hurebec de bourgeon* »].

3. Voir l'article *guiribeccus* de Du Cange.

4. [Schuchardt y voit (*Zeitschr. f. rom. Phil.,* XXVI, 394-6) un composé germanique ***werribel,** de **wiebel** « charançon » et de **werre** « courtilière », dont la désinence a été de bonne heure contaminée, dans les dialectes français, par *bec,* etc. Cf. J. Haust, *Étym. wall. et franç.,* p. 283-4. — Noter que le charançon du blé est appelé *bequeru* par O. de Serres, II, 7, à qui Cotgrave a emprunté ce mot, et que le même nom s'applique encore aujourd'hui, malgré le silence de Mistral, au *Rhynchites betuleti* ; voir J.-H Fabre, *Souvenirs entomolog.,* 7e série, 2e éd., p. 145-7].

5. [Mon confrère G. Bataille me signale un exemple intéressant dans P. de Changy, *Institution de la femme chrestienne* (Paris, 1543), f. XXXVI : « prendre et oster les regnardeaulx, et *vrebers* qui degatent les jeunes vignes ». Ce livre de P. de Changy, réimprimé par A. Delboulle (Le Havre, 1891), est une traduction de J. L. Vivès, *De officio mariti...* (Bâle, s. d.) ; on lit seulement dans le texte latin, p. 326, comme dans la Bible : « capite nobis uulpes paruulas, quæ demoliuntur uineas ». Il est plus curieux de retrouver notre insecte dans un roman célèbre d'Anatole France, *la Rôtisserie de la Reine Pédauque,* que je cite d'après l'édition de 1893 : « Elle [la vigne] est toute gâtée de *fleurebers* et de vermines » (p. 350) ; « sans les *fleurebers* nous en aurions bien davantage [du vin] » (p. 365). On peut conjecturer (hypothèse d'un de mes auditeurs, mon confrère E. Lyon, faite dans une de mes conférences à la Sorbonne) que le groupe initial *fl* est une erreur graphique pour *h*, bien que le manuscrit original porte nettement, à trois reprises, *fleurebers* (Bibl. nat., n.

INMENCE

Jaubert enregistre le substantif féminin *inmence* « intelligence », usité dans l'ouest du Berry. Il le rattache au latin **mens, mentis,** et y voit le contraire de *démence*. En réalité, nous avons affaire à un dérivé de l'ancien verbe *esmer* ou *aesmer*, qui est le latin **æstimare** ou ***adæstimare** « estimer, juger ». On trouvera dans Godefroy plusieurs exemples de *esmance* et de *aesmance* [1]. De l'*inmence*, c'est, comme nous disons familièrement, de la « jugeotte »; mais les Berrichons ont oublié depuis longtemps le verbe qui a servi à former le substantif [2].

IVIÈRE [3]

Grandgagnage tire le mot wallon *ivière* « neige » du latin **hiberna** [4]. Je crois qu'il faut voir dans *ivière* une aphérèse pour **nivière* [5], du latin **nivaria**, que possèdent presque toutes les langues romanes [6] : provençal *neviera* « nappé de neige », espagnol

acq. fr. 10808, fol. 167 et 197). Une demande d'éclaircissement, adressée par moi à l'éminent écrivain, est restée sans réponse].

1. Un exemple se dissimule, par suite d'une fausse lecture, à l'article *aafinance*, où il faut lire *aasmance*. [Le normand *immense* « grande quantité » (Du Bois), rapproché dubitativement du berrichon dans les *Additions* de ma première édition, n'a rien à voir ici : c'est manifestement un emploi substantivé de l'adjectif *immense*].

2. C'est ainsi que dans tout le Midi (y compris le Limousin et le Forez) le substantif verbal *esme* est encore très vivant, bien que le verbe *esmar* ait disparu. Il en est de même en Belgique ; cf. *ème* à Faymonville dans *Bull. Soc. litt. wall.*, L, 562].

3. [Cet article est sans valeur, comme je l'ai reconnu dans mes *Nouv. Essais*, p. 284-5. A Horning revient le mérite d'avoir montré que *ivière* est une forme erronée pour *ivier* (lat. **hibernum**), mot qui, dans les Ardennes, signifie à la fois « hiver » et « neige » (*Zeitschr. f. rom. Phil.*, XXVII, 147)].

4. Littré reproduit et approuve cette étymologie, *Hist. de la langue franç.*, 6ᵉ éd., II, 141.

5. Pour la chute du *n* initial, voir ci-dessus, p. 9, l'art. *aiger*.

6. Le mot n'est pourtant pas dans Körting. [Il est dans le *Rom. etym. Wörterb.* de Meyer-Lübke, nᵒ 5931, où il faut supprimer la mention du wallon].

nevera « glacière », italien *nevaio* « grande quantité de neige », etc. [1].

JABLE

Les tonneliers appellent *jable* à la fois la rainure pratiquée dans les douves pour recevoir le fond du tonneau, et le rebord formé par la partie des douves qui dépasse le fond. Les potiers appliquent, par analogie, le mot de *jable* à la jonction du corps d'un vase avec le fond. Dans des textes de Nevers, cités par Godefroy, *jable* est employé au sens de « chanlatte ». Le provençal moderne dit *gaule* et le limousin *jaule* pour le « jable » d'un tonneau. On peut proposer l'allemand **gabel** « fourche », comme étymologie [2]. Dans ce cas, le *jable* serait primitivement l'angle formé par l'intersection des douves et du fond du tonneau [3].

Godefroy a réuni à l'article *jable* deux exemples de *gable* au sens de « fronton ». Ce sens appartient, comme on sait, à l'allemand **giebel**, auquel correspond le norois **gafl**. Faut-il supposer une confusion entre **gabel** et **giebel**, ou admettre que **giebel** ait abouti à *gable* ?

JADE

Une obligeante communication du Dr James A. H. Murray [4] me permet de compléter le *Dictionnaire général*, lequel, comme celui de Littré, déclare l'origine de *jade* inconnue. Les auteurs espagnols du XVIe siècle appellent cette pierre « piedra de la *ijada* », parce qu'elle passait pour guérir les coliques de la région iliaque

---

1. Oudin donne aussi en italien *nevera* « lieu où l'on conserve la neige pour rafraischir le vin » ; ce mot est emprunté à l'espagnol.

2. Le celtique offre aussi la même racine avec le même sens ; cf. Thurneysen, *Keltorom.*, p. 63.

3. [Schuchardt, qui n'admet pas la connexion des idées « angle » et « fourche », a écrit quatre pages sur *jable* et ses synonymes dans beaucoup de parlers romans et autres (*Zeitschr. f. rom. Phil.*, XXVI, 414-8) : j'y renvoie le lecteur, sans phrases].

4. Cf. l'*Athenaeum* de 1900, p. 513 et 549.

(en espagnol *ijada*). Dans l'édition de 1655 des lettres de Voiture, on lit, p. 47 : « Pour ce coup, *l'Ejade* a eu pour vous un effet que vous n'attendiez pas d'elle ». On a donc dit d'abord, en français, *ejade* (pour *ijade*) et le mot a été féminin, comme l'espagnol *ijada*. Par la suite, il y a eu méprise sur la forme et sur le genre du mot : au lieu de *l'ejade*, on a coupé *le jade*, ce qui a faussé le genre du mot. Richelet et Furetière ne connaissent que *jade*, substantif masculin. Le dernier fait remarquer que quelques-uns disent *yade*.

JAGONCE

L'ancien français *jagonce* désigne la pierre précieuse que nous appelons aujourd'hui « hyacinthe » ou « jacinthe »[1]. Ménage a le mérite d'avoir rattaché *jagonce*, qu'il avait lu dans le *Roman de la Rose*, au latin **hyacinthus**, grec ὑάκινθος. Il est clair que la désinence provient de l'emploi comme substantif de l'adjectif féminin ***hyacinthia**. Mais comment rendre compte du passage tout à fait insolite de l'*i* étymologique à l'*o* français ? On peut supposer une confusion entre **hyacinthus** et le nom de l'île de **Zacynthus**, Ζάκυνθος, aujourd'hui Zante[2].

JARSE

Godefroy a relevé le mot *jarse* dans ces vers de La Boderie :

Blanches toisons
De *jarses* et brebis.

---

1. Quoique Godefroy n'indique pour *jagonce* que le genre masculin, le mot est le plus souvent féminin en ancien français.

2. Cette hypothèse a été proposée à une de mes conférences de la Sorbonne, il y a quelques années, par un étudiant dont je regrette de ne pas avoir retenu le nom ; elle me paraît excellente. [Je n'en juge plus de même depuis que Schuchardt a demandé aux langues orientales, et avant tout au syriaque *jakunta*, l'explication de l'*o* de l'anc. franç. *jagonce*, *jargonce*, de l'ital. *giargone* (d'où le franç. *jargon* « diamant jaune », etc.) ; voir *Zeitschr. f. rom. Phil.*, XXVII, 398, et 588, et surtout XXVIII, 146-156].

Il traduit prudemment par « sorte d'animal ». La Boderie était Normand, comme on sait. Les patois normands ont conservé le mot jusqu'à nos jours sous les formes *gerse, gearse, gerche, gerque* ; le sens flotte, selon les lieux, entre « jeune brebis, brebis pleine, vieille brebis » [1]. Dans le Bas-Maine, *jarse* signifie « petite brebis » [2]. Dans le cartulaire de la Trinité de Caen, on trouve le bas-latin *jercia* et le français *gerce*, au sens de « jeune brebis » [3]. Il faut évidemment rapprocher *jercia* et *gerce* de *germia, germgia, jermgia, gergia*, termes qui reviennent plusieurs fois dans le polyptyque de l'abbé Irminon, où ils paraissent désigner la brebis mère primipare. Les textes wallons du moyen âge nous offrent aussi *germe, germette* (dans Froissart) et *germelette*. Les rapprochements tentés avec le latin **gerere** ou **vervex** ne valent certainement rien ; le type étymologique paraît avoir flotté entre ***germica** et ***germicem** [4].

(Romania, XXIX, 180).

1. Du Bois et Fleury.

2. Dottin.

3. Du Cange, [additions des Bénédictins], v° *gercis* [« inter *gerces* et *hogastres* »] et v° *jercia* [« inter *arietes* et *jercias* ». La forme *gerce* figure dans un passage de Robert de Gretham, auteur qui composait en Angleterre au milieu du XIIIe siècle (*Romania*, XXXII, 36) :

Et il cent gerces de ceo acata.

Le mot *hogastre*, non relevé par Godefroy, qui, dans un passage du cartulaire cité, s'oppose à *gerce* (comme, dans l'autre, *aries* est opposé à *jercia*), signifie ici « agneau mâle » ; cf. Du Cange, v° *hogaster*, et James A. H. Murray, *New English Dict.*, v° *hoggaster*. Le diminutif *jercions* (au plur.) figure dans un texte anglais de 1332-3 (Murray, *loc. laud.*); on lit à deux reprises *hogs* et *jercs* dans un autre texte anglais, d'environ 1350 (id., v° *hog*)].

4. [Behrens, dans un article très documenté (*Beiträge*, p. 112-3), révoque en doute la parenté du mot wallon et picard *germe* (var. *gerne, gernon*), qu'il tire du latin **germen**, avec le mot *gerce, jarce* normand et manceau, sur l'origine duquel il ne se prononce pas. Le néerlandais et le bas-allemand désignent la jeune brebis par des termes tels que *garm, germ, girm, germchen*, etc., dont le rapport avec le wallon-picard est frappant. Behrens laisse aux germanistes le soin de décider s'il s'agit d'un emprunt au latin, ou s'il faut reconnaître en germanique l'existence d'une racine indigène ; je n'ai pas qualité pour décider sur ce point spécial. En tout cas, je ne crois pas que l'existence du prov. *feda* « brebis », où Behrens voit une évolution sémantique identique à celle qui, partant de **germen**, aurait abouti à

JARSON

Chambure donne *jaiceron* « dard, aiguillon », qu'il rattache au latin **jaculus**, et *jaisson* « langue de serpent, dard de l'abeille, de la guêpe, etc. ; au figuré, mauvaise langue », qu'il tire de **gæsum**, javelot gaulois [1]. Il a tort de ne pas admettre la parenté de ces deux mots morvandeaux, mais il les rapproche avec raison du berrichon *gesson* [2], du franc-comtois *dzaiçon*, du champenois *jarson*, qui ont le même sens, et du franc-comtois *jâci* « piquer ». Le champenois laisse transparaître l'étymologie : nous avons affaire soit à des diminutifs de l'ancien français *jarse* « lancette à scarifier » [3], tiré lui-même du verbe *jarser*, aujourd'hui *gercer*, dont l'étymologie définitive n'est pas encore établie [4], soit à des dérivés directs de ce verbe [5].

(*Romania*, XXIX, 180).

JAZERÈNE

Grandgagnage explique le mot wallon *jâzerène* « bruant jaune » comme étant probablement un dérivé du verbe *jaser*. Il faut plutôt y voir un féminin récent de l'ancien mot *jazerenc*, conservé, sous les formes *jaseran, jaseron*, au sens de « collier d'or » [6]. C'est la couleur jaune d'or de l'oiseau qui lui aura valu son nom. On sait que l'oronge, champignon jaune, est appelé *jaseran, chaseran*, etc., dans une partie de la Bourgogne, de la Lorraine et du Barrois [7].

---

germe, gerne, favorise son étymologie, car *feda* représente le latin **feta** « femelle qui a mis bas », et non **fetus** « fœtus, germe »].

1. Étymologie donnée déjà par Ribault de Laugardière et, d'après lui, par Jaubert, v° *gesson*.

2. [Cf. l'adjectif *gessonneux* dans Godefroy].

3. Godefroy, v° *jarse*, traduit bizarrement par « sorte d'arme ».

4. [Le *Dict. gén.* donne à tort *jarcier* comme étant la forme ancienne de *gercer*. Cf. J. Haust, *Étym. wall. et franç.*, p. 106-7].

5. [Cf. lyonnais *jar, jer, jor* « dard des abeilles » (Nizier du Puitspelu)].

6. *Essais de phil. fr.*, p. 406 et 410.

7. [Rolland, *Flore pop.*, XI, 137 ; cf. Duchesne, p. 351].

JÈ

Je relève l'article suivant dans le *Glossaire du patois du Bas-Maine* de Dottin : « *Jè,* masc. Pierre argileuse peu compacte qui tombe en écailles ». Je n'hésite pas à reconnaître dans ce *jè* un ancien **ges,* et à le rattacher au latin **gypsum** « pierre à plâtre, gypse », comme le provençal *geis,* l'italien *gesso,* l'espagnol *yeso,* etc. Godefroy donne plusieurs exemples de *gip, gif, gis, gist, gy,* dans le même sens, mais ce sont là des mots à demi savants. Jusqu'ici, nous n'avions pas de forme établissant sans conteste que **gypsum** eût continué à vivre dans le latin populaire du nord de la Gaule, malgré la concurrence de *plâtre;* le patois manceau vient combler cette lacune.

JOUCLIA

Le lyonnais *jouclia* « courroies qui lient le joug au front des bœufs » correspond au vivarais *dzouclia* et au dauphinois *joucle.* C'est ce qu'indique N. du Puitspelu ; mais il n'est pas possible de réunir ces formes (et les formes plus méridionales *jousclo, jusclo,* qui sont dans Mistral, à l'article *counjounglo*) à celles des patois qui ont *l* mouillé, pour les ramener toutes au même type étymologique ***jŭgula**. Je propose ***juxtula**, tiré de ***jŭxtare**, comme ailleurs ***jŭgula** a été tiré de **jŭgare**. On sait que le **x** de ***jŭxtare** s'est de bonne heure changé en **s** (d'où l'ancien français *joster,* et non **joistier*) : par conséquent, on a dû prononcer très anciennement, en latin vulgaire, ***jŭstula**, puis ***jŭscla** [1].

(Romania, XXIX, 181).

LACHUSCLO

Le provençal moderne nous offre, pour la dénomination de l'euphorbe, une série de mots qui remontent manifestement à

---

1. Cf. l'article *jusclaine* de Littré. [Il faut signaler surtout *joskles* dans Raschi (cf. *Romania,* XXXIX, p. 111). En Franche-Comté, on prononce, au pluriel, *zeûclè, dzeucllè,* que Dartois (p. 213) relève et rattache au grec ζεύγλη].

un type du latin vulgaire *lactuscula : *lachusclo, lachousclo, chusclo, chousclo, jusclo, jousclo* [1]. Je ne me hasarderai pas à décider si le type latin primitif est *lactūscula ou *lactŭscula [2] ; en tout cas, il me semble qu'il faut admettre de très bonne heure l'existence simultanée de la forme avec un **u** long et de la forme avec un **u** bref. A ma connaissance, on n'a pas encore signalé dans les langues romanes l'existence d'un suffixe '-uscus ; il faut pourtant lui faire une petite place, au moins dans le règne végétal. Si le radical de **labrusca** n'est pas clair, il est difficile de ne pas rattacher **asinusca** à **asinus**, **atrusca** à **ater**, et **mollusca** à **mollis** : ces quatre mots datent de l'antiquité. A une époque un peu plus récente, nous voyons apparaître **amarusca** formé sur **amarus** [3]. Le provençal moderne désigne le raifort sauvage par le mot *rabuscle* : il est clair que *rabuscle* postule ***rapusculum**, dans le sens du latin classique **rapistrum**. Peut-être faut-il aussi reconnaître le suffixe **-usca**, au moins à l'origine, dans le français dialectal *raveluche*, mot qui se présente avec beaucoup de variantes désinentielles [4].

(Romania, XXIX, 181).

LAMBERGE

Le comte de Montesson enregistre le mot *lamberge* comme le nom porté, dans le Haut-Maine, par « une herbe sauvage puante ». Ce mot n'est pas dans Dottin sous une forme identique, mais

---

1. Il a été traité plus haut, p. 109, du montpellierain *ginouscla*, qui postule *lactinuscula.En Rouergue, on dit *lachuscle* au masculin, et non *lachusclo* comme ailleurs : faut-il admettre que dès l'époque antique le latin de la Gaule a eu *lactusculum à côté de *lactuscula ? Mistral enregistre aussi *lachusco*, qui semble remonter au simple *lactusca.

2. [Le provençal médiéval connaît *lachuscla*, qui représente *lactūscula ; ce mot, qui manque dans Raynouard, mais qui a été recueilli par Emil Levy, figure dans un texte publié dans *Romania*, XII, 103 : « titimal autramen apelada *la chuscla* (lire : *lachuscla*) »].

3. Cf. l'article *maroute*, ci-dessous, p. 139.

4. Voir Rolland, *Flore pop.*, II, 72. [Cf. J. Haust, *Étym. wall. et franç.*, p. 202-3].

il y est facile à reconnaître dans *rāberj, rēberj* et *roberj*, noms de la mercuriale dans le Bas-Maine. Littré donne *ramberge* « nom, dans les Côtes-du-Nord, de la mercuriale annuelle » [v° *ramberge* 2, sans étymologie], et Nemnich *rimberge* [1]. J'ignore d'où vient ce nom de la mercuriale [2] ; je voulais seulement signaler l'exemple intéressant de dissimilation que nous offre la forme *lamberge*, pour *ramberge* [3].

LAMPRESSE

On appelle *lampresse*, sur les bords de la basse Loire, un filet du genre des demi-folles, qui sert à la pêche des lamproies [4]. Ce mot est évidemment un adjectif féminin employé substantivement ; son emploi primitif s'est conservé, sur les côtes de l'Océan, dans

1. *Polygl. Lexicon*, III (1794), 358. [On trouvera beaucoup de variantes dans l'*Atlas linguistique* de Gilliéron et Edmont, carte 840 (*mercuriale*), parue en 1905, et dans Rolland, *Flore pop.*, t. IX, paru en 1912, p. 254].

2. [Ménage, qui a signalé l'existence de *ramberge* dans le patois de l'Anjou (*Dict. étymol.*, paru après sa mort, en 1694), a fait le même aveu : « Il y a 56 ans que je cherche l'étymologie de ce mot... sans la pouvoir trouver ». Les remarques ajoutées par Le Duchat et Jault, dans l'édition de 1750, sont sans valeur. Schuchardt (*Zeitschr. f. rom. Phil.*, XXVI, 396-7) fournit de bons rapprochements, mais ne résout pas le problème. Schultz-Gora (*Archiv* de Herrig, 1923, p. 270) y voit, sans vraisemblance, le nom propre de femme *Ramberge*].

3. [C'est la loi XIV de Maurice Grammont (« implosive dissimilé intervocalique »), étant entendu que l'auteur assimile l'initiale à l'intervocalique. L'*Atlas linguistique* et la *Flore populaire* attestent que la forme avec *l*, moins fréquente de beaucoup que celle qui offre *r*, existe dans les départements suivants : Corrèze, Creuse, Deux-Sèvres, Dordogne, Ille-et-Vilaine, Maine-et-Loire, Sarthe, Vendée. L'antériorité de la forme *ramberge*, mise en doute par Schuchardt, me paraît certaine : c'est la seule qui soit attestée anciennement (dès le début du XVIe siècle, dans le célèbre livre d'heures d'Anne de Bretagne, non cité par Rolland ; voir J. Camus, *Nom des plantes du livre d'heures d'A. de B.*, Paris, 1894, p. 27). C'est à tort que Rolland attribue à la mercuriale l'ancien français *roberge*, qui figure quatre fois dans des recettes du commencement du XIVe siècle, publiées par P. Meyer (*Romania*, XXXVII, 376) : comme l'éditeur l'indique dubitativement, il s'agit du *Geranium Robertianum* des botanistes, vulgairement *herbe à Robert*, plante dont le nom, dans la période moderne, a souvent supplanté celui de la mercuriale ; cf. Schuchardt, *loc. cit.*].

4. Voir Littré et les dictionnaires spéciaux.

l'expression *anguille lampresse*, qui désigne une variété d'anguille ressemblant à la lamproie [1]. C'est ainsi qu'on nommait autrefois *truite saumoneresse* [2] la truite qui rappelle le saumon et que nous qualifions aujourd'hui de « saumonée ». *Lampresse* doit être considéré comme une contraction d'une forme primitive **lampreeresse*, qui est à *lamproie* dans le même rapport que *saumoneresse* à *saumon*, et qui a dû passer par les étapes **lampreresse*, **lamperresse*, **lamperesse*, comme le fer à gaufres ou *fer waufrerez* nous apparaît dans les textes anciens sous les formes *wauferrès, wauferès, waufrès* [3]. On a formé de même *anwillerech*, dans le dialecte picard, sur *anwille* « anguille » [4]. Je suis porté à croire que le terme *ableret* — malgré la forme féminine *ablerette* —, qui désigne le filet avec lequel on pêche les ables, doit son nom au même procédé de dérivation, et n'est pas un diminutif de *ablier*, comme le dit Tobler [5]. Notre langue emploie fréquemment ce suffixe, soit avec les noms, soit avec les verbes. Bien que Meyer-Lübke déclare que le français en offre peu d'exemples [6], j'en connais pour ma part plus de cent. Il est inutile de les produire ici [7]. Mais il est bon de remarquer que la combinaison des suffixes **-arius** et **-icius**, qui lui a donné naissance, s'est produite dès le temps de l'Empire : Flavius Vopiscus emploie déjà **sigillaricius**, et le scholiaste de Juvénal, **capsaricius** [8]. Plus tard, on trouve **canis porcaricius, ursaricius** « chien à chasser le sanglier, l'ours » et **vaccaricia** « étable à vaches » dans la *Lex Alamannorum*; **Rotaricias**, nom propre de lieu, au moyen âge *Rodaressas*, aujourd'hui *Roudersas*, hameau de la commune de Royère (Creuse), dans une charte de 626 ; **capraricia** « étable à chèvres » dans le capitulaire *De Villis*, etc.

(*Romania*, XXVIII, 195).

1. Lemarié, dans Rolland, *Faune pop.*, III, 97.

2. L'expression est dans le *Viandier* de Taillevent.

3. Voir l'article *waufret* de Godefroy. J'ai étudié ce cas de dissimilation, pour le français dans mes *Essais*, p. 365, et pour le provençal ci-dessus, p. 116.

4. Godefroy, art. *anwillerech* et *villerec*.

5. *Sitzungsber.* de l'Académie de Berlin, 19 janv. 1893.

6. *Gramm. des lang. rom.*, II, § 417.

7. Voir, ci-dessus, l'art. *auvereche*, p. 33.

8. [Ce mot paraît fautif, et il ne faut pas en tenir compte ; voir le *Thesaurus ling., lat.*].

LIOUBE [1]

Certains charpentiers de marine appellent *lioube* « l'entaille qu'il faut faire pour enter un bout de mât sur la partie qui est debout lorsqu'un vaisseau a été démâté par un gros temps ». Enregistré en 1694 par Thomas Corneille, le mot *lioube* figure depuis dans tous nos grands dictionnaires, ainsi que ses dérivés les verbes *liouber* et *enliouber* [2]. Je crois que ce terme de charpente maritime est emprunté au patois saintongeais. D'après Jônain, qui écrit *lloube*, le mot désigne, en Saintonge, « un morceau de bois ou de fer fendu pour retenir quelque chose, la chandelle de résine, par exemple, le linge étendu, le nez du troupier qui a perdu au jeu de la drogue, etc. [3] ». Il me paraît certain que le son initial du saintongeais ne peut remonter qu'à un type étymologique **gl**. *Lioube* doit venir de *glŭpa, comme *loube* « louve » vient de **lŭpa**. Je suppose que *glŭpa a existé en latin vulgaire, et que c'est une transcription du grec γλυφη « entaille ». On a d'autres exemples de la correspondance de l'u et du p latins à l'υ bref et au φ grecs [4].

---

1. [En réimprimant cet article, je tiens à avertir le lecteur que j'ai depuis longtemps abjuré l'étymologie par le grec, que j'y proposais, pour me rallier à la manière de voir de Behrens, qui fait appel à un substantif verbal tiré de l'allemand **klieben** « fendre » (cf. l'art. *lioube* de mes *Nouv. Essais*, p. 291-2). A la bibliographie indiquée par Meyer-Lübke, *Rom. etym. Wörterb.*, n° 3790, il faut ajouter G. Bertoni, *Kluba, tubrucus ed altre note etimol. alto-italiane* (Modène, 1916 ; tiré à part des *Atti e memorie della R. Dep. di Storia patria*)].

2. On est surpris de ne trouver aucun de ces mots dans le *Gloss. nautique* de Jal.

3. Le mot existe aussi dans le sud du Poitou ; cf. les articles *gloube* et *engloubi* de l'abbé Lalanne.

4. Il faut probablement rattacher au même radical le berrichon *égliober* (où *gli* n'est que la notation de *l* mouillé), qui veut dire « éclater », en parlant du déchirement longitudinal des fibres ligneuses (Jaubert), et le poitevin *egloubai* « détacher, en tirant, une petite branche d'une plus grosse » (abbé Lalanne).

LIST

Il n'y a pas d'article *list* dans Godefroy, bien que *list* figure
dans un passage du *Livre des Mestiers* : « Nus ne puet ne ne doit
metre contresangles ne autre harnais a some qui ne soit boens et
loiaus, c'est a savoir que il n'i ait un *list* de couane, c'est a savoir
de cuir de truie, ou qu'il i ait au mains un *list* de cuir neuf qui
autant vaille » [1]. Les éditeurs, il est vrai, considèrent *list* comme
une mauvaise graphie pour *lit*, et ils entendent « couche ».
Cette explication ne me séduit pas. Ne pourrait-on admettre en
ancien français une forme masculine *list*, synonyme de *liste*, aujourd'hui *litre* « bande » [2] ? Cette forme est encore vivante, sem-
ble-t-il, dans les patois et dans la langue technique. Dans le
Maine, *li* signifie « lisière d'étoffe » et « jarretière ». Littré donne, a
la suite de l'article *lis* 1 (la fleur bien connue) relatif à trois autres
articles, à savoir : *lis* 2 « bord de la laize d'une toile à voile » ; *lis* 3
« filet de soixante-dix rangs de maille, dit aussi dreige » ; *lis* 4
« grosse dent de l'extrémité d'un peigne de tisserand » [3]. Je ne
sais que penser de *lis* 3 [4]. *Lis* 2 est bien clairement identique au
manceau *li* « lisière » ; il en est de même de *lis* 4, terme qui
n'est pas exactement défini par les dictionnaires. Savary des Bruslons l'a relevé dans un règlement de 1700 sur la fabrication des
toiles, où un article dit que les toiles « seront faites dans les lames
également compassées, tant au *lis* qu'au milieu » [5] ; il en a conclu
que *lis* « signifie à peu près ce qu'on entend par les gardes du rôt,
c'est-à-dire les grosses dents qui sont aux extrémités du peigne ».

1. Ire partie, LXXVIII, 36.

2. L'italien a *listo*, à côté de *lista* ; mais le prov. *listre*, mentionné par Diez
et par Littré, d'après le *Lexique roman*, n'existe pas. Raynouard lui-même s'est
aperçu qu'il fallait lire *per listr'e per drap*, et non *per listre*, dans la tenson de
Magret et de Rainol, où figure ce mot ; *listr'* est pour *listra*.

3. On peut ajouter à ces quatre subdivisions le terme de marine « *lit* du
vent », écrit *lis* par Nicot, et que Jal rattache à *liste* ou à *lisière*.

4. [Schuchardt explique fort bien, par la longueur et l'étroitesse du filet dit
lis, le rapport de ce mot avec les autres (*Zeitschr. f. rom. Phil.*, XXVI, 409].

5. *Dict. du commerce* (1723), art. *lis*.

Jeme figure que *lis* veut simplement dire « bord », et s'oppose à
« milieu ».

En finissant, il est bon de dire que, dans les patois actuels, *li*
peut aussi bien représenter le primitif de *lisière* [1] que l'ancien
français *list*.

LOUATEURE

Il n'est pas bien criminel de penser au latin **ligatura** pour expliquer le morvandeau *louâteure* « lien de paille qu'on emploie
pour les petites gerbes » ; pourtant Chambure a eu la sagesse de
dire « peut-être ». Un autre article du *Glossaire du Morvan* est
ainsi conçu : « *Rouâteule*, lien qui sert d'attache aux gerbes pendant la moisson. Du l. **rotella**, petite roue ». Cette fois, adieu
prudence ! Chambure n'a même pas songé à rapprocher *rouâteule* de *rouâter*, qui le précède immédiatement, et qui signifie
« frapper avec une rouette ». *Rouâteule* et *louâteure* sont deux
dissimilations divergentes d'un même original *rouâteure*, plus
anciennement *reorteure*, qui représente un type schématique
retortatura.

(*Romania*, XXIX, 182).

LUBERNE

Les peaux de *luberne* figurent assez souvent dans les textes
français du moyen âge. Le glossaire du *Livre des Mestiers* traduit
luberne par « léopard femelle », et Godefroy a fait sienne cette traduction en y ajoutant « panthère ». Raynouard a relevé *loberna*
dans le cartulaire de Montpellier, et a traduit par « peau de loup ».
Il s'agit effectivement de peaux de loup, mais d'un loup d'une
espèce particulière, le loup-cervier. Brunetto Latino le dit en
propres termes, et je ne sais pourquoi on ne l'a pas cru : « Une

---

1. Ce qui a été dit de plus vraisemblable sur l'étymologie de *lisière* est dans
Mackel, p. 108 ; l'auteur le tire de la racine germanique **lis**, qui se trouve, par
exemple, dans l'allemand **geleise**, autrefois **leise** « ornière ».

autre maniere de loup sont, que on apele cerviers ou *lubernes* » [1].
Aujourd'hui encore, le loup-cervier s'appelle *loberno* en galicien [2].
Le mot *luberne* doit nous être venu d'Espagne, par le commerce
des fourrures. D'après Savary des Bruslons, les peaux de loups-
cerviers manufacturées en France venaient du Levant (par Marseille), de Moscovie et d'Espagne.

Loberno, *loberna* nous offre un exemple intéressant de l'emploi
du suffixe latin **-ernus**, car il suppose un type étymologique
***lupernus**, ***luperna** [3].

LUMIGNON

Scheler a justement contesté [4] l'étymologie courante de *lumignon* par ***luminionem**, de **lumen**, puisque l'ancien français dit
limegnon, *limignon*, *lemignon*, formes inexplicables avec **lumen**
comme point de départ. Il a été moins heureux en cherchant
à rattacher ce mot à **ellychnium**, grec ἐλλύχνιον « mèche », de
λύχνος « lampe », et il n'y a qu'à faire litière de tous les exemples
du bas-latin qu'il a entassés. A titre d'hypothèse, je propose
***liminionem**, de **limen** « seuil ». On peut suposer que ***limi-
nionem** s'est appliqué à l'extrémité de la mèche qui dépasse le

---

1. Exemple cité par Godefroy. [On trouve la forme *leuberne* dans un poème
(fragment) sur Philippe Auguste, récemment découvert à Édimbourg, comme
traduction du lat. *lynx* ; voir *Romania*, XLII, 16, n. 1].

2. Une note de Mme Michaelis de Vasconcellos (*Zeitschr. f. rom. Phil.*, XXV,
169) m'apprend que, parmi les peaux mentionnées dans les anciens textes portugais, figurent les peaux de *luberno* ; l'éminente romaniste déclare d'ailleurs
que ce mot lui est inconnu et l'identifie avec *lubezno* « jeune loup ». On voit
que le galicien n'est pas monnaie courante, même à Lisbonne.

3. Ce n'est qu'une coïncidence fortuite, probablement, que l'existence en breton du mot *louarn* « renard », au moyen âge *louvern*, évolué phonétiquement
d'un primitif ***luperno**. [D'autre part, Schuchardt, constatant que le galicien
appelle le loup-cervier aussi bien *lobezno* que *loberno*, voit dans cette dernière
appellation un simple cas de rhotacisme pour *lobezno* < ***lupicinus**, et non le
représentant d'un type latin ***lupernus** (*Zeitschr. f. rom. Phil.*, XXVI, 422-
3) ; son opinion est approuvée par Meyer-Lübke, *Rom. etym. Wörterb.*, n° 5169,
et je m'y rallie à mon tour].

4. *Romania*, IV, 460.

bec ou orifice de la lampe romaine, et qui se tient, pour ainsi
dire, sur le seuil [1].

(Romania, XXIX, 183).

MAGUELET

On lit dans Rabelais, II, 34 : « Coquins de villages qui fou-
gent et escharbottent la merde des petiz enfans en la saison des
cerises et guignes, pour trouver les noyaulx et iceulx vendre
es drogueurs qui font l'huyle de *maguelet* ». Pierre Borel
traduit *maguelet* par « senelle, fruit de l'aubépine », et la plupart des commentateurs de Rabelais se rangent à cet avis.
Le Duchat pense que le mot « pourroit bien avoir esté
fait de *amygdaletum* ». On a rapproché aussi *maguelet* de l'italien *macalepo*, qui est traduit dans Oudin par « sorte de parfum
fort doux ». Là est la bonne voie [2]. *Maguelet* n'est qu'un doublet
de *mahaleb*, nom spécifique du prunier ou cerisier odorant (*Pru-
nus Mahaleb*, L. ; *Cerasus Mahaleb*, Mill.), dont le bois, la fleur
et surtout l'amande sont utilisés par les parfumeurs. On sait que
mahaleb est l'arabe **mahlab** [3]. Le Dr Paul Dorveaux me com-

---

1. Jules Toutain, maître de conférences à la section des Sciences religieuses
de l'École des Hautes Études, chargé de l'article *lampas* dans le *Dictionnaire
des Antiquités* de Daremberg et Saglio, m'écrit : « Je ne connais aucun texte où
figure le mot **limen** dans le sens de bec de lampe » ; mais il me signale un passage de Pline où ce mot est appliqué au détroit des colonnes d'Hercule (III, 1,
1), et il se demande si, par analogie, **limen** n'aurait pas pu être appliqué « au bec
étroit des lampes antiques » (lettre du 11 juin 1899). [Avec beaucoup d'esprit,
Schuchardt me reproche de n'avoir pas moins d'aberration sémantique, en partant du type **liminionem**, que Scheler n'a eu d'aberration phonétique, en partant du type **ellychnium** (*Zeitschr. f. rom. Phil.*, XXVI, 409-10) ; il s'efforce
de réhabiliter **luminionem** en le considérant comme sorti, sous l'influence
de **lux**, de formes comme **lucinium**, **licinium**, attestées à la basse époque au
sens du classique **ellychnium**].

2. Cotgrave a bien vu l'identité, car il renvoie de *maguelet* à *macaleb* ; mais, à
ce dernier article, il traduit par « Bastard Corall, or Pomander, Privet ». Godefroy copie Cotgrave, sans même citer le passage de Rabelais.

3. Voir Devic, *Dict. étym. des mots d'orig. orientale*, p. 47.

munique un extrait de l'ancienne traduction de Mésué, qui ne laisse aucun doute sur ce que Rabelais entend par l'*huile de maguelet*. Le voici : « Oleum de *almahaleb* fortius est in omni re quam oleum de cerasis, et ejus operatio sicut illius » [1]. On voit qu'il ne faut pas s'en laisser imposer par la déclaration qui se trouve dans quelques éditions : « Oleum de almahaleb non est in usu » [2]. Un commentateur ajoute : « Est *almahaleb* granum cerasi sylvestris ». Un autre, parlant à la fois de l'huile de cerise et de l'huile de mahaleb : « Conficienda utraque ex nucleis » [3]. D'où Rabelais a-t-il tiré *maguelet* ? Il est difficile de le dire avec certitude. Remarquons seulement que l'aspiration arabe est aussi rendue par un *g* dans le languedocien *malaguet* [4], qui offre en outre la métathèse du *g* et de l'*l*. Il est possible que cette métathèse soit postérieure au XVIe siècle, et que, du temps de Rabelais, on ait dit **magalet* à Montpellier, d'où la forme francisée *maguelet*.

MALEVIZ

Le vers 438 du *Voyage de Charlemagne à Jérusalem* se lit ainsi dans le seul manuscrit qui nous ait transmis cette très ancienne chanson de geste :

> Sages fud e membrez plains de *male uiz*.

Dans sa deuxième édition, Koschwitz a corrigé la leçon du manuscrit de la façon suivante :

> Sages fut et membrez et pleins de *mal et viz*.

1. *Mesuæ Opera*, Venise, 1479, fo 35d. L'édition antérieure (vers 1471, s. l. n. d.) porte « oleum de *almachareb* ».

2. Déjà dans l'édition de Venise, 1497, fo 83b.

3. Édition de 1572, fo 171b.

4. L'abbé de Sauvages a l'article suivant : « *Malaghet*, le cerisier sauvage ; son écorce est un fébrifuge ; ses cerises sont amères ; on les vend quelquefois aux apothicaires en marmelade pour le fruit du nerprun ». Duchesne donne *malague* (sic) comme un des noms vulgaires du mahaleb. Mistral donne *malaguet* comme un terme languedocien, et le rapproche du français *mahaleb*, qu'il transforme, par distraction, en *malaheb*.

L'éditeur admet que *viz* est le latin **vitium**, bien qu'il n'y ait aucun autre exemple de cette forme [1] ; l'ancien français dit toujours *vice*, comme le français actuel. Il faut lire en un seul mot *maleviz*, du latin **maleficium**. Nous avons là une formation identique à celle de *beneviz*, **beneficium**, dont il a été question ci-dessus, p. 44.

MARCHEIL

Godefroy a trois exemples de *marcheil* : deux, figurant en vers, montrent que le mot est trisyllabique. Il traduit par « marais, marécage ». Je crois qu'il faut voir dans l'ancien français *marcheïl* un mot correspondant phonétiquement au provençal *mercadil* « place du marché », du latin **mercatum** allongé à l'aide du suffixe -**île** [2]. *Mercadil* n'est pas dans Raynouard, mais son existence en ancien provençal est notoire [3] : il vit encore de nos jours. Mistral donne les formes *mercadil, mercadieu, marcadieu, mercadial*. Le mot est fréquent dans la toponymie de la Creuse : un hameau d'Aubusson s'appelle *le Marchedieu* ; il y avait à Guéret une place et un faubourg portant le même nom, où l'on s'est parfois avisé

---

1. L'idée remonte à Mussafia ; mais l'éminent professeur de Vienne semble en être un peu revenu. Il a tenu, en effet, à rappeler (*Romania*, XVIII, 538) que ce n'était là qu'une conjecture « acceptée peut-être trop précipitamment ». [On peut signaler cependant que, dans le manuscrit d'Oxford de *Girart de Roussillon*, il y a trois fois *mauviz* (= malum vitium), éd. Foerster, v. 814, 820 et 2930 ; la forme populaire *veiz* figure seulement au v. 3866 : Li cons est fel e pleins de molt maus *veiz*].

2. [Dottin enregistre, dans son *Glossaire du patois du Bas-Maine*, « marci, marché », et il ajoute : « Il y avait à Laval la rue du *Marchis* ». On trouve (ou on trouvait) des « places du *Marchis* (ou *Marchix*) » à Dinan (communication de M. Saint-Mleux, 18 mai 1902), à Vitré (*Bibl. de l'Éc. des chartes*, 1902, p. 72) et sans doute ailleurs ; la porte du « *Marchiou* » à Parthenay, etc. (cf. *Romania*, XXXIII, 443)].

3. *Locus vocatus al Mercadilh*, texte de 1250 cité par le Vᵗᵉ de Gourgues, *Dict. top. de la Dordogne*, au mot *mercadil*. Voir en outre dans Godefroy les articles *mercadil*, qui prouve pour Cahors en 1356, et *mercadin* (corrigez *mercadiu*), qui prouve pour Nogaro en 1480 ; [cf. E. Levy, *Prov. Suppl.-Wörterb.*, V, 223]. L'ancien provençal a dû posséder aussi l'adjectif *mercadil*, conservé en béarnais.

de voir, non le suffixe *-il* devenu *-ieu*, mais le nom du Seigneur [1] ;
[et, au xvᵉ s., à Felletin, nous trouvons mentionnée « la rue pu-
blicque du Marchedieu »] [2]. A Herment (Puy-de-Dôme), le champ
de foire s'appelait *marchedial*, et il donnait son nom à une des
portes de la ville la porte du *Marchedial* [3].

MAROUTE

Littré enregistre le substantif féminin *maroute* comme « un des
noms vulgaires de la *marute cotule* (sic), synanthérées, dite aussi
marouelle », sans historique ni indication étymologique. *Maroute*,
qui apparaît dans Cotgrave (1611), est certainement une aphérèse pour **amaroute* : il suffit, pour s'en convaincre, de comparer
les noms provençaux donnés par Mistral : *amaroun* < ***amaronem**, *amarun* < ***amarūmen**, *marousso* < ***amarŭcia** [4]. Cette
plante, l'*Anthemis cotula* des botanistes, est appelée en latin du
moyen âge **amarusca**. Le Glossaire de Tours publié par L. De-
lisle nous offre ce mot glosé par *amerele* [5]. Godefroy a enregistré
ameruche, ameroke ; on peut y joindre [*amerok* dans les *Contes* de
Nicole Bozon et] deux formes où « amour » vient faire concurrence à « amer » : *amouroustre*, dans la traduction de Mondeville, édition Bos, § 1867, et *amourouque*, dans la traduction du

1. D'après Louis Duval, *Esquisses marchoises*, p. 217, un texte de 1499 écrit
Marchatdieu ; L. Duval imprime pour son propre compte *Marché-Dieu*.

2. [*Mém. de la Soc. des Sciences nat. et archéol. de la Creuse*, X, 345].

3. Tardieu, *Hist. de la ville d'Herment*, p. 23 et 112. Il y avait à Peyrat-le-
Château (Haute-Vienne) une porte dite du *Marchedieu* (*Bull. de la Soc. arch.
du Limousin*, XLIX, 259) et à Égletons (Corrèze) une place du *Marchadial*
(Champeval, *Bas-Limousin seign. et relig.*, p. 107). Un des faubourgs de Ber-
gerac (Dordogne) s'appelait *Mercadil*. Dans le Cantal, on trouve comme noms
de lieu *Le Marchadial, Le Marchedial* et *Le Mercadiel*, etc., etc.

4. Duchesne, *Rép. des plantes utiles*, p. 137, donne les noms vulgaires *amou-
roche, chamaran, maroune, maroute*. [Une nomenclature plus complète se trouve
dans Rolland, *Flore pop.*, VII, 31-35].

5. *Bibl. de l'École des chartes*, 1869, p. 331 ; [republié dans l'*Altfr. Uebungs-
buch* de Foerster et Koschwitz, 4ᵉ éd., 1911, col. 213, l. 185. Cf. *emmerele*
dans *Renart le Contrefait*, 26776].

Circa Instans, édition Camus, § 144. Horning a eu occasion de mentionner deux formes de patois actuels dont il explique la désinence par un type -**occa**, le lorrain *aimairoche* et le normand *amoucroque* [1]. Je puis signaler comme représentant très fidèlement le type latin **amarusca**, le blaisois *amaroûche, maroûche* [2]. Enfin je m'aperçois, au dernier moment, que l'*Herbarium* attribué à Apulée nous apprend que la plante dite communément *chamæmelon* s'appelait, en Campanie, **amalocia** et, en Dacie, **amalusta** [3]. Il semble donc que le son *r* se soit introduit dans le nom de cette plante par étymologie populaire, sous l'influence du latin **amarus** « amer ». La désinence-**usta**, si anciennement attestée, rend très bien compte de celle de [l'anc. franç. *amarouste*, ancêtre de la forme actuelle *maroute*; cet *amarouste*, inconnu de Godefroy, se lit dans le célèbre *Livre d'heures* d'Anne de Bretagne, p. 442, comme traduction du latin médiéval **amarusca** [4]].

(*Romania*, XXIX, 183).

MARPRIME

« Dans quelques ports », dit l'amiral Willaumez dans son *Dictionnaire de marine*, « les voiliers donnent le nom de *marprime* à une sorte de poinçon dont ils se servent pour percer les trous dans lesquels ils font passer le merlin employé sur quelques points d'une voile majeure à réunir la toile à la ralingue ». Littré enregistre *marprime* sans étymologie, et le *Dictionnaire général* se contente de la mention « origine inconnue »; Jal omet le mot dans son *Glossaire nautique*. C'est un emprunt assez récent au néerlandais *marlpriem*, que le dictionnaire de Halma (1717) traduit par « aiguille de tré [5] qui sert à coudre les voiles ». *Marlpriem* est claire-

1. *Zeitschr. f. rom. Phil.*, XX, 346.
2. Thibault, *Gloss. du pays blaisois.*
3. Cité dans Forcellini-De-Vit, v° *amalocia.*
4. [Cf. J. Camus, p. 9].
5. Sur le mot *tré*, qui manque dans les dictionnaires français modernes, voir, ci-dessous, l'article *tref*.

ment composé de *marlen* « coudre avec du merlin » et de *priem*
« poinçon ».

(Romania, XXVIII, 197).

MARRASSAN

On lit dans Monluc, au livre cinquième des *Commentaires*,
tome 2, page 363, de l'édition publiée par la *Société de l'Histoire
de France :* « J'avois les deux bourreaulx dernier moy, bien
équippés de leurs armes, et surtout d'ung *marassau* bien tranchant ». L'éditeur, le baron de Ruble, n'a pas jugé à propos de
gloser *marassau*, et c'est probablement pour cela que ce mot
gascon a échappé à Maxime Lanusse, à qui nous devons un bon
travail sur l'influence du gascon au xvie siècle [1]. Notons d'abord
que les anciennes éditions portent *marrassau* [2]. D'autre part,
comme on dit aujourd'hui en gascon *marrassan*, *marransan* ou
marsan, selon les lieux, il y a gros à parier que le secrétaire de
Monluc a écrit *marrassan*, et non *marrassau*. Le mot veut dire
« couperet ». Mistral donne aussi, dans le même sens, le simple
marras, et le dérivé *marrassal* : il rapproche ces mots du latin
machaera et du grec μάχαιρα. Cherchons une autre étymologie.

Mistral nous apprend lui-même que, dans certaines régions,
le provençal moderne *marro*, qui signifie ordinairement « houe,
pioche, rabot de cantonnier », désigne une « hache étroite pour
fendre du bois ». Le latin **marra** est bien connu, et beaucoup
de patois français appellent *marre* la houe ou le hoyau. *Marrassan*

---

1. *De l'influence du dialecte gascon sur la langue française*, Grenoble, 1893.

2. Je n'ai sous les yeux que l'édition de 1661 ; mais on remarquera que
Cotgrave ne donne que la forme *marrassau*, qu'il a certainement prise dans
Monluc. La Curne a bien lu avec deux *r*, puisqu'il définit « cimeterre, sabre à la
mode des Marranes ou Sarrazins » ; ses éditeurs modernes, tout en ayant à la
vedette *marrassan*, ont imprimé *marassau* dans le texte de Monluc. Godefroy
les copie, mais en mettant *marassan*, bien que l'édition de 1661, à laquelle il
renvoie expressément, porte *marrassau*, [comme celle de Lyon, 1593, que j'ai
vue]. Le mot n'a pas été rencontré ailleurs que dans Monluc.

a pour base le simple *marras,* qui est dérivé de **marra** avec le suffixe **-acius,** et qui se retrouve dans l'espagnol *marrazo,* ancien nom de la hache des sapeurs.

MEAISSE

Meyer-Lübke a déjà reconnu que, le mot *mâsse* lequel, dans les patois franc-comtois, lorrains et champenois [1], désigne un paquet de chanvre, formé de plusieurs poignées, vient du latin **metaxa** ou **mataxa,** emprunté du grec μέταξα [2]. Depuis longtemps on avait ramené à la même étymologie le prov. *madaissa* « écheveau, botte », francisé en *madaise* (corrigez *madaisse*) dans un document méridional de 1454, l'italien *matassa,* francisé en *matasse* dans la langue des fabricants de soieries, et l'ancien terme de tisserand *medasche,* signalé par Bourdelot, qui vient probablement du provençal [3]. Le silence de Godefroy pourrait faire croire qu'il n'y a aucun exemple de ce mot au moyen âge dans la langue d'oïl ; ce serait une erreur. Carpentier a relevé, dans un acte de 1402, relatif à Châteauneuf-sur-Loire, l'expression *quatre meesses d'osier,* qu'il a insérée dans Du Cange sous *meisa* 1, confondant à tort *meesse* « botte » avec *maise* « baril ». On dit encore aujourd'hui *maisse* dans le Sancerrois, d'après le Supplément de Jaubert. Godefroy a suivi Carpentier, et il a noyé cet exemple de *meesse* en 1402 dans son article *maise* 2. Il a d'ailleurs mal exploité son propre fonds, car, à l'article *chenove,* il a deux textes de 1339, où on lit : *maaisses de chenove* et *maasses de cenove* [4].

1. [Cf. Baudouin, p. 153 (art. *enmâcher*) et 211 (art. *mâche*) ; Dartois, p. 157 et 243 ; Haillant, p. 368 ; Labourasse (art. *mâche* et *mâse*), Tissot, p. 302. — J. Haust me signale *mâche* « bottelette de chanvre » à Virton (*Bull. du Dict. wallon,* 6e année, p. 19-20) et *mauche* « lien de paille » à Givet (Waslet, *Vocab. wallon,* p. 168].

2. *Zeitschr. f. öster. Gymnasien,* 1891, p. 772 ; [cf. son *Rom. etym. Wörterb.,* no 5403, et noter que le mérite d'avoir trouvé l'étymologie revient au chanoine Dartois].

3. Voir l'article *medasche* de Ménage.

4. [Ces textes ont été relevés par Carpentier et insérés dans Du Cange, art. *massa* 5]. Le polyptyque de Fleury-sur-Loire mentionne des *madascias,* c'est-à-

Toute la section 9 de l'art. *masse* 1 de Littré appartient à μέταξα :
« quantité de marchandises semblables dont le nombre ou le
poids est fixé par l'usage : une *masse* de plumes ; des soies, des
plumes, des pelleteries en *masse*. » Si l'on prend la peine de se
reporter au *Dictionnaire du Commerce* de Savary des Bruslons, on
verra que *soie en masses* est synonyme de *soie en matasses*, et que
les *masses* de plumes d'autruches, de zibelines ou d'hermines sont
analogues aux paquets ou bottes de lin, de chanvre ou d'osier.
Enfin, je remarque que Jaubert donne à *mèche* (mèche) deux sens
qui paraissent dus à la contamination de l'ancien *meaisse* : une
mèche de chanvre, une *mèche* de mouches.

(*Romania*, XXVIII, 199).

MENEVEL

Carpentier a relevé, dans un acte latin de 1383 relatif à Thoisy,
au diocèse d'Autun, l'expression *unum menevellum canapis*. Il est
clair que la langue vulgaire disait *un menevel* pour « une poignée ». Le mot s'est conservé jusqu'à nos jours dans cette région :
patois de Bournois (Doubs) *men'vé*, patois de Bourberain (Côte-
d'Or) *mèn'viâ* « petite gerbe de chanvre » [1]. Le mot se rattache
au latin **manipulus**, lequel est représenté phonétiquement par le
gascon *meneble* ; mais, pour expliquer la conservation d'une voyelle
avant la syllabe tonique, il faut supposer que le latin vulgaire a
dit ***manapellus**, au lieu de ***manipellus**, comme il disait ***manabella** (doù *manivelle*), au lieu de ***manibella** [2].

(*Romania*, XXVIII, 200).

dire des bottes de lin ; Guérard a cru à tort que là était l'étymologie du mot
français actuel *mèche*. [On trouve *maysi* en ancien lyonnais (art. 6 de la leide
de Lyon publiée dans *Romania*, XIII, 568, par Philipon, qui n'a pas relevé le mot
au glossaire) ; le forézien moderne a le dérivé *messie* (Gras, p. 101)].

1. [Ajouter *mainevé*, *menevé* dans Dartois, p. 157 ; *menevéa* dans Mignard,
avec étymologie par **manu vecta** (*Mém. Acad. Dijon*, XV, 220) ; *meunnevé*,
meunnevieau dans Baudouin, p. 220 ; *mèn'viâ* à Verrey-sous-Salmaise, Côte-
d'Or (Matruchot, dans *Soc. des Sc. de Semur*, séance du 16 sept. 1909); *men'vé*
à Sancey, Doubs (*Revue de phil. franç.*, XIII, 116, art. *chanvre*), etc.].

2. Voir mes *Essais*, p. 338.

MESPESOL

J'ai relevé ce mot provençal, il y a quinze ans, dans un passage du cartulaire de Saint-Martial de Limoges [1], sans être en mesure de l'expliquer ni, à plus forte raison, d'en indiquer l'étymologie. Le cartulaire de L'Artige, que vient de publier G. de Senneville [2], en contient plusieurs exemples que voici : « Duos [sextarios] avene, unum calcatum, alterum *mespezol* (charte L, à deux reprises). — Duos sextarios avene *mespesols* (charte CXIII). — Duos sextarios avene *mespesols* (charte CLVII). » Le premier de ces exemples précise nettement le sens, puisque le setier *mespesol* s'oppose au setier foulé (*calcatum*) ; il permet déjà d'entrevoir l'étymologie. Cette étymologie devient tout à fait claire grâce à un passage du cartulaire inédit du Palais, conservé en original au British Museum et dont la Bibliothèque nationale possède une excellente copie [3]. On y lit au f° 95 v° : « Quatuor sextarios siliginis ad mensuram Nobiliacensem rasos, et duos de avena *minus pensos* ». L'adjectif *mespesol*, dont le féminin doit être *mespesola*, veut proprement dire « mal pesé » : Il suppose un verbe provençal **mespesar*, peut-être déjà existant en latin vulgaire sous la forme ***minuspensare**, formé comme *mesprezar*, *mescontar*, et tant d'autres. *Mespesol* [4] est particulièrement curieux par son suffixe, le même que celui qui se trouve dans *arestol*, *Montanhagol*, *Cevenol*, etc. C'est une extension romane du suffixe **-iolus**, dégagé de l'i en hiatus qui le précède toujours en latin [5].

1. Leroux, Molinier et Thomas, *Doc. hist. sur la Marche et le Limousin*, I, 48 ; cf. II, 312.

2. *Bull. de la Soc. arch. du Limousin*, t. XLVIII (1900), p. 291 et suiv.

3. Nouv. acq. lat. 225. [L'abbaye du Palais est située dans la c^{ne} de Thauron, c^{on} de Pontarion, arr. de Bourganeuf (Creuse)].

4. [Autre exemple, de 1192, mal lu *inespesol* par Carpentier, dans le *Tabularium S. Augustini Lemovicensis* (aujourd'hui perdu), p. 130, et inséré par lui dans Du Cange, art. *inespesol* : « duos sextarios avenæ, unum cumulatum et alium *inespesol* »].

5. [Je ne crois pas possible de considérer *mespesol* comme paroxytonique, en

MITOINCHÉ

Chambure enregistre *mitoinché* « métayer », en remarquant
que cette curieuse forme tend à disparaître de l'usage. Il faut, je
crois, y voir un dérivé de l'ancien adjectif *moitaenc*, correspondant
au provençal *meitadenc*, formé par la combinaison du suffixe *-enc*
avec le substantif latin **medietatem** « moitié ». J'ai déjà signalé
l'existence de cet adjectif *moitaenc* en ancien français [1], mais j'igno-
rais alors qu'il eût fait souche en Morvan.

MOIS

L'ancien provençal *mois* (avec *o* fermé) est un adjectif qui s'emploie en bonne et en mauvaise part. Raynouard le traduit par
« lâche, vil, sournois » ; P. Meyer, par « dissimulé, discret » [2].
Il ne vient ni de *muceus, comme le veut Diez, ni de *mucceus,
comme le veut Gröber. La phonétique postule *mŭxus, mŭs-
teus ou *mŭsceus. La sémantique, malgré les raisons invoquées
par Schuchardt [3], me paraît recommander *mŭsceus, dérivé de
mŭsca. On sait qu'en latin musca s'appliquait aux parasites et
aux importuns : n'y a-t-il pas là une excellente base ?

MOISON

Il est singulier que Littré n'ait pas admis dans son Dictionnaire
le substantif féminin *moison*, que donnent Nicot, Oudin, Richelet,
Furetière, Trévoux, etc., et que plus d'un patois a conservé. Ce
mot a deux sens très distincts : le sens de « mesure » — alors il

y voyant un type latin vulgaire *minuspensĭlis, car de **pensilis** l'ancien
limousin a *peile* (Leroux, *Dernier choix*, p. 336), l'ancien provençal, *pesle*
(Emil Levy, *Prov. Suppl.-Wörterb.*), et l'ancien lyonnais, *peylo* (*Romania*,
XXXIII, 226].

1. Article *cormoran* de mes *Essais*, p. 273, note 4.
2. Glossaire de *Flamenca*, 2ᵉ éd.
3. *Roman. Etymol.*, I, 58 et 60.

Mélanges d'Étymologie.   10

représente clairement le latin **mensionem**, ce dont il y a long-temps qu'on s'est aperçu [1] —, et le sens de « part de grain que le fermier est obligé de payer à son maître », qui est le seul que connaissent Nicot, Oudin et Richelet. En ce dernier sens, *moison* ne peut venir de **mensionem**, car il est trisyllabe au moyen âge [2]. Le Renclus de Moiliens en paraît féru : il l'emploie au figuré, comme nous ferions aujourd'hui de *tribut* ou de *dette*, sous la forme *muïson*, dans son poème de *Carité*, LXXXIII, 9 ; LXXXV, 5 et 7 ; XC, 5 ; XCI, 3. Van Hamel croit que *muïson* vient du latin **mutationem**, et il renvoie à un article de Du Cange où il est question de *mutationes presbyteri* ; mais il n'y a aucun rapport réel entre le droit de mutation, dont il est question dans Du Cange, et la *muïson* du poème de *Carité*. La coïncidence phonétique de ce mot *muison* et de **mutationem** n'est qu'un jeu du hasard [3]. *Muïson*, que le français a fini par confondre avec *moison*, représente le latin **modiationem**, qui est dans tous les dictionnaires de la langue latine, tant haute que basse [4].

(Romania, XXIX, 184).

MOLEISSE

L'ordonnance de police promulguée en 1307 par le sénéchal de Poitou et Limousin, Pierre de Villeblevin [5], contient les deux

---

1. L'étymologie est dans Diez ; elle a été proposée délibérément par Simon de Valhébert, éditeur du *Dict. étym.* de Ménage, dès 1694.

2. Godefroy a confondu les deux mots dans son article *moison* 1. [Quant à *moison* au sens de « méteil », qu'on trouve dans des textes picards du XVIII° siècle, Behrens a montré (*Beiträge*, p. 173) qu'il fallait y voir le latin **mixtionem**].

3. **Mutationem** a effectivement vécu dans la langue populaire et abouti en français à *mueison*, *muïson*. Cf. les art. *muison* 1 et *muoison* de Godefroy et le nom de lieu *Muizon* (Marne).

4. L'étymologie a été entrevue, au XVI° siècle, par J. Thierry (article inséré, en 1564, dans le *Dict. francoislatin* de R. Estienne : « *Moison*, aucuns dient *muysson*, pource qu'on afferme à dix muys, à vingt muys, ou plus, ou moins ») et, au XVIII°, par Carpentier (renvoi de l'art. *moiso* aux articles *modiatio*, *modiagium*). Nicot rattache *moison* à *moisson* ; Furetière, à *moitié*.

5. Sur ce document, cf. l'article *godemelin*, ci-dessus, p. 112.

articles suivants : « 53. Un cent de *borre laneysse*, XXVI s. —
54. Un cent de *borre moleisse*, XVI s. E sera deffendu que cil
des molins a foler draps ni autres qui la facent, demorant en la
chastelenie de Poyters, ne la vendent a home qui la porte hors
de la chastelenie de Poyters [1] ».

La bourre *lanisse* et la bourre *tontisse* sont bien connues [2] ;
qu'est-ce que la bourre *moleisse* ? Le commentaire nous l'explique :
c'est celle qui vient des *moulins* à foulon.

Moleisse, prononcé *moleïsse*, représente un type ***molaticia**,
comme *lanisse*, primitivement *laneïsse*, représente ***lanaticia**.

NAVEGHER

Godefroy a relevé ce mot dans un inventaire de 1407, où on
lit : « quatre tareres *naveghers* ». Il n'en donne pas la traduction.
J'ai examiné la pièce citée, Archives nationales, MM 32, f° 2
v°. C'est un document rédigé en pays flamand. Dans le même
registre, f° 49-50, on lit, à la date de 1460 : « quatre tareres
naveghis ». Il faut corriger *naveghers*. Ce mot mystérieux n'est
autre chose que le moyen néerlandais **navegeer**, aujourd'hui
navegaar et *avegaar* « tarière ». On sait que Diez voulait tirer
notre verbe *navrer* de l'ancien haut-allemand **nabager**, qui correspond au néerlandais [3]. L'exemple cité par Godefroy est curieux,
mais il ne prouve pas que le mot ait solidement pris racine sur
le territoire roman ; c'est du français flamingant, voilà tout.

1. *Le Moyen Age*, 1897, p. 73 et s. Cf. *Annales du Midi*, 1898, p. 121-122,
et Godefroy, IV, 719, v° *lanisse*, où l'article 53 est cité d'après une édition du
XVIIIe siècle.

2. « Bourre *lanisse* est la laine qui se tire des draps quand on les prépare
avec le chardon du bonnetier ; bourre *tontisse* est celle qui se tire des draps
quand ils passent par les mains du tondeur » (Furetière). Il est étonnant que
l'éditeur d'une publication municipale luxueuse, *Les Métiers de Paris*, ayant
trouvé cette dernière expression dans les statuts des courtepointiers, ait lu *condiche* au lieu de *tondiche*, et mis en cause le latin **condere**.

3. Voir l'article *navrer* de G. Paris, *Romania*, I, 216.

NOLLIÈRE

Brachet enregistre l'adjectif féminin *nollière* « stérile », appliqué spécialement à la vache, dans le patois d'Amboise et de Bléré [1]. Jaubert le signale aussi dans le Berry, et l'abbé Lalanne dans le Bas-Poitou [2]. Dans le Maine, on dit *anouillère*, *aneuilleire*, que Dottin traduit par « stérile, qui n'a pas eu encore de veau dans l'année [3] » ; en Normandie, *anouillère*, *anouellieire*. On trouve aussi le mot en Franche-Comté où, ayant subi une métathèse, il est devenu *aul'nire* [4].

Ce mot remonte indubitablement à un type du latin vulgaire ***annuçularia*** [5]. J'ai déjà eu l'occasion de parler de **annuculus** [6]. A ce que j'ai dit, j'ajouterai que le provençal moderne *anoui* « jachère », que Mistral rapproche, au petit bonheur, de l'espagnol *añojal*, du latin **novalis** et du grec νεός, vient de **annuculus** : le sens primitif est « terre qui n'a rien produit dans l'année ». L'espagnol *añojal*, de sens analogue, représente effectivement **annuculus**, plus le suffixe *-al*.

NUITAMMENT

Littré, suivi par le *Dictionnaire général*, explique l'adverbe *nuitamment* comme formé « d'un adjectif fictif *nuitant* et du suffixe

1. *Romania*, I, 91.

2. [Cf. Simonneau, *Patois de L'Ile-d'Elle* (Vendée), dans *Revue de phil. franç.*, III, 102].

3. *Gloss. du Bas-Maine*, p. 22, 23.

4. Tissot, *Patois des Fourgs*, p. 223 : « *Aul'nire*, vache qui n'a pas repris de veau de l'année » ; cf. *enl'nire*, p. 271. [Le mot est aussi très répandu dans les patois picards et wallons, sous des formes où il n'est pas toujours facile de le reconnaître, et que Behrens a fort bien étudiées dans ses *Beiträge*, p. 150-2. D'autre part, il est intéressant de constater que les langues celtiques possèdent un mot de sens analogue, qu'elles tirent soit de **gamo-**, soit de **samo-** ; voir *Revue celtique*, 1904, p. 126-7].

5. Fleury (*Essai sur le patois normand de la Hague*) a proposé ***annularis*** « de l'année ».

6. Voir mes *Essais*, p. 238.

ment ». L'explication n'est pas très claire. Voici comment je me représente la genèse de *nuitamment*.

L'ancien français emploie ordinairement *nuitantre*, qui est le latin **noctanter**, dont se sert Cassiodore [1]. *Nuitamment* n'apparaît qu'au xive siècle : on trouve *nuytamment*, en 1328, dans les registres de l'échevinage de Saint-Jean-d'Angély [2], et *neuctantement*, en 1354, dans une ordonnance royale [3]. On a allongé *nuitantre* en ajoutant le suffixe adverbial *ment* à la forme affaiblie *nuitante*, dont il y a des exemples, comme on a allongé *aussi* et *autressi* en *aussiment* et *autressiment*. La substitution de *nuitamment* à *nuitantement* est due à l'hésitation entre les doubles formes adverbiales *esciemment* et *escientement*, *instamment* et *instantement*, *prudemment* et *prudentement*, qui caractérise la langue du xive et du xve siècle, et au triomphe définitif des premières.

OING

Littré, Scheler et Brachet tirent *oing* « graisse » du latin **unguen**, qui désigne toute espèce de corps gras. Arsène Darmesteter s'était rangé à la même étymologie dans le manuscrit du *Dictionnaire général* ; je me suis borné, dans la revision que j'ai faite du manuscrit, à substituer le type **ungen** d'après **ungere**, au type ordinaire **unguen** du latin classique. Mais nous avons tous été déçus par l'orthographe qu'a adoptée l'Académie française. Le *Livre des Mestiers de Paris*, rédigé sous saint Louis, et les textes qui le complètent écrivent *oint* et même *oinst* ; l'italien et

---

1. Cet adverbe paraît reposer sur un verbe *noctare, comme **festinanter** sur **festinare**, à moins que ce ne soit une formation régressive d'après **pernoctanter**, qui est dans Arnobe le Jeune et ailleurs. Le latin classique connaissait vraisemblablement *noctuare « passer la nuit », puisque Cicéron emploie **noctuabundus**. Meyer-Lübke, suivant Diez en ce qui concerne l'étymologie de *nuitantre*, y a vu un participe présent avec un *r* épenthétique (*Gramm. des lang. rom.*, II, § 627) ; [il s'est rallié depuis à mon opinion (*Roman. etym. Wörterb.*, n° 5939)].

2. *Arch. hist. de la Saintonge*, XXIV, 42.

3. Godefroy, *Complément*, v° *nuitamment*.

l'espagnol disent *unto*. Il faut certainement considérer *oing* comme une mauvaise notation pour *oint*, et adopter l'étymologie par **unctum**, qui est celle de Ménage.

PASI

Le provençal moderne a un adjectif *pàsi* (à Nice *pais*), fém. *pàsio* « doux », que Mistral rapproche du latin **placidus** ou **pavidus**. Il faut nécessairement supposer l'existence en latin vulgaire d'un type *pacidus, dérivé de **pax** « paix », sur le modèle et probablement sous l'influence directe de **placidus**. L'existence de ce type est d'ailleurs confirmée par le dialecte de Pavie (Italie), lequel possède un adjectif *pas*, de sens analogue [1].

PAVE

Les patois français du Centre et de l'Ouest désignent l'iris et quelques autres plantes aquatiques ou paludéennes par des noms à désinence variable, mais qui commencent tous par *pav-*. Voici ces noms, répartis par régions, avec les termes botaniques correspondants :

Normandie : *pave*, s. f., iris pseudoacorus, scirpus lacustris, sparganium ramosum, sparganium simplex ; *pavée*, s. f., iris pseudoacorus, sparganium ramosum, typha latifolia ; *paveille*, s. f., sparganium ramosum ; *paveux* et *pavots*, s. m. pl., iris pseudoacorus (Joret).

1. Salvioni, *Postille*, v⁰ *fracidus*. [Horning est porté à croire (*Zeitschr. f. rom. Phil.*, XXVII, 148) que le provençal moderne est un emprunt à l'italien, qui peut être lui-même une formation analogique récente d'après **placidus**, ce qui rendrait très douteuse l'existence du type *pacidus dans le latin vulgaire. Il est possible qu'il en soit ainsi ; en tout cas, on ne peut opposer, en provençal, *aisse*, du latins **acidus**, à *pasi*, du latin *pacidus, sans remarquer que l'évolution du latin **acidus** en *aisse* est absolument impossible à expliquer par la phonétique pure : *aisse* ne peut remonter qu'à *axidus ou *ascidus, dont il reste à trouver la raison d'être. Du provençal *pasi* il faut aussi rapprocher le piémontais *pasi* et le lucquois *pacite* (Schuchardt, *Roman. etymol.*, I, 47 et 80)].

Guernesey : *pavie*, s. f., typha latifolia (Métivier).

Haut-Maine : *pavot*, s. m., feuille d'une variété d'iris (Montesson).

Bas-Maine : *pavè*, s. m., sparganium, iris pseudoacorus, glaïeul ; *pavo*, s. m., iris pseudoacorus (Dottin).

Berry : *pavais*, *paveis*, s. m., iris pseudoacorus, tiges et feuilles du typha latifolia (Jaubert).

Vendée : *pavas*, s. m., scirpus lacustris, typha latifolia (Jaubert, Lalanne).

J'ai eu déjà l'occasion de m'occuper de *paveille* [1] ; mais j'avais pris ce mot dans le Supplément de Littré, et je ne connaissais pas alors toute la lignée marécageuse que je viens de présenter au lecteur. On a cherché à établir pour cette famille deux généalogies qui ne me satisfont ni l'une ni l'autre. Métivier remonte au latin **pappus**, grec πάππος « duvet » ; mais **pp** ne peut donner *v*. Jaubert explique que, si le typha latifolia s'appelle *pavais*, « c'est que l'on recherche ses longues feuilles pour les répandre sur le pavé des églises et sur le sol des rues dans les processions ». C'est ingénieux, mais sans fondement solide. Le rapport de *jonc* et de *joncher*, dont se prévaut Jaubert, est l'inverse de celui qu'il veut nous faire admettre entre *pavais* et *paver*. D'ailleurs, en acceptant sa manière de voir au point de vue sémantique, on trouve la route barrée par la phonétique : il est impossible d'imaginer un suffixe, convenable pour le sens, qui rende raison de l'*e* ouvert du berrichon et du bas-manceau [2]. Je rattache tous ces mots à **papyrus**, dont l'accentuation et le vocalisme offrent dans les langues romanes beaucoup de fluctuations [3]. Le berrichon et le manceau représentent un ancien **paveir*, avec chute régulière de *r* final, de **paperus* paroxyton : l'hésitation entre **cypi-**

1. Voir mes *Essais*, p. 348.

2. Phonétiquement, **-etum** conviendrait ; mais il ne s'ajoute jamais à un thème verbal.

3. Voir Meyer-Lübke, *Gramm. des lang. rom.*, I, § 17, [et *Rom. etym. Wörterb.*, n° 6218 ; cf. surtout Schuchardt dans *Zeitschr. f. rom. Phil.*, XXXVI, 403].

rus et **cyperus** [1] a donné naissance à **paperus*, à côté de **papyrus**, d'autant plus qu'il s'agit de plantes voisines [2]. Le guernesiais *pavie* doit son *e* à son genre féminin et remonte à **pavir*, de **papyrus** paroxyton [3], tandis que le normand *pave* est pour **pavre*, de **papyrus** proparoxyton. Le genre féminin est celui qui appartient légitimement à **papyrus** : on sait que **corulus** a presque partout conservé le même genre. Quant aux autres désinences, *-as, -ée, -eux, -ot,* elles sont dues à la confusion de la désinence étymologique avec différents suffixes.

Je tiens à dire que je ne donne tout cela que comme une série d'hypothèses, que je livre à ceux qui s'occupent spécialement de dialectologie française. Qu'ils les vérifient ; quel que soit le résultat de leur travail, je m'applaudirai de l'avoir provoqué [4].

(Romania, XXVIII, 197).

PERGAM

G. Paris a révoqué en doute l'existence réelle du provençal moderne *pergan, pargan* « parchemin » [5]; mais ce diable de mot existe bel et bien, et la meilleure preuve, c'est qu'il a engendré le pittoresque verbe *parganteja* « bruire comme le parchemin qu'on remue ». Mistral écrit archaïquement par un *m* final, et attribue *pergam, pargam* au Languedoc; le vieux dictionnaire de l'abbé

---

1. Cf. *Molle cyperon*, aux deux derniers pieds d'un hexamètre de Pétrone.

2. Les latinistes traduisent ordinairement **cyperus** par « souchet » et **cypirus** par « glaïeul » ; le grec offre πύπερος à côté de κύπειρος.

3. [Il en est de même du béarnais *babi* « mèche de la chandelle de résine » ; voir mes *Nouv. Essais*, p. 176-7].

4. Mon confrère Couraye du Parc qui, au cours d'un compte rendu de mes *Essais* publié dans le *Polybiblion* de décembre 1898, s'était inscrit en faux contre mon explication de *paveille* et avait soutenu que ce mot et sa famille se rattachaient au verbe *paver*, m'a informé qu'il se ralliait à ma manière de voir. [Je ne vois aucun rapport entre la famille de *pave* et le πεπεράκιουμ que Dioscoride donne comme nom gaulois de la plante dite en grec άκορος, malgré une suggestion de J. Jud (*Archivum romanicum*, VI, 210].

5. *Romania*, XVIII, 151.

de Sauvages donne effectivement *pargan* à côté de *pergami*. Dans le Rouergue, l'abbé Vayssier enregistre *pargan*, *porgan*, *porgon*, etc. Mistral mentionne le roman *pargam*, que je ne connais pas [1], mais qui est l'ancêtre nécessaire des formes actuellement vivantes. Il est impossible d'expliquer son existence sans supposer en latin vulgaire la création d'une déclinaison ***pergamen, inis**, à côté de **pergamenum**. On sait que le latin classique **cyclaminos** ou **cyclamīnum**, grec κυκλάμινος, κυκλάμινον, nom de plante, est devenu **cyclamen, inis** chez les médecins du Bas-Empire, Marcellus de Bordeaux, Cassius Felix et autres. Le caractère proparoxytonique de κυκλάμινος le préparait à ce changement de déclinaison ; il est remarquable que περγαμηνός, oxyton, ait eu le même sort [2]. ***Pergamen** a entraîné la création d'une forme ***pergamentum**, attestée au moyen âge, et à laquelle se rattachent le provençal moderne *pergamentié*, doublet de *pergaminié*, et l'allemand *pergament*.

(Romania, XXIX, 185).

PETRE

Nos anciens poèmes mentionnent parfois le *petre* à côté du gingembre, du galanga, de la cannelle, du poivre, du cumin, etc. Godefroy a relevé le mot dans *Mainet*, la *Prise d'Orange*, *Blancandin* et *Le Biau Desconeü* ; il traduit par « sorte d'épice ». Le mot se retrouve dans les *Remèdes populaires* publiés par Amédée Salmon : « Pour dens faire caïr, fai pourre de *petre* et de l'iermoise et un petit d'aisil » [3]. L'éditeur a commenté longuement

1. [Emil Levy en a réuni plusieurs exemples, *Prov. Suppl. Wörterb.*, VI, 76. Il a aussi un article *pargames*, auquel on peut ajouter le pluriel *pargameses* (*Cartul. de Mirepoix*, p. p. F. Pasquier, Toulouse, 1921, t. II, p. 225, n° 97) : ce *pargames*, qui, à première vue, semble postuler un type lat. vulg. ***pergamensis**, est plutôt, attendu sa date récente, un dérivé roman de *pargam*].

2. Il faut rapprocher ce fait de la transformation de συκωτόν en **sycoton**, mot proparoxytonique, que G. Paris vient de mettre en pleine lumière (*Miscellanea linguistica in honore di G. Ascoli*, 1901). [L'article de G. Paris a été réimprimé dans ses *Mélanges linguistiques* posthumes (Paris, 1909), p. 532-553].

3. *Études romanes dédiées à G. Paris*, p. 262 ; le commentaire est p. 265.

ce mot : il y voit le primitif des noms vulgaires actuels *pétrelle*
« scabieuse des champs », *pétrole* « bruyère cendrée », *pétrot*
« gouet commun », et il opine que, dans les *Remèdes*, il s'agit du
gouet, tandis que, dans nos anciens poèmes, il s'agit de la scabieuse. J'en juge tout autrement. Les noms actuels *pétrelle,
pétrole, pétrot* me paraissent être pour *péterelle,* etc., et dériver du
verbe *péter*. Quant à l'ancien français *petre*, qui, en dehors des
passages mentionnés ci-dessus, se trouve dans le ms. *D* de *La
Mort Aymeri de Narbonne*, vers 2426, éd. Couraye du Parc, et
dans le ms. *C* du même poème, vers 2527, je crois qu'il désigne
le pirèthre, *Anthemis pyrethrum* L., et qu'il vient du latin **py̆re-
thrum**, tout comme les variantes *peletre* et *peritre* dont je me suis
autrefois occupé [1]. L'emploi du pyrèthre comme épice remonte
haut ; il est déjà connu d'Ovide, *Ars amat.*, II, 418 :

> Tritaque in annoso flava *pyrethra* mero.

Quant à sa présence dans les *Remèdes populaires*, il suffit, pour
n'en être pas étonné, de lire la première phrase de l'article *pirethre*
du *Dictionnaire du Commerce* de Savary des Bruslons : « Racine
médicinale qui vient du royaume de Tunis par la voye de Marseille, dont on se sert pour appaiser la douleur des dents ».
D'ailleurs, dans des *Hermeneumata* du xe siècle, on trouve :
« *Peretrus, id est herba dentaria* » [2].

(Romania, XXIX, 186).

---

1. Cf. mes *Essais de phil. franç.*, p. 363 et 410. Ne connaissant pas, à ce
moment-là, l'existence réelle de *petre*, j'ai supposé à tort que, dans les mss. *C*
et *D* de *La Mort Aymeri*, on pouvait considérer *petre* comme une faute de
scribe pour **peretre*. [Aux exemples déjà cités pour l'ancien français, on peut
encore ajouter les suivants :

> *Pietre* et canele, encens et ricolisse
> (*Moniage Guillaume*, 2e réd., 3397);

pitre d'Alixandre (*Recettes du XIVe s.*, dans *Bull. Soc. anc. textes franç.*,
1904, p. 56, où P. Meyer a vu du persil sauvage) ; *pelestre* d'Alixandre (*ibid.*,
p. 51 ; à la p. 85, P. Meyer traduit par « serpollet »)].

2. Goetz, *Corpus glossar. lat.*, III, 585. Cf. les *Glossae Cassinenses*, plus
anciennes encore, *ibid.*, III, 542 : « *Piritru, id est erba dentaria* ».

PLAQUESIN

Littré définit ainsi *plaquesin* : « Écuelle dans laquelle le vitrier détrempe du blanc ». Il enseigne qu'il faut prononcer avec *s* sonore, et ne parle pas de l'étymologie. Je crois qu'il faut prononcer *s* sourd, et voir dans ce mot un composé, quoique Darmesteter l'ait oublié dans sa magistrale étude sur la formation des mots composés. Savary des Bruslons écrit *plaque-sein* et définit ainsi : « Espece de petite écuelle de plomb un peu en ovale, dans laquelle les vitriers détrempent le blanc dont ils *signent* ou marquent les endroits des pieces de verre qu'ils veulent couper au diamant ». Il est clair que c'est un composé de *plaquer* et de *seing*.

(*Romania*, XXVIII. 203).

PLIE

Il est infiniment probable que le poisson appelé **platessa** par Ausone est la plie, mais *plie* ne peut pas venir de **platessa**. L'ancien français dit *plaïz*. Quant à l'anglais *plaice*, emprunté de l'ancien français, sa désinence n'est pas en contradiction avec celle de *plaïz*, puisque l'anglais du moyen âge rend par *emperice* notre mot *empereriz* « impératrice ». Il faut admettre la substitution de la désinence latine -**īcem** à -**essa**, et partir d'un type latin vulgaire ***platīcem** [1].

PORTE-CHAISE

On lit dans le *Traité de la formation des mots composés* de Darmesteter, 2ᵉ édition, p. 176 : « La chaise à porteurs s'est dite

---

1. Cette note était imprimée quand j'ai lu ce qu'a écrit Schuchardt sur le même mot, *Zeitschr. f. rom. Phil.*. XXV, 346 ; [cf. ce qu'il a ajouté, *ibid.*, XXVI, 423-4, notamment l'hypothèse séduisante d'après laquelle le nom roman de la plie aurait son point de départ dans un terme celtique].

porte-chaise aussi bien que *chaise*. Ce mot n'est ni dans Bescherelle ni dans Littré ; je le trouve cité dans Clemm, *Compos. græc. cum verb.*, p. 93, qui, n'y reconnaissant pas un composé avec le vocatif, ne peut se rendre compte de sa composition ». Ce n'est pas *porte-chaise*, mais *porte-chaire* que cite Clemm. Peu importe du reste. Clemm a été victime d'une autosuggestion germanique, et Darmesteter s'est trop pressé de le croire sur parole. On ne trouvera jamais dans un auteur français *porte-chaire* [1] ou *porte-chaise* [2] avec un autre sens que celui de « porteur de chaire, ou de chaise », qui appartient aussi a l'italien *portaseggetta*. Il faut le rayer de la liste des « composés qui ne peuvent s'expliquer que par un impératif suivi d'un vocatif » [3].

(Romania, XXVIII, 203).

PORTRAIT

Dans un récent travail sur les noms d'outils en français, Heinrich Gade a signalé le terme *portrait* « marteau de paveur servant à ébarber et à tailler [4] », dont Littré avait renoncé à trouver l'étymologie, et il a cherché ingénieusement à le rattacher à l'ancien verbe *portraire*. La tentative est infructueuse. *Portrait* est une altération, par étymologie populaire, de *partret*, mieux *parteret*, primitivement *parterez* [5], dérivé du verbe *partir* au sens de « partager, diviser ». *Parteret* est dans le supplément de Littré au sens de « couperet ». Le comte de Montesson donne dans le même sens *partret* et *paltret*. Cette dernière forme est dans Cot-

---

1. *Porte-chaire* est dans Henri Estienne, où Darmesteter lui-même l'a signalé, *op. laud.*, p. 218, et dans Antoine Oudin, *Rech. ital. et franç.*

2. A l'exemple de Scarron, cité dans le *Dictionnaire général*, on peut en joindre un autre, qui est dans *Le Tracas de Paris* de Colletet.

3. L'occasion m'est bonne néanmoins pour signaler un exemple de cette composition plus ancien que le fameux *Tenegaudia* du testament d'Abbon. Il est dans les actes du concile de Lestines de 743 [et a été relevé par Du Cange] : *de lunæ defectione quod dicunt* VINCELUNA.

4. *Ursprung und Bedeutung der Handwerkzeugnamen*, Kiel, 1898, p. 55.

5. Sur le suffixe *-erez*, voir, ci-dessus, l'article *anvereche*, p. 33.

grave, qui la signale comme appartenant au dialecte de Blois.
Thibault l'enregistre effectivement, avec l'orthographe *palletret* ;
mais il a la malheureuse idée d'y voir un composé de *palle*
« pelle » et de *étret* « étroit ». En réalité, *paltret* est sorti, par
dissimilation normale, de *partret* : on dit de même à Blois *poltrait,*
pour *portrait,* au sens du mot français [1]. Littré a bien vu que
parteret dérivait de *partir,* mais il a tort de qualifier la dérivation
d'irrégulière. Le suffixe s'ajoute à tout radical verbal, sans accep-
tion de conjugaison : l'ancien français tire *croisserece, retencerece* de
croissir, retentir, et le français moderne *refenderet, rebatteret* de
refendre, rebattre.

(Romania, XXVIII, 201).

PRÉCIMIS

Montesson donne la locution adverbiale *à pressimi* « vite-
ment » comme usitée à Tuffé ; Dottin, l'adjectif *pressimi* « pré-
cipité, prochain » ; Brachet, l'adjectif *précimis* « en hâte, préci-
pité » [2] ; Lalanne, l'adverbe *pressimi* « très prestement ». Il est utile
de faire remarquer que nous avons là un reste de l'ancienne locution
adverbiale *ci pris ci mis,* qui se trouve dans Villon, et qu'on écrivait en un seul mot au xvie siècle : *cipricimi,* ou, d'après la prononciation picarde, *chiprichimi* [3]. Henri Estienne a le mérite de
l'avoir fort bien analysée [4].

PROMOISTRE

Godefroy a relevé dans le *Tresor* de Brunetto Latino le nom
de *promoistre* (variantes *promoste, premoiste*) appliqué à la trompe,

1. C'est une application de la loi 12 de Maurice Grammont.
2. Vocabulaire tourangeau, dans *Romania,* I, 91. [Cf. Martellière, *Gloss. du
Vendômois,* p. 254 : « *Précimis,* s. m., chose pressée, urgente. Adj. Trop
pressé, qui agit sans réflexion. Peut-être devrait-on écrire *pressimis.* Étym.
inc. » Pour l'Anjou, voir Verrier et Onillon, art. *précimi* et *pressimi*].
3. [Cf. Hécart, art. *chipri chimi*].
4. Le texte de Henri Estienne est dans Godefroy, dont il constitue tout l'article *cipricimi.* Ajouter : patois de l'Orne *précimi, princimi,* que les frères
Du Méril rapprochent du lat. **proxime** ; [patois de Montbéliard (Contejean) et
de Châtenois (Vautherin) *supri-sumi*].

ou, comme dit Brunetto, au « bec » de l'éléphant. Il est impossible de méconnaître l'étymologie : c'est le latin **promuscis**, variante de **proboscis**, soit sous la forme accusative **promuscidem**, soit plutôt sous la forme ramenée à la première déclinaison ***promuscida** [1]. L'épenthèse du son *r* est fréquente dans les mots de structure analogue [2], et le renforcement du *d* en *t* se retrouve dans *boîte* et *moite*. Il faut donc admettre, quelque surprise que nous en éprouvions, que ***promuscida** appartient à notre fonds de latin vulgaire [3] : la science de Brunetto Latino n'allait pas sans doute jusqu'à deviner les lois phonétiques que les philologues modernes se flattent d'avoir trouvées, et nous ne saurions le soupçonner d'avoir fabriqué artificiellement *promoistre*.

(Romania, XXVIII, 204).

QUIÉRAME

A côté de *quiérâme*, s. f., qui signifie « carême » et qui n'a rien de bien mystérieux, le morvandeau a un substantif masculin *quiérâme* « crémaillère », qui vaut la peine d'être désarticulé. Il ne remonte pas du tout, comme le croit Chambure, au radical germanique **kramm** « croc de fer ». *Quiérâme* est la prononciation patoisante de **clerâme*, métathèse pour **clemâre*, issu lui-même par métathèse de **cremâle*, primitivement **cremasle*, forme française correspondant exactement au provençal *cremascle*, qui a le même sens. Horning a étudié récemment ce mot : je crois, comme lui, qu'il remonte à un type du latin vulgaire ***cremasclum**, pour ***cremastulum**, accommodation du grec χρεμαστήρ [4]. Je puis citer une forme du moyen âge qui a échappé à Horning, et qui enchaîne solidement mon explication de *quiérame* à son explication de *cremascle*. Godefroy donne, en effet, *cromasle* d'après

---

1. On sait qu'on trouve souvent **chlamyda**, **lampada**, **magida**, etc., pour **chlamys**, **lampas**, **magis** (cf. l'article *boisseza*, ci-dessus, p. 47).
2. Cf. l'article *enchoistre*, ci-dessus, p. 87.
3. [C'est ce que fait Meyer-Lübke, *Rom. etym .Wörterb.*, nᵒ 6777].
4. *Zeitschrift f. rom. Phil.*, XXI, 453.

un inventaire de la mairie de Dijon fait en 1389 ; en outre, un
second exemple, de même provenance, appartenant à l'année
1394, se lit aussi chez lui, mais il faut le chercher sous *treffouiere*.
Il est clair que l'*o* n'est là que par un phénomène de labialisation
secondaire qui ne se manifeste pas dans le morvandeau.

(Romania, XXIX, 187).

RECINCIER

L'ancien français *recincier*, en picard *rechinchier*, qui a le même
sens que le verbe actuel *rincer*, a depuis longtemps attiré l'attention des étymologistes [1]. Du Cange le rattache à l'ancien français
chainse « peignoir » ; Ménage, au latin du moyen âge **resince-
rare**, tiré de **sincerus** ; Scheler et Flechia, au latin vulgaire
***recentiare**, tiré de **recens** ; G. Paris, à l'ancien français *cince*
« haillon, chiffon » [2]. Je ne reviens pas sur les raisons qu'a
données G. Paris contre ***recentiare** ; ce qui m'empêche d'admettre le rapprochement avec *cince*, dont l'étymologie est
d'ailleurs inconnue, c'est que, dès les plus anciens exemples,
recincier ne signifie pas « nettoyer un chiffon », mais « purifier par
l'eau » [3].

Le grammairien Charisius nous a conservé un verbe latin
quinquare [4], synonyme de **lustrare**. Ce verbe a tout l'air d'un
mot de frappe populaire, tiré de **quinque**, la **lustratio** se faisant
tous les lustres ou périodes de cinq ans. L'existence d'une forme

1. Littré enregistre le terme de métier *rechinser* « laver la laine dans l'eau
claire » ; la forme parle pour une origine picarde et, en fait, Savary des Bruslons nous apprend que c'est « un terme de manufacture dont on se sert dans la
sayetterie d'Amiens ».

2. Cf. Körting, 7386, où d'autres hypothèses sont indiquées.

3. Or vueil me bouche *recincier*, Gautier d'Arras, *Éracle*, 50.

4. G. Paris a fait remarquer (*Romania*, XXVIII, 206, note 3) que l'on avait
déjà invoqué le **quinquare** de Charisius comme base étymologique du français
requinquer, d'origine méridionale, mais que le sens du français *requinquer* et
du provençal *requinquar* « redresser » ne convenait pas trop bien. J'ajoute une
remarque phonétique : si le provençal se rattachait à **quinquare**, il devrait
être **recinquar*.

*quinquiare, à côté de quinquare, n'a rien d'invraisemblable, car de quintus on a tiré à la fois *exquintare, d'où le provençal *esquintar*, qui a passé en français sous la forme *esquinter*, et *exquintiare, d'où le provençal *esquinzar*. Or quinque se prononçait, comme on sait, *cinque : la réduction du type *recinquiare à *recinciare a son pendant dans laqueare, qui est devenu *laciare, d'où *lacier*. La concordance phonétique de *recinciare et de *recincier* est absolue ; l'*i* du mot français postule un i long en latin, et celui de quinque est dans ce cas. Au point de vue sémantique, si l'on considère que la lustration par l'eau devait être la plus couramment employée [1], on m'accordera bien, je pense, la patente nette [2].

Il me reste à dire, bon gré mal gré, mon sentiment sur le rapport du verbe actuel *rincer* avec l'ancien *recincier*. G. Paris a justement fait remarquer que *rincer* ne pouvait venir de *recentiare, car le c intervocalique ne disparaît jamais, et que *recentiare aurait dû aboutir en français à *roisencier, comme recentem a effectivement donné *roisent* [3]. Faut-il admettre *reïncier* — tel est bien l'ancêtre de notre *rincer* actuel — comme une variante phonétique de *recincier* ? Peut-être. J'ai proposé naguère [4] d'expliquer par une dissimilation les formes verbales *feïs*, *meïs*, de fecisti, misisti. Bien que ma proposition ait été accueillie fraîchement [5], je ne la retire pas, car elle n'a pas été discutée à fond. Je verse *reïncier* dans le dossier, à côté de *hanseï* « assassin », que j'ai cité. J'attire en outre l'attention sur *biestre*, *behistre*, pour *bisestre*, *besistre*, que l'on trouve dans Godefroy, sur

---

1.   Ter socios pura circumtulit unda
      Lustravitque viros.
      Vergilius, *Aen.* VI, 229.

2. [Meyer-Lübke s'en tient au type étymologique *recentare (*Rom. etym. Wörterb.*, n° 7110)].

3. *Romania*, IX, 482. Dans *recinciare > *recincier*, le premier *c* est traité comme initial : cf. recepta > *recette*, etc.

4. *Romania*, XXVIII, 118.

5. Par Baist, *Zeitschr. f. rom. Phil.*, XXIII, 533, aux conclusions duquel Meyer-Lübke s'est associé, *ibid.*, XXIV, 150. Baist déclare qu'il ne connaît pas l'espagnol *beazas* ; j'ai voulu dire *biazas*.

isagno (Mistral), de **zizania** [1], et sur les deux cas suivants, empruntés à la toponomastique [2] :

Vincentianus est représenté par *Viance*, francisation de l'ancien limousin *Viensá*, dans *Saint-Viance* (Corrèze) [3].

Zizerna est représenté par *Ciarne*, commune de Saint-Freigne (Charente) [4].

(*Romania*, XXVIII, 204).

REDOISSIER

L'ancien verbe *redoissier*, que Godefroy ne donne qu'au participe passé, s'est maintenu jusqu'à nos jours, sous la forme *ridohî*, dans le patois wallon. Il signifie « regorger » et « émousser, s'émousser ». Scheler veut le tirer de **reductiare* [5], mais la phonétique s'y oppose, car le groupe latin -ctj-n'est jamais représenté en français par -iss-, mais par un simple *ç* : **factionem** > *façon*, **lectionem** > *leçon*, **suctiare* > *sucier*, etc. Lücking [6] a jadis expliqué l'adjectif *redois* [7] par un type **redossius*, tiré de **dossum** « dos ». Ce qualificatif s'applique proprement à un cheval blessé sur le dos et, par suite, difficile à manier, puis, au figuré, à une personne revêche, orgueilleuse, vicieuse. La différence de sens entre l'ancien *redois* et le wallon *ridohî* est grande ; cela n'empêche pas *redoissier* de remonter à ** redossiare*. Dans

---

1. La perte du *z* initial de **zizania** n'est pas le résultat d'une dissimilation proprement dite ; elle est due à une aphérèse analogue à celle qui a fait disparaître la voyelle *a* ou la syllabe *la* en tête de certains mots par une fausse perception de la combinaison de l'article féminin avec le substantif : le *z* s'est fondu avec le *s* de l'article pluriel *las*, et du pluriel *las* [*z*]*izagnas* est sorti le singulier *l'izagna*.

2. J'écarte *Gréasque* (Bouches-du-Rhône), que j'avais cité dans *Romania*, XXVIII, 118, parce qu'il se pourrait qu'il eût perdu son ancien *z* médial indépendamment de toute dissimilation ; à Marseille, en effet, on dit *couïno* pour *couzino*.

3. *Cartulaire d'Uzerche*, p. p. Champeval, 1901, p. 255.

4. *Bibl. de l'Éc. des chartes*, 1898, p. 258.

5. Dans Grandgagnage, II, 304.

6. *Die ælt. franz. Mundarten*, p. 204.

7. Godefroy l'enregistre à tort sous la forme *redoit*.

une lame « émoussée », le fil est retourné et présente un « dos » : au lieu d'un tranchant ; quant au sens de « regorger », il se rattache à l'idée de « revenir en arrière », qui est aussi dans « s'émousser ».

REISSIDAR

Raynouard s'est mépris complètement sur l'étymologie du provençal *reissidar* « réveiller » en le rattachant à **sedere** [1]. Diez a bien vu que le mot tenait à **excitare** et postulait *__reexcitare__, comme son synonyme, *deissidar*, postule *__deexcitare__. Mais le latin classique ayant un i bref, *__reexcitare__ devrait donner *reissedar*, comme *__intoxicare__ donne *entoissegar*. Raynouard cite, il est vrai, *reissedar* dans *Girart de Roussillon*, et l'on trouve *esedar*, de **excitare**, dans le manuscrit d'Oxford du même poème ; mais les formes en *e* sont exceptionnelles et ne nous dispensent pas d'expliquer celles qui ont un *i* [2].

Il est facile, il me semble, de concilier l'étymologie de Diez avec les exigences de la phonétique. A côté de **ciere**, dont le participe est **cĭtus**, le latin possède **cire**, dont le participe est **cītus**. Tout s'explique par là. Les verbes provençaux *deissidar*, *reissidar*, *soissidar* [3] et *solcidar* [4] remontent à *__deexcītare__, *__reexcītare__, *__suscītare__ et *__sollicītare__. Les formes où l'accent frappait l'i (*__deexcītat__, *deissida*, etc.) ont empêché sa disparition dans celles où il était atone ; le même phénomène s'observe dans le français *sôucier*, de *__sollicītare__ [5].

(Romania, XXVIII, 207.)

1. *Lex rom.*, V, 221 ; cf. V, 80, où aucune étymologie n'est indiquée.

2. [Une forme en *i* est attestée en ancien lyonnais (*ressiee de dormir*, dans les *Altfranz. Prosalegenden*, publiées par Mussafia et Friedwagner, p. 34, l. 9), mais l'*i* peut être dû à l'hiatus, comme dans *asiar*, cité ci-dessus, p. 30, n. 1].

3. Ce mot, qui manque dans Raynouard, m'est signalé par J. Leite de Vasconcellos dans la *Vie de sainte Douceline*, p. 143 du *Recueil de textes* de P. Meyer ; il signifie « secouer » [Cf. E. Levy, *Prov. Suppl.-Wörterb.*, VII, 758].

4. Le mot manque dans Raynouard, mais le provençal moderne a *soucida* et *souicida* « soucier ». La deuxième forme paraît contaminée par **suscitare** ; remarquons cependant que **collocare** aboutit dans certaines régions à *couija*, *coueija*.

5. [L'idée proposée par Horning (*Zeitschr. f. rom. phil.*, XXVII, 148), de

REMÈS

Godefroy donne plusieurs exemples du substantif masculin *remès* (variantes *remais, remect, remeus, remaus*), lequel signifie « suif » et paraît avoir été surtout usité sur la Loire moyenne et en Poitou [1]. L'étymologie est bien claire. Il suffit de remarquer que le latin **remittere** signifie « fondre », sens qui a survécu dans l'ancien français et dans l'ancien provençal *remetre*, pour comprendre comment le participe **remissus**, employé substantivement, a pu désigner le suif ou le saindoux [2].

Le bas-manceau *remè* « adoucissement de la température » se rattache aussi à **remissus**, avec le sens de « relâché ». Dans le provençal actuel *remés*, en gascon *arremés* « ce qui se caille sur les eaux grasses », il faut encore reconnaître le même point de départ phonétique, avec le sens de « laissé en repos ». Le patois de Saint-Yrieix-la-Montagne (Creuse) emploie le verbe *metre* intransitivement, au sens de « se cailler ».

(Romania, XXVIII, 208).

RÉMOULADE

Nous ne connaissons plus en français le mot *rémoulade* ou *rémolade* que comme nom d'une sauce piquante. L'Académie, dans la.

---

voir, dans les formes romanes qui offrent un *i*, des formes demi-savantes, ne me paraît pas acceptable].

1. A ces exemples il convient d'en ajouter trois, que Godefroy aurait pu prendre dans Du Cange, v° *rema* 2 ; en outre, il faut lire *romès* le prétendu mot *roines*, qu'il traduit par « rognures, débris de lard ». Au lieu de créer un article *rema* 2, Carpentier aurait dû insérer ses exemples dans Du Cange à l'article **remissum**, où est cité le péage de Château-du-Loir qui mentionne une poilée de *remès* « sartago remissi » ; Du Cange n'a pas compris de quoi il s'agissait.

2. [J. Jud me signale la survivance de *remès* « saindoux » dans le patois savoyard et dans celui de Dol, où il a évolué phonétiquement, tandis que, en Lorraine, l'influence du part. passé du verbe *remettre* l'a fait remplacer par *remi* ; cf. Meyer-Lübke, *Rom. etym. Wörterb.*, n° 7197].

dernière édition de son Dictionnaire, a supprimé — et en cela on
ne peut nier qu'elle ne se soit conformée à l'usage — le sens de
« remède, onguent ou emplâtre pour les chevaux », qu'elle avait
admis, concurremment avec le premier, en 1740.

Littré tire *rémoulade* de *remoudre* par le participe *remoulu*, sans
s'expliquer autrement. Scheler dit que le nom tient à ce que
les éléments de la sauce et de l'onguent « sont hachés ou plutôt
moulus très menu ». Comme le sens de « sauce » n'apparaît
qu'au xviiie siècle, il est probable qu'il dérive de celui de
« onguent », le seul que connaissent Oudin et Furetière ; j'ajoute
que le mot n'est pas dans Cotgrave. De toute façon, il est peu
vraisemblable que le français ait tiré un substantif en *-ade* d'un
verbe de la troisième conjugaison. Le mot étant à l'origine un
terme de vétérinaire, il faut voir si l'italien ne nous offrirait pas
le prototype du français. Or ce prototype existe. Je lis dans un
ouvrage anonyme, imprimé à Venise en 1584, la *Scielta di nota-
bili avvertimenti pertinenti a' cavalli*, à la page 56 : « Facciasi cotal
remolata, acciò che più giovi, di crusca bollita, in sugna... »
Suivent plusieurs autres recettes de *remolata*, qu'il est inutile de
rapporter in extenso, où le son (*crusca*) joue toujours un rôle.
Or, si l'on remarque que le son s'appelle *remola* dans l'italien du
Nord [1], on voit tout de suite l'étymologie de *remolata*, d'où est
venu le français *rémoulade*. Personne ne se plaindra de ne pas
trouver dans la *rémoulade* de nos jours l'ingrédient qui lui a donné
son nom [2].

(Romania, XXIX, 187).

RENEISÈLE

Scheler explique le champenois *rainauselle* « grenouille verte »,
soit comme un diminutif analogue à *filoselle*, soit comme un

1. [Sur l'étymologie de *remola*, voir un article de Puşcariu(*Zeitschr. f. rom.
Phil.*, XXVIII, 681); cf. Meyer-Lübke, *Rom. etym. Wörterb.*, n° 7199].

2. [Behrens est porté à voir dans *rémoulade*, nom de sauce, l'influence d'un
nom dialectal du gros radis noir, *remola, ramolat*, qui se rattache au latin **armo-
racia** (*Beiträge*, p. 223-5); l'idée me paraît vraisemblable].

composé formé avec *raine*, lat. **rana**, et l'allemand *hasel* « coudrier [1] ». Cette dernière explication est si bizarre qu'elle ne vaut pas la peine d'être discutée. Il est clair que *rainauselle* est un diminutif de *raine*, mais *filoselle*, mot d'origine italienne [2], n'a pu en rien influer sur sa désinence. Le même mot se retrouve à l'Ouest : manceau *renâzelle* et *guernâzelle* [3], au moyen âge *reneisele* [4], saintongeais *guernezelle* [5]. Je suppose que *reneisele* est dû à l'analogie de *dameisele*. En effet, l'existence du simple *raine*, de **rana**, n'étant pas douteuse, on a pu tirer *reneisele* de *raine* sur le modèle du couple *dame*, *dameisele*.

RENFORMIR

Furetière est le premier de nos lexicographes qui donne le verbe *renformir* « rétablir une muraille bien endommagée par un gros enduit fort épais en quelques endroits ». Le substantif *renformis* désigne le travail ainsi exécuté [6]. D'après Littré, *renformir* est composé de *re*, *en* et *forme*, et *renformis* dérive de *renformir* ; il faudrait, d'après cela, écrire *renformi*. La composition d'un verbe en *-ir* dans ces condititons me paraît si invraisemblable [7] que je

---

1. Dans Grandgagnage, II, 271, note, à propos du wallon *raine côrèce*, locution qui désigne le même animal et qui, d'après lui, voudrait dire proprement « grenouille de coudrier ».

2. Voir mes *Essais*, p. 298-9.

3. Dottin et Montesson.

4. Il n'y en a qu'un exemple, relevé par Godefroy dans le *Livre des manières* d'Étienne de Fougères, sous la forme *reneisselle*. Comme le scribe écrit *demeisselle* pour *demoiselle*, la comparaison avec les patois actuels engage à voir dans ce mot un *s* sonore ; pourtant Brachet signale *grenacelle* en Touraine (*Romania*, I, 91).

5. Jônain, article *gu'rneuille*, écrit *gu'rneselle*.

6. L'Académie admet ces deux mots depuis 1762.

7. Comme l'a remarqué Darmesteter, *Création des mots nouveaux*, p. 120 et 130, la conjugaison en *-ir* ne s'augmente plus depuis longtemps que par la formation parasynthétique à base d'adjectif. Il a cité *agourmandir* et *aveulir* ; on peut y ajouter le terme de marine *s'abeausir* « se mettre au beau », qui n'est peut-être que la francisation du poitevin *s'abelzi* (Lalanne).

propose une autre explication. Le moyen français a le verbe *renformer* « remettre en forme » [1]. On sait combien la langue technique est riche en noms tirés de verbes à l'aide du suffixe *-is*, contraction de *-eïs* : *arrachis, couchis, hourdis, lattis, torchis,* etc. De *renformer* on a fait *renformis*, et *renformir* est une formation régressive d'après le substantif. L'existence de *crépir* à côté de *crépi* (Furetière écrit *crespis*) a pu préparer les voies à l'avènement de *renformir* ; mais peut-être aurait-il percé tout seul, car à côté de *vernisser*, dérivé régulier très ancien de *vernis*, nous voyons naître *vernir* à la fin du xvie siècle [2], et plus récemment *mégis* (d'où *mégissier*) a donné le jour à un verbe *mégir*. Pensez en outre à *couvir*, tiré de l'ancien adjectif *couvis*, qui du coup a été transformé en participe [3]. Quant à *tripolir* , il est dû surtout à *polir*, car *alcali, bistouri, charivari, émeri* vont fondre leur *i* dans celui du suffixe *-iser* et donnent *alcaliser, bistouriser, charivariser, émeriser.*

(Romania, XXVIII, 209).

REPETNAR

Raynouard enregistre le verbe provençal *repetnar*, qu'il traduit par « ruer, se regimber », sans aucune allusion à l'étymologie. Le même mot existe en ancien français ; Godefroy l'a relevé dans le *Pelerinage Renart*, où les manuscrits hésitent entre *repenner, repesner* et *repaner*, et dans un texte plus récent, où on lit *respener*. Il ne faut pas un grand effort pour remonter au type latin ***repedinare**, composé parasynthétique fait avec le préfixe **re-** (cf. **recalcitrare**), le substantif **pes, edis** « pied » et le suffixe verbal **-inare**. La graphie provençale *repetnar* est pour *repednar* : le *d* s'est durci en *t* en fin de syllabe comme dans *matdi*, fréquent en Limousin et en Auvergne, de **matutinum**, qui a remplacé un plus ancien

1. [Voir les exemples de ce verbe, au sens technique de « réparer », que j'ai cités dans *Romania*, XXXIV, 463].

2. [Dans son Complément, Godefroy donne des exemples de *vernir* antérieurs au xvie siècle].

3. Cohn, *Die Suffixwandlung*, p. 201, note. Ce que nous avons dit ci-dessus, p. 35-36, article *avalies*, peut encore servir de terme de comparaison.

maddi. Le suffixe verbal **-inare** n'est pas des plus usités : Diez l'a oublié et Meyer-Lübke ne lui consacre que quelques lignes [1]. Taber Cooper [2] cite une trentaine de verbes latins qui finissent en **-inare**, mais il mêle ceux dans lesquels -in- appartient au thème à ceux où il appartient à la désinence : ces derniers sont en minorité [3].

A l'ancien français *repenner* se rattache naturellement le subst. *repenelle* « reginglette », que Littré enregistre et qu'il rapproche du prov. *repelnar*, « de **re** et **pes, pedis** », dit-il.

REPOLON

Le Dictionnaire de l'Académie a admis en 1762 le terme de manège *repolon*, qui est déjà donné par Cotgrave en 1611. Furetière définit ainsi ce mot . « Demi-volte d'un cheval, la croupe en dedans, formée en cinq temps » ; puis il ajoute : « Quelques-uns appellent *repolon* le galop d'un cheval l'espace d'un demi mille ». *Repolon* apparaît au XVIe siècle, comme transcription de l'italien *repolone*, dans *L'Ecuirie du S. Federic Grison* (Paris, 1559), f° 9, v° : « remises, passades, *repolons* », et f° 36 : « bailler les passades ou *repolons* à la fin de la carriere ». L'italien l'a emprunté à l'espagnol, comme maint autre terme de manège. La forme primitive est *repelon*, dérivé du verbe *repelar*, proprement « action de tirer le poil », qui s'emploie dans un sens analogue. Salvá définit *repelar* par « hacer dar al caballo una carrera corta », et *repelon* par « la carrera pronta y fuerte que da el caballo ».

(Romania, XXVIII, 210).

---

1. *Gramm. des l. rom.*, II, § 585.

2. *Word Formation*, p. 242.

3. Mistral rattache à tort à l'ancien *repelnar* le verbe moderne *repela*, qui vient de ***repeditare**; mais le gascon *penna*, qu'il cite [et qui est connu du patois de Gentioux (Creuse), d'après une communication de mon beau-frère François Dégaine], ne lui est pas étranger, soit qu'il ait été tiré de *repelnar*, par formation régressive, soit que le latin vulgaire ait dit ***pedinare** à côté de *** repedinare**.

REPOUS

Littré définit *repous* « mortier fait avec de la brique pilée et de petits plâtras », et ne donne pas l'étymologie de ce mot. Le sens de « mortier » n'appartient à *repous* qu'en vertu d'une ellipse : on a dit jadis *mortier de repous*, les exemples réunis par Godefroy, à l'article *repous*, ne laissent pas de doute à cet égard [1]. D'ailleurs, le sens propre de *repous* n'a peut-être pas aussi complètement disparu que pourrait le faire supposer sa présence dans Godefroy et son absence dans Littré. Le *Dictionnaire des termes techniques* de Souviron le donne encore : « Plâtras pilés qui servent à affermir les chemins [2] ». Toutefois, c'est peut-être un archaïsme, car Furetière — qui, il est vrai, n'était pas maçon — s'exprime ainsi : « C'est une espece de mortier qu'on fait avec de la brique, de la tuile, ou autre vieille maçonnerie réduite en *poudre*, qu'on mêle avec de la chaux, et qui sert de sable et de ciment ». Je souligne *poudre* ; il ne faut pas qu'il nous crève les yeux et nous persuade que *repous* est formé du préfixe *re-* et de l'ancien français *pous* « poudre » ; ce serait une grave méprise. *Repous* est le substif verbal de *repousser*, employé au sens concret, comme l'est souvent *rebut*, substantif verbal de *rebuter* [3].

REVENDIQUER

Le verbe *vendiquer* est fréquent, comme terme de droit, en

1. On peut y ajouter un exemple resté en panne à l'art. *repous*, où il faut lire *repous*.

2. C'est un abrégé de la définition de Daviler, que voici : « On nomme ainsi les petits plâtres (*lisez* plâtras) qui proviennent de la vieille maçonnerie, et qu'on bat et mêle avec du tuileau ou de la brique concassée pour affermir les aires des chemins et sécher le sol des lieux humides ; en latin *rudus* ».

3. *Repous* a aussi un sens tout différent, celui de « repoussoir » : c'est même le seul que connaisse Richelet (1680). Ce sens apparaît en 1437 dans Godefroy, et une coïncidence bizarre le fait appliquer comme pourrait l'être celui dont nous nous sommes occupé : *repoux a faire mortier*. Il s'agit manifestement du rabot des maçons.

moyen français [1] ; mais *revendiquer* est à peine employé [2]. Le latin ne connaissant pas ***revindicare**, on ne s'explique pas pourquoi nous avons abandonné *vendiquer*. La première édition de Robert Estienne (1539) a un article intéressant, supprimé dans les éditions subséquentes, qui jette un jour curieux sur la question. Le voici. « REIVINDICATION. Intenter l'action petitoire de reivindication et faire les consignations requises au[x] cas anciennement accoustumez d'une part et d'autre ». On a donc dit d'abord *reivindication* [3], d'après le latin, et le génitif **rei** pouvait ne pas paraître plus étrange que **juris** dans *jurisconsulte, jurisprudence*, ou que **aquæ** dans *aqueduc*. Mais l'existence de *vendiquer* a amené presque instinctivement un raccord, et l'on a dit *revendication*, d'où *revendiquer*. Le raccord est artistement fait, et je signale le cas à Remy de Gourmont, qui vient d'écrire un joli livre sur l'esthétique de la langue française [4]. Nous avons mis aussi quelque grâce à nous débarrasser du groupe *sd* qu'offre le latin *jurisdictio* : malgré le XVIe siècle, qui écrit toujours *jurisdiction*, c'est *juridiction* qui l'a emporté, de connivence avec *juridique* [5].

(Romania, XXVIII, 210).

REVERTIER

Le jeu de *revertier* est une variété de jeu de trictrac où les dames font le tour du tablier pour revenir à leur point de départ.

---

1. [*Vendiquer* et *vendication*, admis dans le *Dict. de l'Acad. fr.* en 1762, figurent encore dans l'édition de 1878, avec un renvoi à *revendiquer, revendication*].

2. Paul Godefroy me le signale en 1437, sous la forme *revendiquier*, dans les archives de Tournai, et Delboulle l'a relevé en 1568 dans Bunyon. En 1611, Cotgrave donne *revendication*, mais pas *revendiquer*.

3. L'espagnol dit encore aujourd'hui *reivindicacion* et *reivindicar*.

4. Paris, Société du *Mercure de France*, 1899.

5. De *jurisdiction*, prononcé *juridicion*, Montaigne a tiré le verbe *juridicier*, qui n'a pas fait fortune, bien que Pascal ait copié la phrase de Montaigne où il figure et que, par suite, Littré l'ait recueilli. [Cf. prov. mod. *carmentra* « entrer en carême », tiré de *caremenlran*, et *estremouncia* « donner l'extrême onction », tiré de *estremouncioun* ; voir mes *Essais*, p. 69 et 70].

Littré tire *revertier* du latin **reverti** « revenir » ; mais on ne peut
oublier que *revertier* est une forme corrompue de *reverquier*,
analogue à *tabatière* pour *tabaquière*, et à la prononciation, si fréquente chez le petit peuple de Paris, *cintième*, pour *cinquième*.
Le Duchat rapproche *reverquier* de l'allemand **verkehren**, et il a
approximativement raison. « Jouer au reverquier » se dit en
allemand **verkehren**, et en néerlandais **verkeeren**. Mme de Ville-
dieu nous apprend dans ses *Mémoires* que, pendant son séjour
dans les Pays-Bas, elle jouait au reverquier « qui est le trictrac
de ce pays-là » [1]. L'expression nous est donc arrivée par le néerlandais, et je trouve une confirmation éclatante de ce fait dans le
Journal de voyage de deux jeunes Hollandais à Paris en 1656-1658,
publié jadis par A.-P. Faugère, et dont Léon Marillier vient de
donner une seconde édition [2]. On lit, à la page 196 : « Nous y
passasmes toute l'apres-disnée à jouer au *verkier* des fraises et des
cerises ». Cette forme *verkier*, dont je ne connais pas d'autre
exemple [3], est fidèlement calquée sur le néerlandais **verkeerspel**.
L'addition du préfixe *re-*, dans la forme française ordinaire, est
un phénomène curieux dont la raison d'être m'échappe [4].

REVOLA

Nizier du Puitspelu a puisé dans le vocabulaire du patois lyonnais de Cochard l'article suivant : «*Revola*, s. f. Se dit d'un terrain
complanté de jeunes chênes. *Vitia una bella revola* ». Il ajoute
pour son propre compte : « Je ne connais pas ce mot, et ne saisis
pas par quelle dérivation de sens il pourrait se rattacher à **revolvere** ». Les apparences sont trompeuses. *Revola* n'a rien à voir
avec **revolvere**, mais il vient par dérivation du latin **robur**

1. Citation du *Dictionnaire général*.
2. Paris, Champion, 1899.
3. [Cf. pourtant l'art. *verker* de Richelet, éd. 1680, p. 84 des *Remarques*].
4. [Horning suppose que le jeu tire son nom du verbe picard *reverquier*
< **reverticare*, qui aurait passé dans les pays de langue flamande sous la forme
germanisée *verkeeren*, d'où il serait revenu simplifié en *verquier* (*Zeitschr.
f. rom. Phil.*, XXVII, 148-9) : l'hypothèse est bien compliquée].

« rouvre », tout comme le dauphinois *revouairi*, autrefois *revoiri*, *rovoiri*, et le tessinois *arveuira*, qui désignent une forêt de *rouvres*. Mais le lyonnais ne peut avoir le même type étymologique (***roburia**) que le dauphinois et le tessinois, car si l'on peut admettre que la désinence -*la* offre une dissimilation de *r* en *l*[1], on ne peut tirer cette désinence d'une forme latine en -**ia**, laquelle aurait nécessairement abouti à -*i*, en lyonnais comme en dauphinois. Je crois que *revola* remonte à ***robulla**, comme l'espagnol *rebollo* « pousse des racines du rouvre » remonte à ***robullus**[2].

RIAULE

Littré dit que le terme de mineur *riaule* « sorte de crochet muni d'une poignée » est un substantif féminin ; il n'en donne pas l'étymologie. Darmesteter, dans le manuscrit du *Dictionnaire général*[3], faisait le mot du masculin, tout en y voyant une « altération de l'ancien français *rieule*, **regula** ». Je crois que *riaule* est masculin, mais qu'il ne vient pas de **regula**. Il représente une variante phonétique de *rable*, c'est-à-dire qu'il remonte au latin **rutabulum**. Les patois de la Bourgogne et de la Franche-Comté connaissent la forme *riaule* « râble, fourgon de boulanger », et il n'y a aucune difficulté, ni phonétique, ni sémantique, à cette étymologie[4].

RIBOUE

Jaubert a un article ainsi conçu : « *Riboue*, s. f. Abreuvoir. Mener les chevaux à la *riboue* (Saint-Benin-d'Azy). Lat. *ad*

---

1. Le nom propre *Revoil* paraît bien être pour *Revoire*, c'est-à-dire remonter à ***Roburia**.

2. Meyer-Lübke, *Gramm. des l. rom.*, II, § 503; [cf. *Rom. etym. Wörterb.*, n° 7353. — Malgré cela, je suis disposé à admettre, comme le suggère J. Jud, que *revola* est un mot oxytonique qui remonte à un tipe ***roborata**].

3. *Riaule* ne figure pas dans le *Dictionnaire général*, par suite de la suppression systématique des mots patois et des termes trop spéciaux, à laquelle les auteurs ont été contraints pour des raisons matérielles.

4. Cf. l'article *rouble*, ci-dessous, p. 175.

rivum ? » Le *b* de *riboue* étant absolument inconciliable avec le **v** de **rivum**, il est indiqué de songer à **ripa**. Je crois que *la riboue* est pour ** l'aribour*, plus anciennement *l'aribeour*, de ** **arripatorium**. On sait que ce type latin est représenté par l'ancien français *ariveor*, dont il y a trois exemples dans Godefroy, à l'article *arivoir*, et par le nom de la célèbre abbaye de *La Rivour*, commune de Luzigny (Aube). Dans le Bas-Maine, *arivoir* s'emploie encore aujourd'hui pour désigner l'endroit d'une rive où l'on aborde facilement et, par extension, un abreuvoir, un lavoir [1].

RIVACHE

Parmi les noms vulgaires de la plante que les botanistes appellent *Selinum palustre* L., Duchesne relève « *persil laiteux, rivache des marais, rivache laiteux* » [2]. Ce mot *rivache* n'est pas dans les grands dictionnaires français. J'y vois un doublet de *livêche*, mot dont l'étymologie est bien connue (lat. **levisticum**, pour **ligusticum**). La livêche porte aussi les noms de *persil de montagne, séséli commun* ; or Cotgrave traduit *sermontain*, autre nom du séséli [3], par *bastard loveage*, et l'on sait que le mot anglais *loveage*, aujourd'hui *lovage*, n'est autre chose que le français *livêche*. Le genre masculin de *rivache* ne fait pas difficulté. Quant au changement du *l* initial en *r*, il est probablement dû à une étymologie populaire ; cf. l'italien *rovistico* « livêche ». On trouve l'ancien adjectif *rivage* employé substantivement, au féminin pluriel, pour désigner les herbes qui poussent près de la *rive* (Godefroy).

RODO

Nizier du Puitspelu a un article ainsi conçu :

Rodo, frôler, toucher en passant, accrocher légèrement. *La roa m'a rodo*, la roue m'a frôlé. De ** **radare**, pour **radere**, raser.

1. Dottin, p. 28. [Tout cela est bel et bien ; mais comment expliquer qu'à Saint-Bénin-d'Azy, qui est dans la Nièvre, le *p* du latin **arripatorium** soit représenté par un *b* et non par un *v* ?].

2. *Répert.*, p. 168.

3. Cf. l'article *sermontain*, ci-dessous, p. 181.

Philipon fait la remarque suivante sur l'étymologie que je viens de reproduire : « Le maintien du **d** étonne ; les exemples cités à la phonétique ne sont pas concluants et le sens me semble commander l'étymologie * **rotare** » [1].

Mais il est clair que ***rotare**, inférieur pour le sens, ne convient pas mieux pour la forme que * **radare**, le lyonnais ne faisant aucune différence entre **t** et **d** latins intervocaliques : il suffit de remarquer que l'exemple de Nizier du Puitspelu contient le substantif *roa* à côté du verbe *rodo*. Ce dernier s'explique d'une façon très satisfaisante par le type * **rasitare** [2].

(Romania, XXIX, 188).

ROINSE

Jaubert donne *roinse* comme un mot du Nivernais signifiant « jointure », avec cet exemple : « la *roinse* du doigt ». Le mot n'est pas dans Chambure. C'est un exemple curieux d'agglutination du *s* final rhotacisé de l'article pluriel [3], car la forme normale du mot est *oince*, employée avec le même sens en Berry, en Poitou et en Saintonge [4]. Jaubert a relevé dans Rabelais, IV, 15 « les plus dures *oinces* qu'oncques je senty sur mes espaules » ; il traduit à tort par « ongles [5] ». Même traduction fautive dans Godefroy, qui cite un seul exemple du moyen âge, emprunté au roman de la *Charrette* de Chrétien de Troyes, sous la forme *once* [6].

1. *Romania*, XX, 316.

2. Cf. *Romania*, XXIV, 271, et mes *Essais*, p. 367.

3. Cf. *rannées, renfans, reux, rieux* (pour *années, enfants*, etc.), dans Chambure.

4. [Sur la variante *ainse*, donnée par Lalanne, voir mes *Nouv. Essais*, art. *jainçon*, p. 286].

5. La bonne traduction a été donnée pas Boucherie, mais avec une étymologie insoutenable (par **juncta**) ; voir *Romania*, III, 420.

6. Vers 4659 de l'édition Foerster. L'éditeur pense que le mot *once* vient du latin **uncia** ; d'autres le tirent de **unc(us)** + **ĭa**. En tout cas, la forme *oince*, avec son *i*, est à rapprocher de Saint-*Point* < **Pontius**, *Digoin* < **Denegontium**, *Saincoins* < **Cincontium**. [Horning fait appel pour expliquer l'*i* à l'influence du verbe *joindre* (*Zeitschr. f. rom. Phil.*, XXVII, 148). Cet *i* se trouve aussi dans *nouince*, forme du Vendômois, sur laquelle Behrens a attiré l'atten-

Le mot est très employé dans les patois méridionaux, qui disent *ounso*, *unso*, aux sens voisins de « jointure » et de « phalange ». Monluc ne s'est pas fait scrupule de l'introduire dans son français, au risque de n'être pas compris : « Si j'estois prins, tout le monde sçait que la plus grande piece de mon corps n'eust pas esté plus grande que une *unce* d'ung des doitz de ma main [1] ».

ROSSER

Le verbe actuel *rosser* « battre » est, selon toute vraisemblance, identique à l'ancien français *roissier*, qui a exactement le même sens [2]. Il n'est pas possible d'accepter l'étymologie de Diez, car ***ruptiare**, qu'il propose [3], n'aurait pu donner que **rocier*, comme ***corruptiare** a donné *corrocier*, *courroucer*. Quant à rattacher *roissier* à ***rocca** « roche », comme le fait Foerster [4], il y faut encore moins songer. Comme *roisse* rime avec *angoisse* dans le poème de *Guillaume d'Angleterre* [5], nous sommes phonétiquement amenés à proposer ***rŭstiare** [6]. J'ai montré ailleurs [7] que le latin **rustum**

tion (*Beiträge*, p. 188-9), et où il explique la consonne initiale par l'influence du verbe *nouer*, plutôt que par l'agglutination due à l'article indéfini dans *une oince*. Il aurait pu remarquer que Cotgrave a un article ainsi conçu : « *Noynce*, The knuckle of a finger : (an old word) »].

1. Bibl. nat., franç. 5011, fo 219 ro. Les anciennes éditions [suivies par P. Courteault, t. II, p. 415] passent le mot et donnent « plus grande qu'un des doigts de ma main ». L'édition de Ruble, II, 359, porte absurdement « que une *unée* d'un des doigz de ma main », leçon que P. Courteault rejette telle quelle dans les variantes].

2. [Fréquent, au sens érotique de « baiser », dans une enquête faite à Dijon en 1461, dont je dois la communication à mon confrère Aug. Picard].

3. [En réalité, comme le fait remarquer Schuchardt (*Zeitschr. f. rom. phil.*, XXVI, 400), Diez se borne à mentionner ***ruptiare**, sans s'arrêter à cette étymologie].

4. [*Zeitschr. f. rom. Phil.*, II, 87 ; cf. *Romania*, VII, 467].

5. Vers 1495-96.

6. [De là aussi le verbe lyonnais *ruissi* « fouetter avec une houssine », à côté du subst. *ruissi* « houssine ». Schuchardt remarque que l'anc. franç. *roissier* devrait être devenu en français moderne **roisser*, comme *froissier* est devenu *froisser*. Sans doute ; mais n'avons-nous pas *brosse*, *brosser*, *copeau*, jadis *broisse*, *broisser*, *coipeau* ?].

7. Voir mes *Essais*, p. 381.

était la base des mots provençaux *rouis* « buisson, ronce » et
rouisso « branche ou tige morte, gaulis ». ***Rustiare** a été tiré
de ***rustia** « gaule », comme **flagellare** de **flagellum**. Le provençal
moderne *rousta* « rosser » vient encore à l'appui de mon hypothèse, puisqu'il semble représenter ***rustare**, formé directement
sur **rustum**.

ROUBLE

A la suite du mot *rouble* « monnaie russe », que tout le monde
connaît, Littré enregistre un autre *rouble*, qu'il définit d'une
façon tout à fait insuffisante par « outil du briquetier » et pour
lequel, naturellement, il ne donne pas d'étymologie. J'emprunte
à la première édition du Dictionnaire français-allemand de Mozin
une définition précise, qui est la suivante : « Outil qui sert à
égaliser ou niveler le terrain ». Il est clair, d'après cela, que *rouble*
est un doublet de *râble*, c'est-à-dire une forme contractée de
roable, du latin **rutabulum** [1]. Le *râble* du plombier sert aussi à
égaliser la coulée du plomb, de façon que la table ait partout la
même épaisseur.

ROUVIEUX

Les maréchaux appellent *rouvieux* (qu'on écrit parfois *roux-
vieux*) une affection de la peau du cheval, qui paraît être une
sorte de gale ; le mot désigne aussi une maladie analogue chez le
chien [2]. Littré le rattache à l'allemand **rufe** « croûte » [3] ; mais cette
étymologie [que donne aussi Scheler] ne rend pas compte de la
désinence. Je pense qu'il faut identifier *rouvieux* au picard *rouviu*,

---

1. Cf. l'article *riaule*, ci-dessus, p. 171. Un mot tout différent est le berrichon
rouble « arroche », qui semble postuler ***atruplex** pour **atriplex**.

2. [Voir un exemple contemporain, où *roux-vieux* est transformé en *vieux-
roux*, cité par moi dans *Romania*, XXXIV, 110, n. 4].

3. A l'historique, il cite un exemple de Guillaume de Machaut, où il s'agit,
en réalité, de l'adjectif *rouvel* < **rubellus**.

qui s'applique à la rougeole, et qui vient très régulièrement du latin *rubeolus* [1].

RUBICAN

Ce mot, qui est un terme de manège, figure dans le Dictionnaire de l'Académie française dès 1694. Il ne s'emploie, paraît-il, qu'au masculin : comme adjectif, il se dit de « tout cheval noir, bai ou alezan, dont la robe, et surtout les flancs, sont semés çà et là de poils blancs », et, comme substantif, il signifie « cette couleur de la robe d'un cheval ». Littré, que Scheler se borne à répéter, nous apprend qu'on a vu dans *rubican* un composé de **ruber** « rouge », et de **canus** « blanc » ; mais, ajoute-t-il, « ce paraît être l'adjectif bas latin **rubricantem**, rougeâtre, de **rubrica**, rubrique ». Les deux hypothèses se valent.

Böhmer a raison de considérer *rubican* comme inséparable de l'espagnol *rabicano* et de l'italien *rabicano*, qui ont le même sens [2]. En effet, bien que Cotgrave ne connaisse que *rubicans* « the white haires that be scattered here and there upon the coats of some coloured horses » et *rupricam* « a bay horse » [3], je lis dans le *Traicté des signes des chevaulx* imprimé à la suite de *La Mareschalerie de Laurent Ruse* (Paris, Ch. Perier, 1559), f° 133 v° : « Le cheval *rabican* (c'est-à-dire bay, ayant poils gris en quelques endroits, mesmement à la queue) lequel a des poilz blancs depuis

---

1. D'après Du Bois, le patois normand connaît *rouget* « dartre des chiens », *rouvieux* « maladie de peau qu'ont les chiens » et *rouvroux* « dartre des chiens ». [Ce dernier mot paraît bien être une variante de *rouvreuil* « nom que l'on donne en Normandie à la gale des chiens, ordinairement appelée le *Rouge* » (Rolland, *Faune pop.*, I, 62, note). Un type étymologique *rubreolus*, admis à côté de *rubeolus* d'après **ruber**, expliquerait bien le groupe -*vr*- ; la contamination de *rubeolus* par *rosariolus* (cf. Meyer-Lübke, *Rom. etym. Wörterb.*, n° 7485) me paraît peu vraisemblable. — A noter que de *rubeolus* vient aussi le nom picard du bouvreuil, *rouviu* (E. Rolland, *Faune pop.*, II, 166].

2. *De colorum nominibus equinorum*, dans *Rom. Studien*, I, 293.

3. Cette forme extrêmement altérée vient d'Olivier de Serres : l'édition de 1605, citée par Littré, porte en effet « le cheval bay appelé *rupricam* », IV, 10 ; l'édition de 1646 donne, au même passage, *rubican*.

la main en arriere, monstre qu'il vault beaucoup » [1]. On lit *rapican* dans *L'Ecuirie du s. Federic Grison* (Paris, Ch. Perier, 1559), f° 6 v° ; je ne sais si l'édition italienne de F. Grisone que le traducteur français avait sous les yeux portait réellement *rapicano*, mais l'édition de Venise 1584 porte *rabicano* dans le passage correspondant [2].

Le français tient donc *rubican* de l'italien, qui le tient de l'espagnol, qui le tient... Mais ici je ne puis donner raison à Böhmer qui considère l'espagnol *rabicano* comme dérivé de l'arabe **rabaca** « miscendi sententia ». *Rabicano* se décompose tout naturellement en *rabo* « queue », et *cano* « blanc » : comparez *rabicorto, rabilargo*, etc., d'une part, et *barbicano, pelicano*, etc., de l'autre [3]. Le texte français de 1559, cité plus haut, est d'accord avec les dictionnaires espagnols, qui expliquent *rabiçano* par « que tiene algunas cordas blancas en la cola », puisqu'il dit : « ayant poil gris en quelques endroits, mesmement à la queue ». Certains dictionnaires espagnols donnent aussi *rubican* « que tiene el pelo mezclado de blanço y rojo ». Il n'y faut voir qu'un gallicisme sans portée.

(Romania, XXIX, 189).

RUSTINE

On appelle *rustine* la face de derrière du creuset dans lequel on affine la fonte. Littré fait de ce mot un substantif masculin, mais c'est probablement par suite d'une faute d'impression, car je ne sache pas qu'on ait jamais dit autrement que *la rustine*. Il

---

1. Oudin ne donne que *rubican*, qu'il traduit par l'italien de fantaisie *rupicane* ; mais, dans la partie italienne, il donne deux fois *rabican* comme traduction de *rapicano, rabicano*.

2. La 1re édition est de 1550 [et porte effectivement *ʒapicano*, fol. vi v°]. A notèr que Cardan, dans son *De rerum varietate* (Bâle, 1557), latinise le mot en *rapicanus*. Oudin donne *rapicano* et *rabicano*.

3. Munthe n'a pas manqué de citer *rabicano* dans ses observations sur les composés espagnols du type *aliabierto* parues en 1889 dans le *Recueil de mém. philol. présenté à M. G. Paris par ses élèves suédois*, p. 38.

est longuement question du mot et de la chose dans l'article *forge*
de l'*Encyclopédie* de Diderot, article paru en 1757 et dû à Bouchu, maître de forges à Veuxhaulles, proche Châteauvilain, mais
sans indication étymologique. Pour Bouchu, la *rustine* est une
pierre, ce qui fait songer à l'allemand *stein* comme second élément composant : on n'a qu'à se rappeler *castine*, de *kalkstein*.
Mozin et Sachs traduisent *rustine* par *hinterseite*, sans plus ; mais
Sachs, dans la liste des composés dont *rück* est le premier élément, donne *rückstein* « aire de creuset ou de rustine ». Je pense
que le français *rustine* est emprunté de l'allemand *rückstein*,
comme plus d'un terme de métallurgie [1].

(Romania, XXIX, 190).

SALBUROSSE

Labourasse définit le terme meusien *sàlburosse* (var. *salburesse*,
selburesse) par : « trépied sur lequel on place le cuveau à lessive ».
Il le décompose fort justement en *sal* « selle » et *burosse*; mais il
identifie le second élément avec le substantif féminin *burosse*
« femme qui lave la lessive », ce qui n'est pas tout à fait exact.
Dans *salburosse*, *burosse* est pour **buerece*, adjectif qualificatif féminin signifiant « propre à *buer*, à faire la lessive », du type étymologique ***bucarĭcia** [2], tandis que dans le substantif *burosse*
« femme qui lave la lessive », nous avons un ancien *bueresse*
(représentant de ***bucatorissa**, qui a de bonne heure fait concurrence à ***bucatricem**).

(Romania, XXIX, 190).

SAVALLE

Littré a recueilli le substantif masculin *savalle* « nom que porte
à la Martinique la *clupée cyprinoïde* ». Il aurait pu faire remarquer

---

1. Cf. l'article *tympe*, ci-dessous, p. 207.

2. Sur le suffixe *-erez*, voir l'article *auvereche*, ci-dessus, p. 33. Godefroy ne
connaît que *bueresse*. L'adjectif **buerece* ne paraît pas très répandu : le berrichon
dit *selle à buie*, le poitevin *selle de buée*.

en même temps que *savalle* vient de l'espagnol *sábalo*, qui désigne
en Europe l'alose, *Clupea alosa*. Mais d'où vient *sábalo* ? [1]

(*Romania*, XXVIII, 211).

SCION

Le mot *scion* « pousse, rejeton d'une plante » a fort exercé
l'imagination de nos étymologistes. Ménage, après avoir développé
complaisamment les étymologies par κῦμα et par μοσχίον, propo-
sées par ses prédécesseurs, finit par tirer *scion* de **scissus**. Diez s'est
laissé séduire par **sectionem**, sans voir que ce mot latin n'aurait
pu donner en français que **seçon*, comme **lectionem** a donné *leçon*.
Le *Dictionnaire Général* a fait table rase de tout cela en rappelant
simplement que l'ancienne forme française du mot est *cion*, et la
forme picarde *chion* [2], ce qui écarte toute étymologie ayant un s
initial. Je propose de rattacher *scion* à la racine germanique **kî-**
qui se trouve dans l'allemand *keim* « germe ». Je rappelle que
l'anglo-saxon a **cîdh**, l'ancien saxon **kîdh**, l'ancien haut-allemand
chîdi, et le moyen haut-allemand **kîde**, au sens exact de « scion » [3].

Il faut se garder de voir le même radical dans le manceau *chiau*,
chiard « rejeton qui pousse sur les racines des végétaux » : il s'agit
ici du latin **catellus**, représenté en provençal moderne par *cadeu*,
et peut-être en français par *caïeu* « petite bulbe » [4].

---

1. [D'après Baist, de l'arabe d'Afrique **xabal**, qui a le même sens, et non,
comme le croyaient Cobarruvias et Simonet, du latin **sapidus** ; cf. le *Kritischer
Jahresbericht* de Vollmöller, t. VIII (1904), 1re partie, p. 203].

2. Corblet donne *chion* « baguette, jet d'arbre », et le verbe *chionner* « donner
des coups de baguette ». Il a en outre un substantif *chion* « pomme enveloppée
de pâte ».

3. Kluge, *Etym. Wörterb. der deutsche Sprache*, vo *keim* ; Graff, *Althochd. Sprach-
schatz*, IV, 365 ; Ettmüller, *Lex. anglo-saxonicum*, p. 390 ; Clark Hall, *A concise
anglo-saxon Dict.*, vo *cîd*. L'anglais *scion* vient du français ; la forme la plus
anciennement attestée est *cyun*. Skeat rattache directement le français au verbe
scier, tandis que Wedgwood le ramène ingénieusement au latin **syphon**, grec
σίφων, la pousse ayant pu être comparée à une pompe qui aspire la sève du
tronc.

4. Cf. l'article *chiauler*, ci-dessus, p. 69.

SEMOUSTER

Godefroy a un exemple unique du verbe *semouster* « fouler le
le raisin », et il rapproche justement ce mot du savoyard *semouta* [1]
« piétiner » et du romand *semouter* [2], qui a le même sens que l'ancien français. L'étymologie est claire : le type latin est ***submustare**, de **sub** « sous » et de **mustum** « moût ». Ce type se retrouve
dans le provençal, mais le développement sémantique n'est pas le
même. D'après Mistral, *semousta* signifie « ôter le vin de la cuve
avant qu'il ait fini de fermenter » et, au figuré « surabonder ».
A côté du verbe *semouster*, Godefroy a deux exemples du substantif *semoste*, qu'il s'abstient de définir, mais le sens est manifestement « époque où l'on foule le raisin ».

SERÈNE [3]

Littré a admis dans son Supplément le substantif féminin *serène*
« nom, en Normandie et en Bretagne, de vases en poterie de
grès dans lesquels est versé le lait de la traite et où monte la
crème destinée à faire le beurre » [4]. Il le rattache au latin **seria**
« jarre ».

Il ne me paraît pas possible de séparer ce mot du picard *che-
raine, cherène* et du wallon *serène*, qui désignent une baratte [5]. Scheler le tire du latin **serum** « petit-lait » ; mais le *ch* du picard écarte
cette étymologie, aussi bien que celle de Littré. Je crois qu'il faut
— quoique Scheler le juge difficile — s'adresser à l'anglo-saxon

---

1. [Cf. *chamoutá* et sa famille dans le *Dict. savoyard* de Constantin et Désor-
maux].

2. [Cf. L. Gignoux, *La terminologie du vigneron dans les patois de la Suisse
normande*, dans *Zeitschr. f. rom. Phil.*, XXVI, 131, § 14, *Fouler*].

3. Voir l'article que Joret a consacré à ce mot, et où, bien avant moi, il a
soutenu la même étymologie, dans ses *Mélanges de phonétique normande*, p. 38.

4. [Oudin et Duez ont un article « Sereine à battre le beurre », bien que le
mot ne figure ni dans Nicot ni dans Cotgrave].

5. Cf. Grandgagnage, II, 341, et l'article *seraine* 2 de Godefroy.

cyrine, cerene, d'où l'anglais actuel *churn* « baratte » [1]. Le breton
kirin a un sens analogue ; Victor Henry y voit un emprunt au
scandinave, vieil islandais **kirna** [2].

SERMONTAIN

On s'étonne de ne pas trouver dans Littré le nom de plante
sermontain, qui figure non seulement dans nos anciens dictionnaires (Cotgrave, Duez, Oudin), mais encore en 1771 dans le
Dictionnaire de Trévoux. Ce mot désigne ordinairement le séséli,
Seseli tortuosum L., plus rarement une variété de laser, le *Laserpitium Siler* L. — Savary des Bruslons a relevé *sermontant* dans le
tarif de la douane de Lyon, sans pouvoir dire ce que c'était. Aux
exemples réunis par Godefroy, v° *sermontaygne* et v° *sermontain*,
on peut en ajouter bien d'autres : *siler montaing*, f° 68[b] de la
traduction du *Circa instans* que possède la Bibliothèque Sainte-
Geneviève [3] ; *senemontain* et *sirmontain* dans l'*Antidotaire Nicolas*,
édition Dorveaux, § 2, 4, 24, 26, 30, 49, 81 ; *sirmontain* dans
la *Garison des vins* qui fait suite à l'*Antidotaire*, p. 38. La forme
senemontain, fréquente dans l'*Antidotaire*, ne peut s'expliquer que
par une confusion avec *sene* « séné ». Mais que représente au juste
la forme ordinaire dans son premier élément composant ? Pla-
tearius, auteur du *Circa instans*, donne *siler montanum* comme
synonyme de *siseleos*, mais le latin classique **siler** désigne une
plante analogue au saule, probablement l'osier, qui n'a rien à faire
avec le sermontain. A côté de **seseli**, le latin avait une forme
secondaire **sili**, répondant au grec σίλι, variante de σέσελι : de
là le dérivé **silatum**, donné par Festus. Cette forme **sili**, sup-
plantée par **siler** dans le latin des botanistes, est probablement

---

1. Je mentionne pour mémoire deux étymologies inadmissibles : le verbe
serrer (Du Méril) et le bas-allemand *schrantsen* (Joret, *Essai sur le patois du Bessin*, p. 67 ; mais Joret s'est ravisé depuis, comme je l'ai dit ci-dessus, dans ses
Mélanges).

2. *Lexique étym. du breton*, p. 68.

3. [Ce manuscrit a été publié en 1913 par le Dr Dorveaux ; le passage visé
se trouve à la p. 181 de son édition, n° 1062].

la source de la première syllabe de *sermontain, sirmontain,* où le changement de *l* en *r* ne fait pas difficulté [1].

SERRON

L'Académie a admis en 1762 dans son Dictionnaire le mot *serron,* substantif masculin, qu'elle définit ainsi : « Boîte dans laquelle on apporte des drogues des pays étrangers ». Littré tire *serron* du verbe *serrer,* sans commentaire. A priori, *serron,* étant un terme de commerce extérieur, doit être d'origine exotique. Le Dictionnaire de Trévoux nous vient en aide par un renvoi au *Mercure de France,* septembre 1724, p. 2048. Dans le passage visé, une correspondance d'Espagne annonce que la flotte de la Nouvelle-Espagne est arrivé à Cadix et a rapporté « 1436 *serrons* de cochenille ». Savary des Bruslons (1723) ne connaît pas *serron,* mais il donne *ceron* et *suron* (tous les deux aussi dans Littré). Sous ce dernier article, il écrit : « *Suron* ou *ceron,* balot couvert de peau de bœuf, fraîche et sans apprêt, le poil en dedans, cousu avec des filets et lanières de la même peau. Les balots viennent ordinairement de la Nouvelle-Espagne... Le mot est espagnol, mais francisé, *surone* en espagnol signifiant un balot ». Le mot espagnol visé par Savary est manifestement *zurron,* confondu avec *seron,* augmentatif de *sera* « corbeille, manne » [2]. Le mot a aussi passé en anglais, où l'on écrit *seron* et *seroon,* et probablement dans d'autres langues [3].

(Romania, XXIX, 191).

1. Duez donne *silmontain,* mais c'est probablement une forme refaite.

2. **Cf.** Körting, 8275 ; l'apparentement de l'espagnol *sera* (portug. *seira*) avec le prov. *sarria,* et l'étymologie par le german. **sahar** « jonc », ne peuvent être acceptés. Meyer-Lübke a proposé le lat. **seria,** qui est parfait pour la phonétique (*Zeitschr. f. öster. Gymn.,* 1891, p. 765). [Depuis, il a changé d'avis : au lat. **seria** il ne rattache que l'ital. dialectal *sire* (Teramo) : voir son *Rom. etym. Wörterb.,* nº 7846. L'espagnol *sera* et le prov. *sarria* viendraient du germanique, le premier par le gotique, le second par le burgonde *(ibid.,* nº 7518) ; quant à l'espagn. *zurron* (portug. *surão,* catal. *sarró*), il représenterait l'arabe **çorrah** (*ibid.,* nº 2249)].

3. Mozin, dans son *Dict. français-allemand,* traduit ou plutôt transcrit *suron* par *surone, serone.*

SERVONE

On lit dans une ancienne traduction de la *Summa de ecclesiasticis officiis* de Jean Belet : « Li avenemenz en char delivra noz ames de la *servone* au deable [1]. ». Plus loin [2], le copiste écrit successivement « la *servonne* » et « la *servune* de Babiloine ». Ce curieux mot, dont le sens manifeste est « servitude », a échappé à Godefroy, bien que l'infatigable compilateur ait emprunté plus d'un exemple à cette ancienne traduction.

La désinence *-one* paraît être une altération de *-une* [3], forme qui est l'aboutissement phonétique régulier de la désinence latine **-ūdinem**, passée en français courant sous la forme populaire *-une* (à côté de la forme savante *-ude*). A ce titre, ce mot nouveau est à mettre à côté de *vieillune*, dérivé de *vieil*, dont les exemples abondent en ancien français [4]. Ce n'est pas un représentant populaire du latin **servitudinem** (lequel ne pourrait être que **sertone*, **sertune*), mais un dérivé direct de *serf*. Le provençal a tiré *ordumna* de *ord*, sans qu'il y ait de type latin correspondant. L'affirmation de la loi phonétique qui rattache *-one*, *-une* au latin **-udinem** s'impose. On ne peut donc expliquer **-udinem** > *-une* sans faire appel à l'action analogique de la désinence ***-uminem** [5].

1. Bibl. nat., lat. 995, f⁰ 34 r⁰. Sur ce manuscrit, voir quelques mots de P. Meyer, dans le *Bulletin de la Société des anciens textes franç.*, X, 83 ; cf. ci-dessus, p. 112, et ci-dessous, p. 221 (note 3).

2. *Ibid.*, f. 37 v⁰.

3. [On trouve *sonbletone* à côté de *sonbletune* (cette dernière forme est plus fréquente) dans le *Gloss. hébreu-franç. du XIIIe siècle* publié par M. Lambert et L. Brandin, p. 28²⁸].

4. Cf. le languedocien *bielhuno* « vieillesse ».

5. Je m'aperçois au dernier moment que Foerster a réuni quelques exemples de la désinence *-une* dans une note sur le vers 647 de la *Charrette* de Chrétien de Troyes. Il cite *amertune, pesantune, servitune*, auquel il ajoute *amertonde* et *enfertumbe*. La forme *amertonde* se rapproche de *servone* par son *o* ; le groupe *nd* y provient sans doute d'une métathèse de *d'n* latin. [Sur *rancune*, voir ma notice, *Romania*, XXXIV, 461].

SEVAU

On appelle *sevau* en Berry une « bande de bois, taillis ou futaie, contournant la limite d'un champ » (Jaubert, Supplément). Au xvᵉ siècle, le mot était usité dans l'Orléanais : dans l'aveu du fief de Monceaux, rendu en 1442, figurent « deux pièces de terre tenant ensemble, un *sevau* entre deux [1] ». Je crois qu'il faut rattacher *sevau* au latin **sepes** « haie ». On sait que **sepes** s'est conservé dans le latin vulgaire de la Gaule : le français en a fait *soif*, mot disparu de la langue générale, mais conservé, sous des formes plus ou moins faciles à reconnaître, par beaucoup de patois [2]. *Sevau* correspond à un type ***sepalis** [3]. Un texte du Nivernais, de 1478, emploie *sevelee* comme synonyme de « haie » [4] : c'est probablement un dérivé de *sevau*, répondant au type ***sepalata**.

SEVIL

Le substantif *sevil* ne se trouve que dans l'*Érec* de Chrétien de Troyes, au vers 4976. Le sens de « haie » s'impose, d'après les vers 4973, 5006, 5022, où le mot *haie* est effectivement employé. Dans une longue note, Foerster flotte entre *sevil*, qui peut provenir, dit-il, de ***sepīculum** ou de ***sepīle**, et *senil*, qui pourrait être le même mot que le provençal moderne *senilh*, lequel désigne la plante dite souchet long. Il faut certainement s'en tenir à *sevil*

1. Cité par Godefroy, qui définit bizarrement *sevau* par « buisson de bois qui renferme une terre labourable, pré ou bois ».

2. Quelques-unes de ces formes sont énumérées à la fin de l'article *soif* de Godefroy.

3. **Sepalis** est employé comme substantif féminin dans une charte d'Amalfi, où Du Cange l'a relevé en proposant de le corriger en **separalis** : on voit que la correction n'est pas nécessaire. Outre ***sepalis**, le latin vulgaire de Gaule a possédé [***sepata** (morv. *ʒevée*, dans Chambure ; cf. Jossier, *Patois de l'Yonne*, vᵒ *sevée*)], ***sepīcia**, d'où le provençal *sebissa*, et ***sepīle**, dont il va être question ci-dessous, à l'article *sevil*.

4. Texte signalé par Carpentier, avec la fausse lecture *senelee* ; on le retrouve corrigé, comme il convient, dans Godefroy, à l'article *sevelee*.

« haie ». Comme *sevil* rime avec *il*, et que Chrétien de Troyes fait rimer *il*, dans *Érec* même, tantôt avec des mots en *l* simple (*mil*, 4957 ; *vil*, 505 et 1019), tantôt avec des mots en *l* mouillé (*peril*, 1145), nous ne trouvons pas dans l'étude des rimes le moyen de savoir si *sevil* vient de **sepīculum** ou de **sepīle**. L'existence de **sepalis**, représenté par *sevau*, dont il vient d'être question, rend très probable celle de **sepīle**. On peut en outre invoquer dans le même sens [le gascon *subiu* [1] et] le nom de lieu *Le Sebioux*, qui est fréquent dans le sud de la Vienne, dans la Creuse, dans la Haute-Vienne, et qui vient de **sepīle**, comme *Le Courtioux* vient de **cortīle**. C'est aussi **sepīle** qui est à la base du lyonnais *sevilo* « haie », lequel représente **sepīlata** (et non **sepelata**, comme le dit N. du Puitspelu, fort embarrassé d'ailleurs pour expliquer l'*i* du mot lyonnais). [Le patois forézien, d'après Gras, a *civelot* « haie », mot masculin qui postule **sepīlatum**].

<h2 style="text-align:center">SIGUETTE</h2>

Siguette est un terme de manège qui désigne, d'après Littré, un caveçon de fer creux garni de dents de fer et composé de pièces jointes par des charnières. On se sert de mors *à la siguette*, surmontés d'une têtière, pour dompter les chevaux fougueux. Le mot est tel quel dans Trévoux, qui l'a pris à Furetière (1690) : « C'est un cavesson de fer avec des dents *comme celles d'une scie...* » Si Littré n'avait pas retranché de la définition traditionnelle ces cinq derniers mots, il aurait probablement trouvé sans peine l'étymologie : c'est l'italien *seghetta*, proprement « petite scie ». Cotgrave ne donne pas *siguette*, mais *séguette*, qui est le mot italien tout craché. Je ne sais d'où est sortie la forme *siguette*, qui a supplanté, au moins dans les dictionnaires, la forme étymologique [2] : peut-être a-t-on pensé à *scie*.

(*Romania*, XXIX, 192).

1. [Cf. *Ann. du Midi*, 1904, p. 222].

2. Une coquille typographique a transformé *siguette* en *figuette* dans l'édition genevoise de Delcampe, *Abrégé de l'art de monter à cheval* (1677), p. 10, si j'en crois une citation faite par Schuchardt, dans la *Zeitschr. f. rom. Phil.*, XXIII, p. 191.

SOFASCHIER

Godefroy a réuni un assez grand nombre d'exemples de cet ancien verbe français qui signifie « soulever, soupeser ». Il a cru devoir les ranger sous l'article *sousfaissier*, comme si le mot était composé de *sous* et de *fais*, ou représentait un type du latin vulgaire ***subtusfasciare**. Aucun des exemples cités n'autorise cette manière de voir : il est absolument certain que *sofaschier*, en anc. picard *sofaskier*, est la seule forme authentique, laquelle s'explique très régulièrement par l'hypothèse d'un type ***subfascare**, composé parasynthétique formé, en latin vulgaire, avec le préfixe **sub** « sous » et le substantif **fascis** « faix » [1]. On trouve aussi *soz fas-chier*, dont le préfixe correspond à **subtus** et non à **sub**, soit que le latin vulgaire ait réellement connu la variante ***subtusfascare**, soit qu'il y ait eu, en français, substitution postérieure du préfixe *soz-* au préfixe **so* [2]. Le latin vulgaire paraît avoir tiré de **fascis** un autre composé parasynthétique, à savoir ***affascare**. En effet, Godefroy, dans son *Complément*, cite, à l'article *afaissier*, un texte picard de 1309, où *asfaskier* (lapsus pour *afaskier*) est employé comme synonyme de « charger » : ce mot est à distinguer de *affaisser*, lequel a été composé, à une époque relativement moderne, avec le préfixe *a-* et le substantif *fais* [3].

(Romania, XXIX, 192).

---

1. Le patois normand emploie actuellement *souffaquier*, *souffaquer*, au sens de « peser sur, oppresser » ; nous y retrouvons manifestement notre type ***subfascare**, et non **suffocare** (proposé par les frères Du Méril et par Du Bois).

.2. [Pour une autre substitution, cf. l'art. *sorfa* du *Projet de Dict. wallon*, p. 27].

3. Il est bien tentant de tirer le français moderne *fâcher* de ***fascare** ; mais tant que l'histoire de ce mot ne sera pas mieux connue, l'étymologie en doit être réservée. L'exemple du XIVe siècle que Littré et Godefroy ont emprunté à Du Cange n'existe pas réellement ; j'ai conté ailleurs en détail l'histoire de cette méprise (voir Marcellin Boudet, *Reg. consulaires de Saint-Flour*, préf., p. 11).

SONGNOLE

Carpentier a recueilli dans des lettres de rémission du Trésor des Chartes deux exemples d'un ancien mot français *songnole* ou *songnolle*, qu'il a insérés dans son supplément de Du Cange [1].

Le premier en date, de 1409, est ainsi conçu : « En icelle chambre le suppliant print et embla trois arbalestes, une *songnolle*, un maillet, etc. ». Carpentier traduit dubitativement par « espèce de flèche ». Je n'ai pas de doute sur le sens, étant donné le voisinage du mot *arbalète* : il s'agit du levier articulé ou pied-de-biche des anciennes arbalètes, qui est appelé *sinolle* dans le Journal de Jean Maupoint [2].

Le second, de l'an 1424, mentionne une rupture de « l'os de la *songnole* de l'espaule ». Carpentier le glose sagement par « pars humeri ». Je ne prendrai pas sur moi de décider si l'os en question est l'omoplate ou la clavicule, ce qui importe peu : je noterai seulement la parfaite convenance sémantique de cette appellation de *songnole* appliquée à l'articulation scapulo-humérale des anatomistes [3]. Il est certain en effet, qu'ici, comme dans l'exemple de 1409, *songnole* n'est qu'une graphie particulière de *ceognole*, mot dont je me suis occupé dans mes *Essais* et qui représente le latin **ciconiola** [4].

(Romania, XXIX, 193).

1. Ces exemples sont raccrochés, au petit bonheur, à l'article *sonella* « sonnette ».

2. Cf. mes *Essais*, p. 409, addenda à la p. 267. Un autre exemple est dans Godefroy, à l'article *chinoch*, où il faut lire *chinolle*.

3. [Cf. Tagault, *Instit. chirurgiques*, éd. 1549, p. 585 : « La rotule du bras qui ressemble aux *polyes du bandage* d'vne arbaleste » ; le texte latin, éd. 1543, p. 354, porte : « Humeri orbita *trochleis* similis »].

4. Aux références indiquées dans mes *Essais*, ajouter : Du Cange, *cicomola* (faute pour *ciconiola*), *citonella* (faute pour *ciconella*), *ciconia*, *cigonia*, *cigognola* (addition de l'édition Favre) ; [Fertiault, p. 400, *signôle* « vielle »] ; Godefroy, *sigògnole* ; [Haillant, p. 548, *simieule* ; Schuchardt, *Vokalismus*, II, 384, et III, 281].

SORDENT

Godefroy définit *sordent* par « frein, mors », et il n'en donne que les deux exemples suivants [1] :

> Barre vos a mise e *sordent*
> El regne (*lisez* regné) tot (*corr.* tolt) qui vos apent.
> (BENEEIT, *Ducs de Norm.*, II, 17966, Michel).

> Des or se gardent Saisne, la pute gent grifaigne,
> Tels *sordens* lor est crius qui gaires n'en adague.
> (*Enf. Gd.*, Richel. 12588, fo 42ª).

Il a en outre un article *soredent*, où se trouve cet exemple unique :

> De lor lignage avons un *sobredent* (var. *soredent*),
> Qui son cousin Foucon a fait sanglant.
> (HERB. LE DUC, *Foulq. de Candie*, p. 85, Tarbé).

A cet article, Godefroy considère *soredent* comme une « forme altérée pour la rime de *sordon*, rejeton ».

En réalité, *sobredent*, *soredent* est le même mot que *sordent*, et ce mot ne signifie ni « frein » ni « mors » ni « rejeton » : c'est un composé de *sor* « sur », et de *dent*, qui est encore employé par Paré au XVIᵉ siècle, sous la forme *sourdent*, dans son sens propre de « dent qui vient hors de rang, sur une autre ou entre deux autres » [2]. Depuis lors, nous avons modernisé la la forme et nous disons *surdent* avec le même sens. Toute trace du sens figuré paraît avoir disparu en français avec le moyen âge, mais la naissance même de ce figuré n'a rien de bien mystérieux. *Sobredent* est employé d'une façon analogue en ancien

---

1. [Ajouter un exemple de Cuvelier, cité à l'article *sourdent* et défini par « révolte, soulèvement »].

2. Voir l'art. *surdent* de Littré. Cotgrave traduit inexactement *sourdent* par : « The stumpe of a broken tooth ». Évidemment, il ne s'est pas rendu compte de la formation du mot.

provençal [1]; Mistral, v° *subredent*, indique même comme encore vivant le sens de « obstacle, embarras ».

La forme *sobredent* dans *Foulques de Candie* est curieuse. Il n'est pas sûr que ce soit une forme véritablement provençale; car elle peut provenir des dialectes du sud-ouest de la langue d'oïl, où *b* de **p** latin se trouve plus d'une fois devant *r* [2]: je constate en effet l'existence de *subredent* jusque dans le patois du Bas-Maine [3]. D'autre part, Littré enregistre *soubredent* comme variante de *surdent* et il appuie cette forme d'un exemple de Guyot (*lisez* Gayot) de Pitaval, *Causes célèbres*, I, 24. Le Dictionnaire de Trévoux qualifie *soubredent* de « mot Toulousain », et il a raison, car il fait voir que Gayot de Pitaval, « l'auteur peu célèbre des *Causes célèbres* », qui, par parenthèse, était Lyonnais, l'a emprunté au jurisconsulte Coras, rapporteur du procès de Martin Guerre, celui « qui avoit deux *soubredents* à la mâchoire de dessus » [4].

(Romania, XXIX, 194).

SOUCHET

Littré tire de *souche* le nom de plante *souchet*, et à cela on ne peut qu'applaudir. Mais il veut en tirer aussi un autre mot *souchet*, celui qui porte chez lui le n° 1, et qui est défini ainsi : « Pierre qui se tire au-dessous du dernier banc des carrières ». Il y a de quoi ouvrir de grands yeux. Pour ma part, je ne vois pas ce que ce *souchet* là peut avoir à faire avec *souche*.

---

1. Cf. l'article *sobredens* du Vocabulaire de la *Chanson de la croisade contre les Albigeois*, édition P. Meyer, [et Levy, *Prov. Suppl.-W.*, VII, 705].

2. Görlich, *Die südwestlichen Dialecte der langue d'oïl*, p. 95.

3. Dottin, *Gloss. du Bas-Maine*, p. 479.

4. Au dernier moment, relisant le fragment de *Mainet*, publié dans la *Romania*, IV, 315, j'y trouve ce vers :

> « Baligant, dist Marsiles, oiés quel *soubrident* ! ».

G. Paris dit en note : « Je ne connais pas ce mot qui paraît signifier raillerie insultante ». *Soubrident* est évidemment identique à *sobredent*, *sordent*.

Or il existe un verbe *souchever*, signifiant, d'après Littré, « enlever le souchet dans une carrière pour séparer les lits de pierre ». Arsène Darmesteter en a donné l'étymologie, qui avait échappé à Littré : *souchever* est composé de *sous* < **subtus** et de *chever* < **cavare** ; c'est proprement « creuser en dessous ». Quant à *souchet*, Darmesteter déclare [1] que « ce mot n'a probablement rien à voir dans l'étymologie de *souchever* » : il n'approuve donc qu'à moitié l'idée de Littré. Mais il me paraît aussi difficile de concevoir l'indépendance de *souchet* vis-à-vis de *souchever* que sa dérivation de *souche*. Je propose d'y voir un substantif verbal dont la forme primitive a dû être **souchief*, qui est à *souschever*, comme *essief* à *essever*, *meschief* à *meschever*, *relief* à *relever*, etc. La forme normale **souchef* ayant amuï son *f* final [2], la confusion avec le suffixe diminutif était presque inévitable.

(Romania, XXIX, 195).

SOUPEAU

Littré ne donne pas d'étymologie au terme rural *soupeau* « morceau de bois qui attache le soc de la charrue avec l'oreille ». On lit dans Jaubert : « *Soupiau*, pièce de bois servant de semelle à la charrue ; a de l'analogie avec le français *sous-pied* ». En réalité, *soupeau* est pour *cepeau*, diminutif de *cep*. Tous les dictionnaires français, excepté celui de l'Académie, connaissent *cep*, souvent écrit *sep*, comme le nom de la pièce de la charrue qui glisse sur le sol et qui supporte le soc. Dans beaucoup de provinces, cette pièce s'appelle *semelle* : c'est en ce sens qu'il faut entendre ce dernier mot dans la définition de *soupiau* que donne Jaubert.

SOURDON [3]

Le *sourdon* est un coquillage du genre *Cardium*, très abondant

1. *Traité de la form. des noms composés*, 2ᵉ éd., p. 153.
2. Cf. Thurot, *Prononc. franç.*, II, 133 et s.
3. [Le plus ancien exemple de ce mot se trouve, en 1517, dans le *Voyage d'outre mer* de Thenaud, éd. Schefer, p. 65 : « En icelle [mer Rouge] prenions plaisir a pescher *sourdons*, moucles, castaignes de mer »].

sur nos côtes, où il porte divers noms, recueillis par E. Rolland [1].
Mistral enregistre *sourdoun*, comme nom de ce coquillage, en
le rapprochant du roman *sordon* (?) ; il semble pourtant que le
mot n'est véritablement usité que sur les côtes de la Saintonge,
de l'Aunis et du Poitou [2]. Quelle en est l'étymologie ? Bien
que le mot *sourdon* soit dans Cotgrave (qui l'a tiré du célèbre
livre de Rondelet sur les poissons), dans Oudin et dans Trévoux,
nos premiers étymologistes l'ont négligé. Mistral le tire de
sourd, mais sans s'expliquer autrement. Peut-être faut-il identifier ce mot avec l'ancien français *sourdon*, variante de *sourjon*
« surgeon, source », dont Godefroy a réuni un certain nombre
d'exemples [3]. J'emprunte à Trévoux un détail qui me suggère
cette idée, et je la donne pour ce qu'elle vaut : « Les tuyaux dont
il attire et jette l'eau sont très courts ; c'est par ces petits jets
d'eau, qu'il pousse à plus de deux pieds de distance, qu'on
découvre où il est ».

(Romania, XXIX, 196).

SOUTRE

Soutre est un substantif masculin qui se dit, dans quelques
études, d'une pancarte de papier qu'on met sur le bureau pour
écrire dessus, y serrer des notes, etc., ce qu'on appelle couramment un « sous-main ». Littré ne donne que ce sens dans le
corps de son Dictionnaire ; mais, dans le Supplément, il a ac-
cueilli celui de « partie inférieure », que le mot possède en Aunis,
et il cite un vers de D'Aubigné à l'appui. Ici comme là, il tire le
mot du latin **subter**. L'étymologie ne vaut rien, pour plus d'une
raison. La plus apparente, c'est que ce mot est en ancien fran-

---

1. *Faune pop.*, III, 220. Sans parler de *bucarde*, qui est savant, l'auteur cite
besourdo, capelan, mourgue et *praire*, dans la Méditerranée ; *maillot, mayon,
pétoncle*, à Arcachon ; *sourdon*, sur les côtes de l'Ouest ; *raguideau*, à Noirmoutier, et *rigadell, rigodell*, à Audierne ; *coque* et *hénon*, dans la Manche.
D'après Mistral, le sourdon porte aussi le nom de *folego* dans le Midi.

2. *Besourdo*, usité dans l'Aude, d'après Rolland, est-il de la même famille ?

3. Cf. l'article *sordon* du *Gloss. du Centre* de Jaubert.

çais *soustre* [1], et que la présence d'un *s* dans la forme primitive est confirmée par les patois du Centre et de l'Ouest, lesquels disent *soûtre* [2]. Le provençal possède également *soustre* [3], qui signifie entre autres choses « litière », et le verbe *soustrar*, en saintongeais *soûtré*, « faire litière ». Mistral fait venir *soustrar* de *soustre*; c'est le rapport inverse qu'il faut admettre. *Soutre* est un substantif verbal tiré de *soutrer*, comme *repos*, de *reposer*, *bris*, de *briser*, etc. Meyer-Lübke a fort bien expliqué l'origine du saintongeais *soutrer* et du provençal *soustrar* [4] : ils remontent tous deux au latin vulgaire **substrare**, infinitif refait d'après le participe passé **substratum**, qui a remplacé **substernere** « étendre dessous, faire la litière ».

(Romania, XXIX, 196).

TALLEVANE

Littré emprunte à Mme de Genlis un exemple du mot *tallevane* « pot de grès où l'on met du beurre », mais il ne donne aucun éclaircissement sur l'origine de *tallevane*. C'est un terme normand. Il est enregistré par le *Dictionnaire du patois de l'Eure* dans la locution *pot de talvanne* et défini ainsi : « Grand pot de grès à large ouverture, lourd et grossier, où l'on met entre autres provisions celles de cochon salé ». Les auteurs se demandent si le nom ne viendrait pas de celui de la ville de *Thérouanne*. Ce qui ne permet pas d'accepter cette hypothèse, c'est que la forme ancienne n'a pas la désinence en *-anne*. On trouvera deux exemples de *pot de tallevande*, *pot de tallevende*, l'un de 1466

1. Cf. l'article *soustre* de Godefroy.

2. Cf. Jaubert, *Gloss. du Centre*, et Jônain, *Dict. du patois saintongeais*. A l'article *soute*, Littré cite les formes du Berry *soûtre*, *sioûtre*, *sioûte* : ces formes correspondent au français *soutre*, et non à *soute*, terme de marine, qui est féminin. Jaubert donne le sens de « sous-main » dans son Supplément.

3. [Ancien provençal *sostre*, qui manque dans Raynouard, mais qui figure dans Emil Levy, *Prov. Suppl.-Wörterb.*, VII, 847, et dans une charte de Castres, vue par moi aux Arch. nat., K 1174, n° 24].

4. *Gramm. des lang. rom.*, t. II, § 117. [Cf. J. Haust, *Étym. wall. et franç.*, p. 225, v° *sotré*].

et l'autre de 1473, provenant de Bayeux, dans le *Dictionnaire de patois normand* de Moisy. Cela étant, il faut vraisemblablement reconnaître dans ce mot le nom lieu de *Tallevende*, porté par deux communes du Calvados, situées près de Vire, à côté l'une de l'autre, *Tallevende-le-Grand*, aujourd'hui *Saint-Germain-de-Talle-vende*, et *Tallevende-le-Petit*, aujourd'hui *Saint-Martin-de-Talle-vende*. Toutefois, je dois dire que la poterie ne figure pas parmi les industries actuelles de Tallevende [1].

TARANCHE

Littré ne donne ni historique ni étymologie au substantif féminin *taranche*, qu'il se contente de définir ainsi : « Grosse cheville de fer qui sert à tourner la vis d'un pressoir ». Le mot n'est pas dans nos plus anciens dictionnaires ; il apparaît à la fin du XVIIe siècle dans le *Dictionnaire des termes d'arts et de sciences* de Thomas Corneille (1694), et il a passé de là dans Trévoux. Il est impossible de méconnaître le moderne *taranche* — dont j'ignore l'habitat exact, aucun dictionnaire patois ne l'enregis-trant [2] — dans le latin gallo-romain **tarinca**, qui a exactement le même sens. Du Cange a relevé **taringa** dans la Passion et l'Invention de saint Quentin, et **tarinca** dans la Passion des saints Fuscien et Victoric. Son article, qui a été résumé dans Forcellini-De-Vit, demande à être remanié ainsi qu'il suit.

---

1. A Guernesey, d'après Métivier, on désigne sous le nom de *talvâne* la « pierre fine dont on se sert pour orner la façade d'un édifice ». C'est, d'après lui, le bas-breton *talbenn*, « frontispice, pignon », sans rapport avec ce qui nous occupe. — On trouve dans Godefroy un mot *talevenne*, qui n'y est pas défini, comme figurant dans cette phrase, rédigée en Bourgogne l'an 1454 : « Depecier le toy de sa maison et desrochier la *talevenne* d'icelle ». Ici *talevenne* désigne l'étage qui se trouve immédiatement sous le toit, et doit être rapproché d'un article de l'*Etymologicon François* de Jean Le Bon, dit l'*Hetropolitain*, publié en 1571 : « *Talevande*, latine **suggrunda**, estage sous la gouttiere ». [Cf. J. Jud dans *Romania*, XLVIII, 488 et s.].

2. [Cf. *rance* (jadis *tarence*) « levier en fer pour ajuster et pendre les cloches » dans le Bocage normand, *Rev. des parlers pop.*, II (1903), p. 75].

Tarinca se trouve non seulement dans la Passion des saints Fuscien et Victoric, mais dans la première rédaction de la Passion et de l'Invention de saint Quentin : « Ricciovarus jussit vocari fabrum ferrarium ut faceret **tarincas** duas quæ a cervice usque ad crura ejus attingerent, et alias decem quas inter ungulas et carnem mitterent in digitos ejus... Et in digitos ejus candentes **tarincas** intulit... **Tarincas** quæ in Quintini sancti corpus fuerant confictæ » [1]. L'auteur de la seconde rédaction a remplacé **tarinca,** qui lui a sans doute paru barbare, par *sudes* ou par *clavus.* Ce n'est que dans la troisième rédaction, de peu antérieure au XIIe siècle, que se trouve, à deux reprises, la forme *taringa* relevée par Du Cange : « Sudes ferreas quæ gallica lingua *taringæ* vocantur » [2]. Cette forme est donc sans grande autorité, et **tarinca** [3], appuyé par le français *taranche,* doit être inscrit sans aucune hésitation dans le vocabulaire du latin vulgaire des Gaules [4].

Le mot français *taranche* est-il le seul représentant dans les langues romanes de l'ancien gaulois **tarinca** ? Ménage s'est adressé à ce dernier pour l'étymologie du français *tringle,* mais il a fait fausse route, comme on le verra plus loin, p. 203. Les dialectes méridionaux de la France se servent, pour exprimer l'idée de « écharde », et quelquefois de « attelle », de termes variés que Mistral a réunis à l'article *esterlinco* : parmi ces termes, *tarenco, tarenclo,* usités en Rouergue, remontent certainement à **tarinca, *tarincula.** Les autres paraissent issus d'un croisement entre

---

1. *Acta Sanctorum,* octobr. XIII, p. 783 et 786.

2. *Ibid.,* p. 799 et 800.

3. [Cette forme se trouve aussi dans une Vie de sainte Catherine, éd. Jarnik, p. 63 : « Exposita inter serras et *tarincas* ferreas ». On lit en revanche *talinga,* rendu par *sule,* dans une glose germanique (Diefenbach, *Nov. Glossarium,* v° *tarinca* ; cf. *Althochdeutsch. Gloss.,* III, 375, 33)].

4. D'Arbois de Jubainville m'apprend que les parlers celtiques actuels de l'Écosse et de l'Irlande possèdent, au sens de « clou », des mots paraissant remonter à des types ***taranga** et ***tarangia,** dont la racine est la même que celle de **taratro,** d'où vient le français *tarière.* [Cf. l'analyse d'un article de Carl Marstrander dans *Revue celtique,* XXXV (1914), 119].

tarinca, d'une part, **hastella** et **scandula**, de l'autre. Je ne saurais, pour le moment, débrouiller cet écheveau [1].

Je mentionnerai, pour terminer, deux mots italiens qui semblent apparentés au français : *tarenco*, enregistré par Ant. Oudin, qui le définit : « la partie du compas où l'on met la pointe ou le crayon », et *tarengo* « lame de fer servant d'armature à la jante d'une roue » [2].

(Romania, XXIX, 198).

TENAIS

Je ne connais le mot *tenais* que pour l'avoir lu dans le dictionnaire de Cotgrave, où figure l'article suivant : « Tenais, m. *The slip of a plant* ». Appliqué à une plante, *slip* signifie « bouture, plant ». Il faudrait connaître la source de Cotgrave pour décider s'il a exactement rendu le sens de *tenais* [3]. En tout cas, je n'hésite pas à saluer dans ce dernier un représentant populaire, merveilleusement régulier, du latin **tenacem**, c'est-à-dire un doublet de *tenace*. Les écrivains latins emploient déjà **tenax**, substantivement, pour désigner soit un lien en général, soit le pédicule des fruits [4]. **Tenacem** est encore représenté en roman, sous une forme populaire, par le sarde *tenage* « manche », et par le portugais *tenaz* « tenaille » [5].

(Romania, XXIX, 199).

---

1. [Cf. poitevin *étalanche* « écharde », que Beauchet-Filleau tire dubitativement de **étaler** « arracher les talles d'une plante »].

2. [Cf. espagnol *talanquera* « barrière », cité par Philipon, *Romania*, XXXV, 283. J. Jud me signale en outre le montferrin *taranchin*, défini « grossa sbarra di ferro » par Ferraro].

3. On peut se demander, en effet, si *tenais* ne désigne pas les vrilles de la vigne et autres plantes grimpantes, vrilles qui portent aussi le nom de *tenons*. Ce sens de *tenon*, qui manque dans Littré, est donné par Trévoux.

4. Capita olearum ulmeis vinculis vel *tenacibus* quibuscumque constricta, Palladius, III, 18. Pira lecta cum *tenacibus* suis, Id., III, 25. Mala cum *tenacibus* lecta, Id., IV, 10. Botryonum *tenaces*, Id., X, 17.

5. Meyer-Lübke, *Gr. des lang. rom.*, II, § 413 [et *Rom. etym. Wörterb.* nº 8638].

TIE

Le substantif féminin *tie* est répandu dans tout le domaine
occidental de la langue d'oïl, où il désigne soit un cône de métal,
avec une rainure en spirale, adapté en haut du fuseau pour retenir le fil, quand on file à la quenouille, soit un crochet de métal adapté à l'aiguille sur laquelle tourne le fuseau, quand on file
au rouet [1]. Ménage lui a fait les honneurs de son *Dictionnaire
étymologique*, et comme il le tire de **theca**, il l'écrit *thie* [2]. Cette
étymologie est séduisante au point de vue sémantique [3], mais
n'en est pas moins fausse : **theca** a un e long et a donné dans
les dialectes de l'Ouest *teie*, *taie*, qui ne peut aboutir à *tie* [4]. Il
faut chercher ailleurs. Je propose de rattacher *tie* au radical qui se
trouve dans le gothique **tiuhan**, allemand *ziehen* « tirer ». L'anglo-saxon nous offre un développement de sens, attesté encore
aujourd'hui par l'anglais *tie*, autrefois *tige* « attache, crampon »,
qui est tout à fait en harmonie avec l'office séculaire de la *tie* du
fuseau [5]. Je ne sais si nous avons affaire au même radical dans

1. Le mot se trouve dans Favre, dans Lalanne, dans Jônain, dans
Dottin, etc. Jônain déclare hardiment que « *tie* est le pur hébreu *thue*, filer ».

2. C'est avec cette orthographe que le mot a pris place dans la dernière
édition du *Dict. des Arts* de Thomas Corneille, dans le *Dictionnaire de Trévoux*, où la *thie* est d'abord confondue avec le *peson* ou *verteil*, mais bien
définie dans la seconde partie de l'article (cf. la citation faite par Schuchardt,
Rom. Etymologieen, II, 39), etc. Littré n'a pas cru devoir le recueillir. Malgré
cela, *thie* est considéré par d'aucuns comme un mot français : c'est ainsi
que Mistral l'emploie pour traduire le provençal *mouscoulo*.

3. On trouve **theca** au sens de « dé à coudre » dans le latin du moyen
âge.

4. L'impossibilité de ramener *tie* à **theca** ne tient pas seulement à la
nature de la voyelle [comme le croit Schuchardt (*Zeitschr. f. rom. Phil.*,
XXIV, 372)], mais au traitement du **c** médial ; cf. à ce sujet *Romania*, XXX,
153.

5. Littré ne parle pas de la *tie* ou *thie* du fuseau. En revanche, il a un article
« *tie*, s. f., instrument des ouvriers qui font des ouvrages de raclerie dans les
forêts ». Je ne sais ce que c'est au juste que cet instrument : *tie* est-il pour
tille « aissette », mot dont Bugge et Joret se sont occupés dans *Romania*, III,

le mot *tigue* qui, en patois wallon (Namur), désigne une botte
d'ognons [1].

(*Romania*, XXIX, 200).

TIRETOIRE

Littré enregistre *tiretoire* comme le nom d'un instrument de
tonnelier, qu'il ne décrit pas [2], et d'un instrument de dentiste servant à extraire les incisives et les racines de la mâchoire inférieure. Dans le manuscrit du *Dictionnaire général*, Darmesteter
considère ce mot, dont Littré ne donne pas l'étymologie,
comme un dérivé de *tirette*. Cette explication n'est guère satisfaisante. *Tiretoire*, écrit aussi *tirtoire*, me paraît être une altération
récente, due à l'influence du verbe *tirer*, de *trétoire*, primitivement *traitoire* [3]. Il est clair que le mot français *traitoire* correspond au latin **tractoria** « qui sert à tirer » [4]. Furetière attribue
à Nicot cette étymologie ; elle résulte de la présence dans Nicot
d'un article ainsi conçu : « *Traictoire de tonnelier*, **tractoria** ».
Cet article, ajouté dans l'édition de 1564 du *Dict. françoislatin* de

158 et IX, 435 ? La chose est possible, linguistiquement parlant, car je note que
dans le *Dictionnaire du commerce* de Savary des Bruslons, à l'article *fuseau*, il
est dit : « Il y en a (des fileuses) qui se servent d'une *tille*, qui est un petit
morceau d'argent ou de fer blanc, fait un peu en vis, qui se met au bout d'en
haut du fuseau au lieu de coche, et sur lequel le fil se lie comme de lui-
même ».

1. Grandgagnage, II, 429. [Pour le français dialectal *tie*, Meyer-Lübke
remarque que, si **theca** doit être abandonné, le type germanique **tige**, qui
convient pour la géographie et la phonétique, soulève, au point de vue du
sens, des difficultés, dont, je l'avoue, je ne suis pas frappé (*Rom. etym.
Wörterb.*, n° 8699].

2. Cet instrument sert à tirer les derniers cerceaux d'une futaille pour les
faire entrer à force. On en trouvera une longue description dans Savary des
Bruslons, *Dictionnaire du commerce*, art. *tonnelier*, où le mot est écrit *tirtoir*.

3. *Traitoire* (ou *traitoir*) et *trétoire* sont dans Littré, sans étymologie ;
sous la dernière orthographe, le mot s'applique à une tenaille de bois à l'usage
du vannier.

4. En Berry, la *traitoire* du tonnelier s'appelle une *tirouére* (Jaubert).

R. Estienne, doit être de Jean Thierry, plutôt que de Nicot[1] : mais quel que soit son premier auteur, l'étymologie n'en est pas moins bonne.

(*Romania*, XXIX, 201).

TIRE-VEILLE

Tire-veille est le nom d'une corde servant de rampe de chaque côté de l'escalier extérieur d'un navire. Littré emprunte à Jal l'explication étymologique suivante : « *tirer* et *veiller* : *veille* à ce que la corde ne casse, et *tire* dessus pour t'aider à monter ». Arsène Darmesteter enregistre *tire-veille* parmi les composés ayant un double impératif qui dépendent de l'ellipse « ce à quoi on dit », sans faire d'observation particulière[2]. Il faudrait au moins le mettre dans la série « ce à propos de quoi on dit », ou même dans la série « ce qui dit ». Mais là n'est pas la question. Furetière, en 1690, et Aubin, en 1702, ne connaissent que *tire-vieille*, et les dictionnaires postérieurs laissent le choix entre *tire-vieille* et *tire-veille*. Il est facile de voir que *tire-veille* est une altération irraisonnée, et que le mot est composé avec le verbe *tirer* à l'impératif et le substantif *vieille* au vocatif : « *tire, vieille*, pour t'aider à monter ». C'est une plaisanterie de nos bons marins, qui se comprend facilement.

(*Romania*, XXIX, 202).

TITRE

Littré, qui a éprouvé le besoin singulier de constituer un article *titre* 2 pour le sens de « sigle abréviatif », a enregistré sans

---

1. Nicot donne à l'instrument du tonnelier le nom de *tourtoire*, qu'il rattache judicieusement à *torqueo*, tandis qu'il voit dans la *tourtoire* du veneur un mot dérivé du verbe *tourner*. Dans l'un comme dans l'autre emploi, le français *tourtoire* représente le latin **tortoria*, dérivé du supin de **torquere**.

1. *Traité de la form. des mots composés*, 2e éd., p. 226. Dans le manuscrit du *Dictionnaire général*, Darmesteter dit : « Composé de *tire* et de *veille* : *tire* sur la corde et *veille* à ne pas tomber ».

aucune remarque, comme numéro 17 de son article *titre* 1, le
sens de *titre* dans la langue de la vénerie : « Lieu, relais où l'on
poste les chiens pour courir la bête à propos quand elle passe » [1].
Pourtant *titre*, en ce dernier sens, est un mot tout différent de
titre > **titulum**. L'ancienne forme est *tristre* ou *triste*, dont
Godefroy donne quatre exemples, avec la traduction « affût,
aguet » [2]. Deux de ces exemples proviennent de la *Vie de saint
Gilles*. Les éditeurs de ce texte, Bos et G. Paris, ont fort bien
indiqué, dans leur glossaire, que cette ancienne forme correspondait au terme actuel *titre*; mais, comme ils ne disent rien de l'étymologie, il est utile d'en parler. Le mot est représenté de nos
jours non seulement par notre terme de chasse *titre*, mais par
l'anglais *tryst*, qui signifie « rendez-vous » : les germanistes considèrent *tryst* comme une variante de *trust* « confiance » et le
rapprochent de l'islandais *treysta* « assurer » et « compter sur ».
Aux quatre exemples de Godefroy on peut ajouter les textes latins
cités dans Du Cange, article *trista*. Un de ces textes offre même
le mot sous sa forme française : « *tristre* (var. *terstre*) inter boscum
et forestam ». Ce texte provient de la Normandie et non de la
Grande-Bretagne. Je suis porté à croire que l'anglais *tryst*, autrefois *trist*, est un emprunt au français (j'entends par « français »
le « roman » parlé en Normandie), et que le français l'a reçu
directement des langues scandinaves au temps de l'établissement
en Neustrie de Rou et de ses compagnons.

(Romania, XXIX, 202).

TREF

Godefroy donne trois sens distincts à l'ancien français *tref* :
1° poutre, solive ; 2° mât, vergue d'un navire ; 3° tente, pavil-

---

1. De là le composé *attitrer* « poser les chiens dans des relais pour attendre
le gibier », qui s'est employé au figuré, au sens de « aposter », jusqu'à la fin du
XVIIIe siècle, bien que Littré et le *Dict. gén.* omettent ce sens. Furetière a fort
bien indiqué le rapport de *attitrer* et de *titre*, terme de chasse.

2. Le mot se trouve, en outre, dans Wace, *Rou*, III, 10558, variante, et
dans Froissart, *Paradis*, 869 et 923 ; j'emprunte ces indications à Foerster,
édition du *Chevalier au lion*, p. 288.

lon. Le sens de « mât, vergue » me paraît extrêmement douteux.
Sur sept exemples produits, il n'y en a qu'un, tiré d'un roman du
roi René, où il est possible. Dans tous les autres, comme dans
la locution *a plein tref*, il faut entendre « voile ». Il est surprenant que Godefroy n'ait pas cité la *Vie de saint Gilles*, où les
termes de marine abondent. Les éditeurs, G. Paris et le Dr A. Bos,
enregistrent *tref* avec le sens de « mât », en renvoyant aux vers
803 et 930 ; mais *tref* figure en outre aux vers 886, 897, 902 et
917, et il me semble avoir clairement partout le sens de « voile »[1].
Ce sens s'est conservé jusqu'au xviie siècle dans le langage maritime. Non seulement Ant. Oudin enregistre encore *tref* « voile
quarrée »[2] et *à plein tref*, qu'il traduit en italien par « a piena vela »,
mais Furetière, à l'article *aiguille*, mentionne spécialement les
aiguilles de *tré* « qui servent à coudre les voiles »[3]. Littré lui-
même donne *trévier* « maître voilier »[4]. Le mot a passé de la
marine du ponant à la marine du levant en se spécialisant : le
provençal *treu*, l'espagnol *treo* et l'italien *trevo* désignent la voile
carrée qui remplace la voile latine par les temps de bour-
rasque.

Il est vraisemblable que *tref* « voile » a la même étymologie que *tref* « tente », et je suis assez porté à y voir, d'accord
avec Suchier[5], l'anglo-saxon **traef** « tente », c'est-à-dire un mot
sans rapport direct avec le lat. **trabs**.

---

1. [Même sens dans le *Domesday de Gippewyz*, où on lit : « teyle a *treefes* »
(*The Black Book of the Admiralty*, vol. 55-2 des *Chronicles and Memorials* publiés
sous la direction du Master of the Rolls, p. 192 (communic. de mon collègue
J. Derocquigny)].

2. Une coquille a transformé *quarree* en *quairre*.

3. Cf. l'article *marprime*, ci-dessus, p. 140.

4. *Tré* et *trévier* ont disparu de l'usage, car ils ne sont pas dans le *Dictionnaire de marine* de l'amiral Willaumez (1820). [Richelet (éd. 1680, Remarques,
p. 81) et Furetière donnent *trevier*, mais non *tref*].

5. *Zeitschr. f. rom. Phil.*, I, 433 ; cf. *Romania*, VI, 629 et XXIII, 313. Il est
surprenant que Charles de La Roncière ait oublié le mot *tref* dans les quelques
pages de sa récente *Histoire de la marine française*, où il a passé en revue la
nomenclature de la langue maritime des Normands au xiie siècle, t. I, p. 114
et s.

TREISME

L'Épiphanie est appelée au moyen âge, dans les textes wallons, *treisme*, *treime*, *treme* et *tremedi*. Il est évident que ce nom lui vient de ce qu'elle tombe le treizième jour après Noël. Mais comment est formé exactement le mot *treisme* ? Horning, mentionnant incidemment ce mot à propos de *heylle*, autre nom de la même fête, pense que *treisme* est pour *tresime* « treizième » [1]. En réalité, *trezime* et *treisme* sont bien distincts morphologiquement et phonétiquement : le premier est tiré de *treze* à l'aide du suffixe numéral français -*ime*; le second représente le latin vulgaire **tredecima** et a dû être primitivement **tredeisme*, **treeisme* [2]. C'est un cas de survivance du système de numération ordinale propre au latin, cas tout à fait analogue à ceux de *carême* et de *cinquême* dont il a été question ci-dessus. On sait que **dodecimus** a été très sûrement reconnu par l'abbé Devaux [3] dans le nom de lieu *Diémoz* (Isère).

TRELLIONO

Ce verbe, dans une partie du Lyonnais, signifie « carillonner ». Nizier du Puitspelu y voit une altération de *carillono*. En réalité, *trelliono* est apparenté au provençal *trignouna*, qui devient par dissimilation *trilhouna* (Rouergue) ou *trignoula* (région du Rhône). *Trignouna* dérive de *trignoun*, qui est dans Raynouard sous la forme *trinho*. L'étymologie est transparente, bien que Raynouard ne l'ait pas vue. *Trinho* est le latin **trinionem**, variante de **ternionem**, « réunion de trois », qui, dans l'espèce, signifie « sonnerie de trois cloches » [4].

1. *Zeitschr. f. rom. Phil.*, XVIII, 120. — Cette opinion a déjà été exprimée par Gachet, *Compte rendu de la comm. royale d'histoire*, 3e série, VII, 468.

2. Giry enregistre une forme *treme* dans son *Traité de diplomatique*, p. 273.

3. *Bull. d'hist. eccl. du dioc. de Valence*, 1891, p. 177.

4. L'étymologie est donnée à l'art. *carillon* du *Dict. général*. Körting n'a pas d'article **trinio** [mais on peut voir Meyer-Lübke, *Rom. etym. Wörterb.*, n° 8908].

TRÉTEAU

Il y a une difficulté phonétique à l'étymologie de *tréteau* par
***transtellum** proposée depuis longtemps par G. Paris[1] : pourquoi
l'*a* latin entravé est-il représenté par un *é* en français ? Cette difficulté se présente aussi pour le simple **transtrum**, car *trestre* est
non moins fréquent que *trastre* en ancien français[2]. D'après Darmesteter, l'élément **trans** de ***transtellum** aurait été traité comme
le mot **trans** lui-même, lequel est devenu *tres*, d'où *trestel*,
tréteau[3] : c'est bien difficile à admettre, si l'on considère *trestel*,
et tout à fait impossible, si l'on y joint *trestre*, dont Darmesteter
ne parle pas. Je suppose que dans le latin vulgaire de la Gaule il
s'est produit une contamination entre **trĭstegum** et **transtrum**.
Le premier de ces mots, emprunté du grec τρίστεγον, est fort
employé par les écrivains latins de la basse époque (saint Jérôme,
Grégoire de Tours, etc.) pour désigner le troisième étage d'une
maison, celui où les **transtra** qui supportent le toit sautent aux
yeux[4]. De là, j'imagine, des formes vulgaires ***trĭstrum**, ***trĭstel-
lum**, qui expliqueraient bien *trestre*, *trestel* de l'ancien français.
Un résultat différent de la contamination s'est produit dans le
midi de la France : le provençal moderne *trast*, *trastet* « galetas,
soupente » remonte, pour la forme, à **transtrum**, mais, pour le
sens, à **trĭstegum**.

(Romania, XXIX, 203).

TRÉVIN

Darmesteter a oublié de relever, dans son *Traité de la formation des mots composés*, le substantif *trévin*, synonyme de *piquette*,

---

1. *Romania*, III, 420.

2. Cf. Godefroy, article *trastre*. Le wallon a une forme curieuse, *terrastre*,
dont Godefroy n'a pas reconnu l'identité.

3. *Formation des mots composés*, 2ᵉ éd., p. 93.

4. Max Bonnet, dans sa thèse sur le latin de Grégoire de Tours, renvoie à
une note instructive de Rönsch sur **tristegum**, *Rom. Forschungen*, II, 283.

qui se trouve dans le Supplément de Littré. Ce dernier en explique ainsi la formation : « *Tré*, du latin *très*, trois, et *vin* : comme qui dirait tiers de vin ». Il me paraît préférable de reconnaître dans le premier élément de ce mot composé la particule *très*, avec son sens ordinaire de « derrière, arrière »[1]. Le provençal moderne désigne la piquette par le mot *reire-vin*, littéralement « arrière-vin »[2]; d'autre part, le mot *avant-vin* a été appliqué à du vin fait avec du raisin cueilli avant l'ouverture officielle des vendanges[3].

(Romania, XXIX, 204).

TRINGLE

« Peult estre », dit Robert Estienne, « que ce mot *tringle* vient de **regula** en adjoustant un *t* »[4]. Ménage, qui a sur la conscience plus d'une étymologie de même calibre, ne veut pourtant pas de celle-là. Il tire *tringle* de ***taringula**, diminutif du latin mérovingien **taringa**. J'ai dit ci-dessus (p. 193) que la langue technique possède un mot *taranche* dans lequel il est impossible de méconnaître **tarinca** ; de ***taringula** n'aurait pu sortir que ******tarengle*. Scheler fait appel à un type ***stringula**, pour **strigula**, diminutif du latin classique **striga** (et non **strix**, qui désigne un oiseau de nuit) ; mais, sans parler d'autres objections, **striga** a un i bref qui ne peut s'accorder avec l'*i* de *tringle*.

Je n'hésite pas à reconnaître le mot actuel *tringle* dans l'ancien

1. [L'étymologie proposée est confirmée par l'existence, en Auvergne, de la forme *travin*, enregistrée par F. Mège, *Souvenirs de la langue d'Auvergne*, p. 246].

2. [*Reire-vin* est attesté en ancien provençal : aux exemples cités par Emil Levy, *Prov. Suppl.-Wörterb.*, VII, 193-4, on peut ajouter *reyre-vi*, qui figure, en 1343, dans le *Cartul. de Mirepoix*, p. p. F. Pasquier (Toulouse, 1921), p. 231, n° 63].

3. Littré, à l'article *va-devant*, cite un arrêt du Parlement, du 4 août 1787, portant défense de « cueillir des raisins... pour faire du vin dit *avant-vin* ou *va-devant* », mais il a oublié d'enregistrer cet intéressant composé à son ordre alphabétique, et aucun de nos dictionnaires ne le donne. Naturellement, il n'est pas non plus dans Darmesteter, qui a omis même *va-devant*.

4. [*Dictionnaire francoislatin*, 2ᵉ éd., 1549.]

français *tingle*, dont il y a plusieurs exemples dans Godefroy, avec la traduction « solive ». Cette traduction est inexacte; il s'agit bel et bien de « tringles » [1]. Le latin **tignulum**, diminuti de **tignum**, ne peut être la base étymologique, car il a un i bref (cf. **tïgillum**) et le rapport de sens n'est pas très satisfaisant. D'autre part, il est impossible de méconnaître la parenté du mot français qui nous occupe et du néerlandais **tengel** ou **tingel**, que le dictionnaire de Kramers (2ᵉ éd., 1884) définit ainsi : « Tringle, cale, garniture de bois mince entre des pièces de charpente qui ne se touchent pas comme il faut ; — trousse-barre, darivotte ou darivette, pièce qui joint ensemble les coupons d'un train à flotter ». *Tingle*, aujourd'hui *tringle*, semble donc nous être venu des Pays-Bas [2].

A côté de *tringle*, les dictionnaires français modernes donnent *trangle*, qui s'applique dans la langue du blason à des fasces rétrécies figurant sur l'écu en nombre impair, par opposition aux barettes, qui sont les fasces rétrécies en nombre pair. Je ne doute pas de l'identité étymologique de *trangle* et de *tringle*, identité indiquée par Littré : *trangle* correspond à la variante **tengel** du néerlandais, comme *tringle* à la variante **tingel** [3].

(Romania, XXIX, 205).

1. A rapprocher les articles *tingle, tingler, tingleret* (lire *tinglerez*) et *tingleure* de Godefroy, l'article *tingulare* inséré par Carpentier dans Du Cange, et la définition de *tringle* dans Furetière : « Regle de bois longue et étroite qui sert à boucher quelques ouvertures de portes, fenestres, chassis, etc. ; piece de marrein... qui sert à couvrir les joints des planches d'un bateau ».

2. L'allem. *tingel* vient aussi du néerlandais. Ce dernier se rattache au thème **tanga, tangia** « serrer, lier ». Cf. Fick, *Vergl. etym. Wörterb. der indog. Spr.*, 3ᵉ éd., III, 116, et J. Ten Doornkat Koolman, *Wörterb. der ostfries. Spr.*, III, 405.

3. Je relève, au dernier moment, quelques faits qui viennent à l'appui de l'identité *tringle, tingle*. Il y a dans l'*Encyclopédie* de Diderot un article ainsi conçu : « *Tingle*, s. f., terme de rivière, pièce de merrain dont on se sert pour étancher l'eau qui entreroit dans les bateaux en mettant de la mousse tout autour de la *tingle* ». C'est le sens donné par Furetière à *tringle*, sens qu'on est étonné de ne pas trouver dans Littré. — Le catalan et l'espagnol possèdent le subst. fém. *tingle*, qui s'applique à l'outil avec lequel les vitriers ouvrent le plomb dans lequel ils enchâssent les vitraux ; *tringlette* s'emploie en français dans le même sens technique, et probablement aussi *tringle* ; le catalan et l'es-

TRONE

Godefroy n'a qu'un exemple de *trone* « poids », c'est-à-dire
« machine pour peser » ; il en a deux du dérivé *tronel*, écrit *trosnel*
et *tronniel*. On en trouvera d'autres dans Du Cange, aux articles
thronum et *trona*. Il est bien clair que *trone* vient de **trŭtina**, et on
l'a dit depuis longtemps [1]. Mais comme **trutina** manque dans
Körting [2], il est bon de rafraîchir le souvenir de cette vieille étymologie et de rappeler que **trutina** est resté vivant dans le latin
vulgaire du nord de la Gaule. Le picard connaît encore aujour-
d'hui *tragneau, traneu* « romaine, balance » (Corblet).

TRONIÈRE

Littré donne sans étymologie le mot *trônière* « embrasure
d'une batterie de canon ». L'accent circonflexe qui surmonte l'*o*
de ce mot est de mauvais aloi et dû à une étymologie populaire ;
il vient de *trône*, et est représenté par un *s* dans Furetière, qui
écrit *trosniere* (1690). Avant Furetière, je ne trouve rien dans
Richelet, Oudin, Cotgrave, Nicot. Le mot existe avec le même
sens en italien (*troniera*) et en espagnol (*tronera*). Ant. Oudin
donne le mot italien à la fois sous la forme *troniera* et sous la
forme *tronera*. Il est clair qu'il est foncièrement espagnol, dérivé
de *trueno* « tonnerre », lequel s'est appliqué à une variété de
canon ; mais il n'est pas impossible que le français l'ait reçu par
l'intermédiaire de l'italien.

(Romania, XXIX, 206).

---

pagnol doivent venir du français. — En espagnol, *tinglado* « hangar », *tinglar*,
tingladillo « border, bordage à clin » sortent peut-être du même radical.

1. Le français *trone* a passé en anglais sous la forme *tron*, et les lexicographes
anglais ont de bonne heure songé à **trutina**. Cf. ce que dit Du Cange, article
trona : « Statera publica, seu *trutina*, apud Scotos et Anglos, unde forte cor-
rupta vox, uti censet Somnerus ».

2. [Il est dans le *Rom. etym. Wörterb.* de Meyer-Lübke, avec renvoi au présent article.]

TUDIEU

D'après Littré, *tudieu*, juron familier à nos comiques, serait un « euphémisme pour *tue Dieu* ». Le mot a été omis par Darmesteter dans ses *Mots composés* ; aussi n'est-il pas inutile de protester contre cette opinion. On ne peut bonnement douter que *tudieu* ne soit la même chose que *vartigué, vertubleu* et *vertuchou* [1], c'est-à-dire *vertu Dieu*, locution conforme à l'ancienne syntaxe française, pour *vertu de Dieu* [2].

TURCOIN

Littré enregistre, à la suite de bien d'autres [3], le terme de commerce *turcoin* « nom que les fabricants de camelot donnent au poil de chèvre filé », sans l'accompagner d'aucun commentaire. Ce mot n'est autre que le nom de la ville du département du Nord que nous appelons aujourd'hui *Tourcoing*, mais que nos aïeux appelaient plutôt *Turcoing* [4]. Il suffit de consulter le vieux *Dictionnaire géographique* de Masselin, pour voir que Tourcoing possédait des « filatures de coton et de *fils de camelot* ».

1. Littré donne *tubleu*, sans exemple. Je trouve dans les fiches de Darmesteter un exemple de *tuchou* pour *vertuchou*, forme que n'enregistrent pas les dictionnaires : « *Tuchou* ! de ce train-là, vous envoyeriez bientost le procureur à l'hospital » (Gherardi, *Théâtre italien*, I, 33, Matrone d'Éphèse). Ailleurs, dans le même recueil, II, 479, le mot est écrit *tuchoux*.

2. La bonne explication, comme je m'en aperçois après coup, est déjà dans Cotgrave, où on lit : « *Tudey* (fondly) for *Vertu Dieu*, Lorrainois. » Nyrop a bien vu aussi que *tudieu* est pour *vertu Dieu* (*Gramm. hist. de la lang. franç.*, t. I, § 522). [Cf. encore Tobler, dans *Zeitschr. f. das Gymnasialwesen*, XXXIII, 1879, p. 411 (remarque dont je suis redevable à Braunholtz), et F. Gohin, dans *Bull. Soc. de linguistique*, n° 37, 1893, p. xlvij].

3. A commencer par Mozin, en 1812.

4. Cette forme est la seule qui figure dans le *Dictionnaire de Trévoux*.

TURGI

Nizier du Puitspelu a l'article suivant :

Turgi, s. f. Brebis qu'on engraisse. Subst. verb. de *atturgi*, aphérèse du préfixe.

Atturgi étant un verbe qui signifie « étouffer parce qu'on avale de travers », il n'y a aucune vraisemblance à ce que *turgi* ait rien à faire avec lui. Il est certain, en revanche, que le lyonnais *turgi* est identique au dauphinois *turgi*, au piémontais *turja*, au provençal *turga*, *turca*, etc., tous mots qui s'appliquent à une femelle stérile et qui peuvent se spécialiser à la femelle de tel ou tel animal [1]. Les brebis stériles sont toutes désignées pour être mises à l'engrais [2].

TYMPE

« *Tympe* ou *timpe*, s. f. Pierre maçonnée à la partie antérieure d'un fourneau de forge » (Littré).

« Plaque de fonte qui est placée sur le devant d'un haut fourneau de forge, au bas des *estalages*. Nous écrivons par un *y* à cause de l'analogie avec *tympan* » (Jaubert).

« Une pierre taillée qu'on appelle *tympe*... Avant de la poser, vous placez à l'extrémité des costières sur le devant un morceau de fer... qu'on appelle aussi *tympe* » (Bouchu, art. *forge* de l'*Encyclopédie* de Diderot, tome VII, p. 150, paru en 1757).

Je crois que tout rapport entre *tympe* et **tympanum** doit être écarté, et que, comme pour *rustine* étudié ci-dessus (p. 177), il faut

1. Cf. Littré : « *Turque*, nom qu'on donne dans quelques contrées, aux brebis âgées de plus d'un an, qui n'ont point encore porté » ; Bescherelle : « *Turque*, brebis d'un an qui ne porte pas ; brebis qu'on sépare du troupeau des portières pour l'engraisser ».

2. L'étymologie proposée par Diez est très jolie : on aurait dit **vacca *taurica** « vache qui est comme un taureau », puis l'expression aurait passé à d'autres femelles. Mais le provençal ancien, ayant *toriga*, ne peut s'accommoder de la diphtongue **au**. [Cf. Meyer-Lübke, *Rom. etym. Wörterb.*, n° 8602.]

s'adresser à l'allemand. Dans cette langue, *tümpel*, qui signifie proprement « creux », s'applique précisément au creux du foyer du fourneau ou bassin.de réception : là est la source du français *timpe*, qu'il eût été plus sage d'écrire avec un *i*, sans préoccupation étymologique [1].

(Romania, XXIX, 206).

VANCLE

On n'a pas encore signalé de représentant assuré du latin populaire **vĭnculum** dans les parlers de France [2]. Le saintongeais nous en offre un, fort ressemblant : c'est *vancle* (prononcé avec *l* mouillé), que l'on trouve dans Jônain, et qui désigne chacun des deux liens qui fixent l'essieu sous le chartil [3]. Ces liens étaient autrefois des cordes ou des harts ; ce sont aujourd'hui des bandes de fer courbes. Le verbe *vancler* est usité, avec le sens correspondant, à côté du substantif *vancle*.

VAREUSE

Le *Dictionnaire général* définit ainsi *vareuse* : « Sorte de blouse courte en grosse toile, en gros drap ». Le mot n'a pas pénétré depuis longtemps dans l'usage général ; l'Académie ne l'a admis qu'en 1878, et il n'est pas, en 1812, dans Mozin. C'est un terme de mer : la *vareuse*, comme le dit De Chesnel dans son *Dictionnaire de technologie* (1858), est proprement « la chemise en toile à

---

1. L'espagnol *timpa*, donné par le dictionnaire de Cuesta (1886), vient du français. L'italien *tonfano* et le prov. *tomple* « gouffre, fondrière » ont été ramenés par Diez à l'ancien haut-allemand **tumphilo** (Körting, 9807). [Meyer-Lübke remarque (*Rom. etym. Wörterb.*, nº 4980) que le *t* du provençal est difficilement conciliable avec la forme gothique **dumpils**].

2. Mistral cite le roman *vincle*, mais le mot n'est pas dans Raynouard ; d'ailleurs, qu'il se trouve ou non dans quelque ancien texte, il a l'aspect d'un mot savant. La forme populaire serait **vencle*.

3. [Je suis surpris que Meyer-Lübke n'ait pas cité le saintongeais *vancle* dans l'art. **vinculum** (nº 9341) de son *Rom. etym. Wörterb.*].

voile ou en grosse cotonnade de couleur que portent les matelots dans l'exercice de certains travaux qui exigent l'emploi du goudron et d'autres matières salissantes ». La *vareuse* doit être, étymologiquement, la chemise que revêt le *varreur*, c'est-à-dire celui qui lance la *varre* pour pêcher la tortue [1]. Le *Dictionnaire de Trévoux* connaît l'expression de *canot varreur* « canot dont on se sert pour pêcher à la varre ».

VARRE

Littré donne, sans étymologie, *varre* « sorte de harpon dont les Américains se servent pour prendre les tortues de mer », *varrer* « pêcher à la varre », et *varreur* « pêcheur de tortues, celui qui lance la varre ». Il n'est pas difficile de reconnaître dans *varre* l'espagnol *vara*, latin **vara** [2]. La graphie par deux *r*, due à l'influence de *barre* [3], est usuelle depuis le xvie siècle. L'Académie écrit *vare*, mais elle se contente de cette définition : « Mesure espagnole qui vaut un peu moins d'un mètre ». Les dictionnaires espagnols courants ne donnent ni à *vara* ni à *varar* les sens correspondants à ceux de *varre* et de *varrer* en français ; mais l'espagnol d'Amérique les a sûrement possédés, car Œxmelin parle d'un « vieux *varreur* espagnol qui faisait ce métier depuis quarante ans » [4].

VEILLOTE

Veillote est un terme agricole qui s'applique aux petits tas de foin qu'on forme sur le pré. En Normandie, on dit *villote*, et cette dernière forme est donnée par Nicot qui explique fort clairement,

---

1. Sur l'étymologie de *varre*, voir l'article qui suit.

2. Au même type latin remonte le wallon *wére*, étudié plus loin à son ordre alphabétique, p. 216.

3. [Schuchardt admet que le français *varre* pourrait être emprunté directement à l'espagnol *barra* ; cf. *Zeitschr. f. rom. Phil.*, XXVI, 406].

4. Citation du *Dictionnaire de Trévoux*.

sinon très élégamment, le sens du mot : « *Villote* est un petit
meulon de foin desja seché, dont de plusieurs on fait une meule
de foin ». Le patois du Bas-Maine a conservé *veille, veuille* ; il dit
aussi *veillot, veillote* et *veilloche* dans le même sens. Dans le sud de
la Creuse, ces petits tas de foin portent le nom de *cholei* (forme
du pluriel) et « mettre le foin en veillotes » se dit *chorelhâ*.
Je ne sais quelle est l'étymologie de l'expression qu'emploie le
patois de la Creuse [1], mais ce que je sais, c'est qu'on forme les
cholei avec le râteau en enroulant le foin sur lui-même. Et voilà
pourquoi je crois que *veille* a dû être primitivement *veïlle* (cf. la
forme *villote,* citée ci-dessus), c'est-à-dire un simple doublet de
vrille, plus rapproché du type étymologique, **vitīcula** [2].

VÉLINGUE

Sur une partie de la côte normande, une variété d'algue, le
Laminaria saccharina des naturalistes, s'appelle *vélingue*. Joret n'a
pas réussi à déterminer l'étymologie de ce mot, tout en le soup-
çonnant d'être d'origine germanique [3]. Or, parmi les autres noms
normands de cette algue, je trouve *ceinture, étole, ruban* [4] ; ailleurs on l'appelle *baudrier* [5]. Il est vraisemblable que *vélingue* est
identique à l'ancien français *eslingue* « fronde », mot très usité en
Normandie au moyen âge, et qui vient du moyen haut-allemand
slinge [6].

(Romania, XXVIII, 212).

1. Je ne trouve rien d'analogue dans Mistral.

2. [Sans s'inscrire en faux contre cette étymologie, qu'il considère comme
« possible », Horning attire l'attention sur l'emploi fréquent que font les
langues romanes de noms d'animaux pour désigner un « tas », et il est porté
à rattacher *veille,* primitif de *veillote,* au latin **vitula** « veau femelle » (*Zeitschrift f. rom. Phil.,* XXVII, 149-51). Meyer-Lübke accepte sans réserve cette
idée (*Rom. etym. Wörterb.,* n° 9406), qui sourit aussi à J. Haust (*Étym. wall.
et franç.,* p. 121, n. 1), mais je ne puis m'empêcher de la trouver hasardée].

3. *Flore pop.,* p. LXXXVIII.

4. *Ibid.,* p. 236.

5. Duchesne, *Rép. des plantes,* p. 364. Littré n'indique pas ce sens de *baudrier* ; le *Nouveau Larousse* l'enregistre sous la forme *baudrier de Neptune.*

6. [Schuchardt indique (*Zeitschr. f. rom. Phil.,* XXVI, 401), comme source
possible du *v* de *vélingue,* l'influence de *varec*].

VÉRICLE

C'est Furetière qui a introduit ce mot dans notre lexicographie. Voici ce qu'on lit dans la première édition de son Dictionnaire (1690) : « VERICLE. Terme d'Orfevres, qui se dit des pierreries fausses. Les statuts des Orfevres portent, qu'il n'est pas permis de tailler des diamants de *vericle*, ni de les mettre en or ou en argent, c'est-à-dire de verre ou de cristal, ce qui est mal observé ». De genre, point. En 1762, l'Académie française admet le mot, l'orne d'un accent aigu et le pourvoit d'un genre (le féminin). Il était réservé à Diez de lui trouver une étymologie, ***vitriculum** [1] : ombre d'étymologie pour une ombre de mot ! *Vericle* est une faute de lecture pour *bericle*, forme authentique des anciens statuts des orfèvres de Paris approuvés par le roi Jean [2]. On sait que *bericle* devenu dans la langue moderne *besicle*, remonte à **beryllus**, altéré au moyen âge en ***bericulus**.

VIERG

Je lis dans le n° 46 de la *Revue critique*, année 1900, p. 377, note : « Puisque M. Bloch aime à retrouver dans tel nom et dans tel usage des âges récents le souvenir de l'époque gauloise, il aurait pu rappeler, à propos du *Vergobret* des Éduens, le nom de *Vierg* ou *Verg*, qui fut porté jusqu'à la Révolution par le premier magistrat d'Autun ». Mon ami G. Lacour-Gayet, qui a écrit ces lignes [3], aurait été mieux inspiré en disant que G. Bloch aurait pu faire remarquer que *vierg* ne vient pas de *vergobretus*, comme d'aucuns se le figurent. L'édition de César, commencée par Benoist, terminée par Dosson [4], dit timidement, à l'article *vergobretus* : « A Autun, jusqu'à la Révolution de 1789, le premier magistrat, élu pour deux ans, porta le titre de *vierg*, que

1. Cf. Körting, nos 1345 et 10253.
2. *Ord.*, III, 12 ; Lespinasse, *Les Métiers de Paris*, II, 10.
3. [Au cours d'un compte rendu de l'*Histoire de France* d'Ernest Lavisse].
4. Paris, Hachette, 1893, p. 731.

Du Cange, sans beaucoup de raisons, rattache à *vergobretus* ». A l'article *Autun* de la *Grande Encyclopédie*, mon confrère Maurice Prou s'exprime ainsi : « Au moyen âge le chef de l'administration municipale s'appelait *vierg* ; dès 1342, on voyait en lui le successeur du magistrat gaulois des Éduens, le *vergobretus* ; mais il est plus probable que le *vierg* n'est que l'ancien *vigerius* ducal, dont on trouve mention dès 1112 ». Il est tout ce qu'il y a de plus certain que *vierg* vient de **vicarius**. Le *g* dont on l'a affublé, et que ne connaissent pas les textes les plus anciens [1], est dû à un rapprochement arbitraire, absolument comme le *d* du mot français *poids*.

La forme *vier*, en tant que représentant, dans la langue vulgaire d'Autun, le latin **vicarius**, mérite de nous arrêter. On sait que l'*i* est bref dans la première syllabe de **vicarius**. Le français proprement dit en a tiré *veier*, *voier*, *voyer*. Il n'est pas possible d'admettre que *vier* représente une ancienne contraction de *veier*. D'ailleurs, les parlers de langue d'oc nous offrent aussi deux formes concurrentes, l'une avec un *i*, qui a passé dans l'usage français avec le mot *viguier*, l'autre avec un *e* : d'une part *viguier*, *vigier*, de l'autre *veguier*, *veier* [2].

L'existence de **vīcarius*, à côté de **vĭcarius**, en latin vulgaire, ne peut guère être révoquée en doute, et **vīcarius* est vraisemblablement dérivé de **vīcus**. Je laisse aux historiens du droit le soin de décider s'il faut distinguer, au moyen âge, le ***vīcarius** du **vĭcarius**, ou admettre une simple contamination tardive exercée par **vīcus** sur **vĭcarius**. On pourrait songer aussi à une formation demi-savante dans laquelle l'*i* bref latin aurait été rendu par un *i* roman, comme dans le provençal *prezicar*, de **prædĭcare** ; mais cette hypothèse ne me paraît pas bonne.

VIGNON

Littré donne *vignon* « genêt piquant » sans étymologie. On apprend par son Supplément que *vignon* est usité en Normandie.

1. Voir l'article *vier* de Godefroy.
2. Cf. l'article *vehier* du *Dictionnaire de Trévoux*.

Effectivement, nous trouvons dans l'excellente *Flore populaire de Normandie* de Joret les noms de *végne, vignon, guignon, vignot, gignot, gégnot* et *vignette* appliqués à l'*Ulex europæus*, à l'*Ulex nanus*, au *Genista anglica*, au *Spartium scoparium*. Dans le Bas-Maine on prononce *vuignon*, que Dottin traduit par « ajonc épineux ». Il est naturel de songer à l'anglais *whin*, qui a exactement le même sens ; mais peut-on admettre que nos patois aient été chercher ce mot en Angleterre ? Non, sans doute. Skeat considère l'anglais *whin* comme emprunté du cymrique **chwyn** « mauvaise herbe », dont le radical se retrouve dans le breton actuel *c'houenna* « sarcler »[1]. Il est donc probable que *vignon* et ses variantes sont d'origine celtique.

(Romania, XXVIII, 212).

VIRGOULEUSE

On appelle *virgouleuse, virgoulé* et *virgoulée*, autrefois *virgoulèse*, une variété de poire estimée. Elle a porté aussi les noms de *bujaleuf* et de *chambrette*, au témoignage de La Quintinie[2]. *Bujaleuf* est le nom d'une commune de la Haute-Vienne, et *Chamberet* le nom d'une commune de la Corrèze ; ces deux dernières appellations s'expliquent par ce que La Quintinie nous apprend de l'origine limousine de la virgouleuse. Le même auteur nous dit que *Virgoulé* est le nom d'un village voisin de Saint-Léonard (Haute-Vienne), nom qui revêt une forme assez différente dans la toponymie actuelle. Il s'agit de *Villegouleix*, hameau de la commune de Saint-Martin-Château, canton de Royère (Creuse).

---

1. V. Henry, *Lex. étym. du breton*, p. 170.

2. « La poire de *Virgoulé*, qu'on appelle *Bujaleuf* en Angoumois, *Chambrette* en Limousin, *Poire de glace* en Gascogne, *Virgoulese* et *Virgouleuse* en tant d'endroits,... doit, ce me semble, porter plutôt le simple nom de *Virgoulé* que tout autre. Ce qui m'en fait juger ainsi, c'est à cause du village de *Virgoulé* (village voisin de la ville de Saint-Léonard, en Limousin) duquel nous l'avons tirée... Elle est sortie de ce village par la libéralité du marquis de Chambret, qui en était le seigneur, et qui nous la donna sous le nom de sa poire de Virgoulé » (*Instr. pour les jardins*, Paris, 1697, I, p. 289).

Ce hameau dépendait de la seigneurie de Peyrat-le-Château
(Haute-Vienne), laquelle appartenait à la famille de Pierre-Buf-
fière, en même temps que celle de Chamberet [1]. Tout se conci-
lie donc à merveille. La dissimilation de *Villegouleix* (prononcé
à la française *Vilgoulé*)[2] en *Virgoulé* est intéressante à constater :
elle rompt en visière à la loi XIV de Maurice Grammont, d'après
laquelle « implosive dissimile intervocalique »[3].

VOLGRENER

Godefroy n'a qu'un exemple de ce verbe, qu'il traduit, au jugé,
par « réduire en grain, écraser ». Il l'a tiré du poème d'*Érec*, dont
il cite ainsi le texte :

> Et sist sor un mout fort cheval
> Qui si grant esfroi demenoit
> Que déssoz ses piez *volgrenoit*
> Les chaillos plus menuemant
> Que muele n'esquache fromant.

Ce mot n'appartient pas au vocabulaire de Chrétien de Troyes,
car la bonne leçon est *esgrunoit*, vers 3708 de l'édition Fœrster,
où *volgrenoit* est rejeté aux variantes.

Volgrener est dérivé du substantif composé *volgrain*, qui n'est
pas dans Godefroy, mais dont l'existence ressort des textes bas-
latins que l'on trouve cités dans Du Cange aux articles *vogranum*
et *volugranum*[4]. Par *volgrain* on doit entendre, étymologiquement, le grain qui vole pendant le battage et le vannage ; nous
avons là l'adjectif ***volus**, que le latin vulgaire a tiré de **volare** et

---

1. Ch.-A. Pâquet et Z. Toumieux, *La baronnie de Saint-Martin-Château*
.(Limoges, 1893), p. 16.

2. Dans le patois local, on prononce *Vialogoulei*.

3. Comparez la forme *Jauberois* dans *Les Narbonnais*, pour *Gerberoi*, issue
de **Gelberoi* ; *serouge* et *seroulge*, en ancien français, pour *serourge* ; *valcheira*,
en Haute-Auvergne, pour *vercheira* (ci-dessus, p. 64). Il faut reconnaître cependant que ce procédé, dont je pourrais citer encore quelques exemples, est plus
rare que le procédé inverse érigé en loi par Maurice Grammont.

4. [Cf. ma note sur *bougrain*, employé par Le Loyer, dans *Romania*,
XXXIII, 140 ; ajouter *vilgrain* « criblures », que J. Jud me signale dans Corblet].

qui s'est conservé, sous la forme tonique, dans le mot actuel *veule*. L'expression *volgrener les cailloux* est une jolie trouvaille, bien qu'elle ne soit pas de Chrétien de Troyes et qu'elle n'ait pas fait fortune.

VONGER

Dans le Bas-Maine, le verbe *vonger* a trois sens très distincts, que Dottin donne dans l'ordre suivant : « jaillir abondamment, déborder ; vomir avec effort ; s'écrouler, s'affaisser, en parlant de la terre ». Le sens de « vomir avec effort » doit être considéré comme le premier [1], et il nous donne clairement l'étymologie du mot. On peut en toute sûreté inscrire ***vomicare** dans le vocabulaire du latin vulgaire de la Gaule [2]. Qu'on ait tiré ***vomicare** de **vomere**, cela est aussi naturel que d'avoir fait ***rodicare** de **rodere**, d'où le français *ronger*, ou ***pendicare** de **pendere**, d'où le français *pencher*. Mais a-t-on passé directement du sens de « vomir » aux sens de « s'écrouler, s'affaisser » et de « jaillir abondamment, déborder » ? Je ne sais. Peut-être faut-il faire appel à un autre verbe ***vomicare**, dérivé de **vomica** « abcès », et signifiant proprement « crever comme un abcès » [3].

VOYER

Littré donne sans étymologie *voyer* « faire couler ou écouler », et *voyette* « grande écuelle emmanchée pour la lessive ». Ces mots ont été introduits dans notre apparat lexicographique par la dernière édition du *Dictionnaire des Arts et des Sciences* de Thomas Corneille, parue en 1731, où on lit : « *Voyette*, grande écuelle de bois emmanchée pour *voyer* la lessive : ces termes sont de

1. [Cf. ancien lyonnais *vongier* « vomir » (Mussafia et Friedwagner, p. 135), rouchi *vonki* (J. Haust, dans *Bull. du Dict. wallon*, 1923, p. 155), etc.].

2. Il n'y a aucun fond à faire sur *avommichier* « vomir », que donne Godefroy : j'y vois une faute de lecture pour *acommichier* « communier ».

3. [Meyer-Lübke, *Rom. etym. Wörterb.*, n° 9451, voit autant de difficulté à rattacher le sens de « s'écrouler », que possède le bas-manceau *vonger*, à ***vomicare** dérivé de **vomere** qu'à ***vomicare** dérivé de **vomica**].

Bretagne et d'Anjou ». Dottin a relevé dans le patois du Bas-
Maine : *vouyeu* « pot à lessive », *vouyée* « lessive », *vouyer* « verser de l'eau chaude sur la lessive », *vouyette* « pot en zinc avec
un long manche servant à couler la lessive » et *vouyoir* « pot à
lessive ». Il identifie *vouyer* à *ouyer* « verser du liquide dans un
vase », mot qui correspond au français *ouiller*, autrefois *aouiller*
« remplir jusqu'à l'œil, jusqu'à la bonde ». Mais l'identification
n'est pas bonne. Le saintongeais dit dans le même sens *voider*
« verser des pots d'eau chaude sur la lessive ». Il est certain que
nous avons affaire à une variante de *vider*. L'ancien français a
précisément la forme *voier* en concurrence avec *voidier*, et cette
forme *voier* se trouve presque exclusivement dans les textes de
l'Ouest [1].

WÉRE

Le wallon *wére*, écrit *weire* au XIVᵉ siècle, signifie « chevron,
étançon ». Grandgagnage ne propose pas d'étymologie ; Scheler
rapproche dubitativement le mot du français *équerre* ou de l'allemand *quer* « oblique » [2]. Le latin **vara** me paraît une étymologie
tout indiquée : on sait que ce mot désigne une pièce de support [3].
[La remarque de Meyer-Lübke (*Rom. etym. Wörterb.*, n° 9150),
que le *w* du wallon ne correspond pas régulièrement au *v* du
latin, n'est pas exacte ; cf. J. Haust, *Étym. wall. et franç.*, p. 285.]

WIBET

En ancien français, on trouve *wibet*, *guibet* et *bibet* au sens de
« moucheron, cousin ». Ce mot existe encore aujourd'hui,
notamment en Normandie, dans le Maine et dans la Bretagne

---

1. *Voier* vient-il de *vocare, pour **vacuare**, ou est-ce un simple doublet de
voidier, remontant comme lui à *vocitare ? Malgré les apparences, je penche
pour la seconde hypothèse, parce que *vocitat aboutit en provençal à *vueja*,
comme *cugitat (pour **cogitat**) aboutit à *cuja*.
2. Grandgagnage, II, 486.
3. Cf. l'article *varre*, ci-dessus, p. 209.

française [1]. Comme la même idée est exprimée en breton par *fibu, fubu* ou *c'houibu*, et par *gwybedyn* dans le pays de Galles, on a cru longtemps que les mots romans venaient du celtique [2]. Émile Ernault est porté à croire que ce sont les dialectes celtiques qui ont emprunté à leurs voisins et que le mot emprunté commençait par un *v* [3]. Peut-être faut-il reconnaître dans *wibet* le radical germanique **wab-** « se mouvoir çà et là », que l'anglo-saxon nous offre dans le substantif composé *scærnwibba* « fouille-merde », et l'anglais actuel dans *weevil* « charançon » [4].

(Romania, XXVIII, 212).

1. Dans la Beauce (*Proc.-verb. de la Soc. arch. d'Eure-et-Loir*, VII, 101) et dans le département de Seine-et-Oise (Rolland, *Faune pop.*, III, 304), on dit *guibelet, guiblet*, que l'on a voulu identifier à *guibelet* « tarière » ; il est plus naturel d'y voir un diminutif de *guibet*.

2. C'est l'opinion exprimée, par exemple, dans le *Dict. du patois normand* des frères Du Méril. Joret donne *bibé* sans étymologie dans son *Glossaire du Bessin* ; il rattache au même radical *bibette* « petit bouton » qui n'a rien à voir avec le mot qui nous occupe, car *bibette* est pour *bubette*, diminutif de *bube*. D'autres ont songé à **bibere** « boire », notamment Moisy.

3. *Revue celtique*, V, 222 ; XV, 358.

4. [Cf. Schuchardt dans *Zeitschr. f. rom. Phil.*, XXVI, 394-396].

APPENDICE

LE MOIS DE *DELOIR* [1]

Le mois de *deloir*, *delair* ou *deleir* est assez fréquemment mentionné dans les chartes françaises du moyen âge. Nos érudits du XVIᵉ et du XVIIᵉ siècle ne paraissent pas avoir connu ce mot ; au XVIIIᵉ, Lacombe l'a enregistré et traduit sans commentaire par « décembre » [2], comme le fait de nos jours Frédéric Godefroy. Puis, les étymologistes sont venus, et cette notion simple, qui se trouvait par hasard exacte, s'est compliquée, par suite obscurcie et en partie faussée. Nos diplomatistes officiels, L. de Mas Latrie et A. Giry, enseignent que quand il y a un *o* dans ce mot étrange, c'est bien le mois de décembre qu'il faut entendre, mais que quand il y a un *a*, c'est le mois d'août. Ils ne fournissent pas de norme pour se décider quand il y a un *e*, mais les jeunes générations vont d'instinct à ce qui est nouveau, et se prononcent pour « août » malgré vents et marées [3]. Il est temps de couper le mal dans sa racine en montrant que jamais, sous quelque forme que ce soit, le mot qui nous occupe ne s'applique au mois d'août. Mais auparavant il nous faut prendre un parti sur la question de savoir s'il convient d'imprimer *deloir* ou *de l'oir*.

1. [Une première rédaction de cet article a paru dans la *Bibl. de l'École des chartes*, t. LXII (1901), p. 349-55 : elle a été réimprimée par K. Nyrop dans son recueil intitulé *Philologie française*, 2ᵉ éd. (1915), p. 156-66].

2. *Dictionnaire du vieux langage françois* (1766), p. 144 : « *Delair*, mois de décembre ». Ce mot a échappé à La Curne de Sᵗᵉ-Palaye.

3. Par exemple dans l'interprétation de cette phrase de Guillaume d'Ercuis : « Celle annee (1308) le dimenche derrein jour de *deleir*, trespassa Senteline d'outre mer, et fu enterree a Saint Innocent le lundi ou jour du premier an ». [Cf. Joseph Petit, *De libro rationis Guillelmi de Erqueto* (Paris, 1900), p. 103].

Barbazan pense que le mois de décembre a été ainsi appelé en l'honneur de la naissance de Jésus-Christ, *hoir* (héritier) de l'Éternel, comme dit le style évangélique. Roquefort approuve cette étymologie audacieuse. N. de Wailly s'exprime ainsi à ce sujet : « On ne doute plus guère aujourd'hui qu'il ne faille écrire *de l'oir*, etc., non *deloir* » [1]. P. Meyer a cité [2] un exemple « qui vient confirmer l'opinion défendue par N. de Wailly », ce qui a pu faire supposer qu'il la partageait. C'est la doctrine officielle, celle de L. de Mas Latrie et celle de Giry, au même titre que la distinction entre *air* et *oir* : elle a tout juste la même valeur. Il est vraiment dommage qu'on n'ait pas senti le poids de ce qu'a écrit à ce sujet Félix Bourquelot en 1867. Ses paroles sont aussi pleines de sagesse que d'érudition. Je les reproduis pour qu'on les médite :

« Malgré le respect que je professe pour la science et la pénétration de l'auteur des *Éléments de paléographie*, et tout en tenant compte des rapprochements signalés par Duplès-Agier, je ne puis me défendre de conserver des doutes sur la valeur du système mis en avant par Barbazan et Roquefort. Sans avoir moimême d'explication à proposer, je ferai observer que le cartulaire de Renier Acorre, dans quinze cas différents où les actes sont datés de décembre, offre la forme *de deloir* qui ne se prête pas à l'interprétation proposée, à moins d'admettre un redoublement de l'article, qui est rare ; j'ajouterai que la même forme se présente dans plusieurs actes de différente provenance dont le plus ancien remonte à 1224... » [3].

Si l'on pouvait encore conserver des doutes sur la valeur des observations présentées avec tant de mesure par Bourquelot, ils disparaîtraient en présence d'un document d'un autre ordre signalé par P. Meyer. C'est un calendrier, exécuté en Bourgogne vers la fin du XIIIe siècle, où les noms des derniers mois

---

1. *Annuaire de la société de l'Histoire de France pour* 1852, p. 33.

2. *Romania*, VI, 6.

3. *Bibl. de l'École des chartes*, 6e série, t. III, p. 75. Bourquelot cite ici six exemples de *deloir, delayr, delay, deleir, delices*, que Godefroy lui a empruntés, sauf le dernier, simple faute d'impression greffée sur un lapsus, dont il sera question plus loin.

de l'année sont ainsi énoncés : *octovrez, novembres, delors* [1]. Dans la langue du scribe, *delors* équivaut à *deloirs*.

Je citerai deux nouveaux exemples, parce qu'ils élargissent encore l'aire géographique de ce singulier vocable. Les textes produits jusqu'ici ont montré qu'il était en usage à Chypre, en Picardie, en Champagne, en Bourgogne, dans l'Ile-de-France et en Bretagne. On peut ajouter à son domaine l'Orléanais (langue d'oïl) et la Marche (langue d'oc) [2]. La traduction de la *Summa de ecclesiasticis officiis* de Jean Belet, qui se trouve dans le ms. lat. 995 de la Bibliothèque nationale et que je considère comme orléanaise [3], renferme le passage suivant, à propos des jeûnes : « Cil de iver en la quarte [semaine] *de deloir* » [4]. La charte communale inédite de Barmont (commune de Mautes, canton de Bellegarde, Creuse) est ainsi datée : « Aiso fo fait e donat e altreat l'an de l'Incarnasio Nostre Seignor mil e dos sens e seissanta e V, al mes *de daler*, lo marts avant Chalendas » [5].

Sur quoi donc se fonde l'opinion d'après laquelle *deloir* doit se décomposer en trois mots : *de l'oir* ? Sur deux textes seulement, que je vais examiner.

Le premier, le seul qu'ait allégué N. de Wailly, est une charte

1. *Romania*, VI, 6.

2. [Ajouter aussi le Blaisois, d'après une charte de 1276, indiquée dans le *Bull. hist. et phil.*, 1902, p. 538, et publiée par J. Soyer dans le *Bull. de la Soc. arch. et hist. de l'Orléanais*, t. XV, 1909, p. 324-5].

3. [Je dis « orléanaise », et non « poitevine », comme dans ma première édition, à la suite d'une étude plus attentive de certaines formes de la conjugaison qui se rencontrent dans le texte. Je rappelle que cette traduction a été citée deux fois ci-dessus, aux articles *gobeter* (p. 112) et *servone* (p. 183)].

4. Fol. 33 v° [Le mot figure en outre deux fois dans le chap. CXX (*de quadam libertate decembris*), où il est tout à fait à sa place : « De la franchise de *deloir* qui en cest tens est gardee en mainz leus.... Si est dite ceste franchise *decembrica*, por une costume des paiens, qui anciennement en *deloir* soloient a lor serjenz doner ceste frenchise .. » (fol. 59). Cette traduction est fréquemment citée par G. Fallot (*Rech. sur les formes grammaticales...*, Paris, 1839), qui dit, p. 129 : « Elle est des dernières années du XIIe siècle ou des premières années du XIIIe et nous représente le bon langage des provinces du sud-est de l'Ile-de-France »].

5. Bibl. nat., nouv. acq. franç. 10065, fol. 193 v° (copie faite au XVIIe siècle par frère Eustache, récollet d'Aubusson).

privée passée sous le sceau de Cys-la-Commune (Aisne) en 1256, et dont la date est ainsi conçue : « An l'an dell' incarnasion Notre Saingneur mil et. II^{cc}. et LVI, *oumois de. loir. dñs* » [1]. N. de Wailly commente ainsi ce document : « Les mots *de* et *loir* y sont séparés par un point ; il est donc impossible de les réunir, comme on l'a fait pendant longtemps ; en outre l'abréviation *dñs*, qui signifie nécessairement *dominus*, achève de montrer que le mois de décembre s'appelait le *mois de l'héritier du Seigneur* ». J'avoue que j'ignore la raison d'être du mot *dominus* à la fin de cette charte ; mais je la soupçonne d'être d'ordre purement diplomatique et je n'établis aucun lien entre *loir* et *dominus*. Ce qui pour moi est tout à fait certain, c'est que *ou mois de loir* est une faute de scribe pour *ou mois de deloir*. J'en prends à témoin le scribe lui-même, qui a écrit, quelques lignes plus haut, *quaus* pour *quause* (c'est-à-dire *cause*), *Colaras* pour *Colars*, et *delalamaison* pour *de la maison*. Voilà un homme jugé.

Le second est tiré d'un manuscrit d'une chronique d'outre mer publiée au tome II des *Historiens occidentaux des Croisades*, et il a été invoqué par P. Meyer. On y lit, à la page 445 : « U mois *del ier* morut pape Innocent ». P. Meyer fait remarquer qu'un autre manuscrit donne *mois de liuer*, c'est-à-dire *de l'iver*, « leçon fautive, mais qui pourtant confirme la bonne ». Je n'hésite pas à penser que nous sommes en présence d'un cas identique à celui que nous a déjà offert la charte de 1256 ; le scribe a voulu écrire : *u mois de delier*. La forme *delier*, pour *deleir*, paraît spéciale à l'Orient latin. Godefroy n'en donne pas d'exemple ; mais elle se trouve deux fois dans une cédule écrite à Nicosie en 1395 et publiée par L. de Mas Latrie « : En l'an de III^cLXXI de Crist, a xx jours de *delier*... En l'an III^cLXXIIII de Crist, a xi jours de *delier* » [2].

---

1. Arch. nat., S 4953 ; cf. Douët d'Arcq, *Sceaux*, n° 5767. Je reproduis la coupure des mots telle que la donne l'original pour la partie qui est en italique.

2. *Hist. de Chypre*, II, 425. Bourquelot a renvoyé à ce document, mais il ne semble pas avoir bien saisi le sens des formules « a xi jours, a xx jours de », qui veulent dire simplement « le onze, le vingt de » ; il a cité, en détachant du reste, *jours de delier*, ce que l'imprimeur a transformé en *jours de délices !* La

Donc, tous les textes connus, sauf deux dont nous venons de montrer le peu d'autorité, nous donnent *deloir*, ou ses variantes, comme nom indivisible du mois que nous appelons « décembre ». Il n'y a pas lieu d'examiner l'hypothèse d'un redoublement, sinon de l'article, comme dit Bourquelot, du moins de la préposition *de*, qui aurait pu faire dire abusivement *le mois de de l'oir* pour *le mois de l'oir*. A-t-on jamais signalé dans les chartes du XIIIe siècle des formules comme *ou mois de davril, de daost, de doitovre* [1] ?

S'il est fâcheux que notre école de diplomatique ait préféré l'opinion de N. de Wailly à celle de Bourquelot, et qu'elle enseigne que le moyen âge disait le *mois de l'oir* et non le *mois de deloir*, il est plus fâcheux encore qu'elle ait fait accueil à la théorie de Gachet. Gachet a écrit un curieux mémoire intitulé *Recherches sur les noms des mois et des fêtes chrétiennes*, qui a paru dans le tome VII de la troisième série du *Compte rendu des séances de la Commission royale [belge] d'histoire*. La comparaison des sources germaniques et des sources romanes l'a conduit à cette conclusion : qu'il fallait distinguer dans les textes français un mois dit *de l'aynr, de l'ayr* ou *de l'air*, d'un autre mois dit *de l'oir*, le premier devant être identifié avec le mois d'août, appelé *aranmanoth* dans le calendrier de Charlemagne et *aerenmaend*, etc., dans les documents flamands, le second, avec le mois de décembre, appelé *hoeremaend* dans les documents flamands [2]. Gachet ne s'est pas mis en frais pour étayer son opinion. Il a trouvé dans Roquefort un exemple ainsi

forme *delier* se trouve aussi dans la troisième partie des *Gestes des Chiprois*, édition G. Raynaud, p. 182 et 300. [Ajouter *Sidrac*, Bibl. nat., fr. 1160, fol. 38, 2e col. : « a XIII jors de la lune de *delier* » (Ch.-V. Langlois, *La connaissance de la Nature…*, p. 188, n. 2)].

1. L'agglutination de l'article dans *lierre, lendemain*, etc., formes sorties de *l'ierre, l'endemain*, est quelque chose du même genre, assurément, mais qui n'apparaît pas encore dans les documents du XIIIe siècle. Il en est de même de quelques cas que l'on peut citer pour la prosthèse ou l'aphérèse du *d* (voir ci-dessus, p. 18, article *amègue*) ; ils sont tous assez récents.

2. Ouvrage cité, p. 402 et 412. Le mémoire de Gachet est la source de Mas Latrie et de Giry. Ce dernier distingue le *mois de l'oir* (décembre) et le *mois de l'air* (août) ; je ne sais qui lui a donné l'idée d'imprimer *air* avec un tréma sur l'*i*.

conçu : « Fait en l'an Nostre Seigneur M II^c LIIII ans ou mois *de laynr* » ; cela lui a suffi pour identifier ce mois *de laynr* avec le mois d'août, appelé effectivement *aerenmaend* par les Flamands. Or Roquefort cite sa source : c'est le manuscrit français 2844, f° 3 r°, et le document au bas duquel se trouverait cette date est une célèbre ordonnance de saint Louis, maintes fois publiée, et qui est incontestablement de décembre 1254. Il y a plus : Bourquelot[1] et Rapetti[2] ont cité ce même manuscrit, et ils ont lu, d'un commun accord : « ou mois *de delayr* ». Roquefort a oublié *de* (tout comme le scribe picard de la fameuse charte de 1256), et il a pris le point sur l'*y* pour le sigle abréviatif de la nasale[3].

Il serait absurde de discuter l'opinion de Gachet, car elle ne repose sur rien. Il faut donc en revenir au point où la science française en était en 1766, quand le bon Lacombe traduisait tranquillement *delair* par « décembre ».

Mes lecteurs m'en voudraient peut-être d'avoir traité ici cette menue question de diplomatique française si je leur déclarais maintenant que je n'ai rien de plus à dire. La science étymologique a fait piètre figure jusqu'ici dans toute cette affaire ; tâchons de la réhabiliter. Ne perdons pas notre temps à combattre la doctrine surannée qui décompose *deloir* en *de l'oir*, ni l'opinion de Gachet qui proclame l'identité du français *deloir* et du flamand *hoeremaend*, ni celle de cet autre qui fait appel à l'infinitif latin **delere** « à cause de l'espèce d'anéantissement que subit la nature lors de la saison d'hiver » ; adressons-nous ailleurs.

Le mois de décembre était pour les Romains le mois de Saturne. C'était en décembre qu'on célébrait les Saturnales, fêtes qui

---

1. *Bibl. de l'École des chartes*, 6e série, t. III, p. 75.

2. *Li Livres de joslice*, p. 344.

3. Godefroy, avec son éclectisme habituel, a pris dans Roquefort (sans le citer) la prétendue leçon du ms. 2844, et il a omis un mot de plus que son modèle, ce qui réduit la date à cette formule inintelligible : « Fait en l'an Nostre Seignor M II^c LIIII *anz mois delaynr* ». — Il est bon de dire, à la décharge de Roquefort, que, dans le manuscrit, le point sur l'*y* n'est pas un point, mais une petite ligne presque horizontale ; il n'y a d'ailleurs aucun doute sur la lecture, car au folio 1, 1re col. du v°, l'*y* du mot *lays* est surmonté d'une petite ligne analogue.

avaient fini par s'étendre sur une semaine entière, à partir du 17, et dont le trait caractéristique était la mise sur le pied d'égalité des esclaves et des maîtres, la *libertas decembris* dont parle Horace. Pendant ces fêtes, les bases de la société étaient pour ainsi dire retournées : les maîtres s'amusaient à servir leurs esclaves ; on ne se plaisait qu'aux extravagances ; c'était une folie, un *délire*. Le peuple prit l'habitude de qualifier décembre de **mensis dele-rus** « le mois extravagant »[1]. Cet adjectif se substantiva, comme de juste, puisque tous les noms de mois sont des adjectifs subs-tantivés, et voilà pourquoi nos ancêtres du moyen âge appelaient le mois de décembre, selon leur dialecte, *deler, deleir, delier, delair* ou *deloir*[2].

Je m'empresse d'ajouter que je n'ai aucun texte latin, ni haut ni bas, dans lequel **delerus** ou **delirus** soit accolé à **december** ; si j'en pouvais produire un seul, l'étymologie s'imposerait ; mais ·elle perdrait peut-être un peu de son prix[3].

1. On sait que le latin hésite entre **lira** et **lera**, **delirare** et **delerare**, etc. Les formes en **e**, moins connues que celles en **i**, se trouvent concurremment avec elles dans le *Corpus glossariorum*, si précieux pour l'étymologie romane : « **delerat** παραχόπτεῖ, ληρεῖ; **delerus** ληρῶν, παράληρος II, 41, 48, 49 ; **delerus** παραγήραμα II, 491, 15 ; γελοῖος **delerum** III, 334, 32 ; **delerus**, mente defec-tus per aetatem, vel a recto ordine et quasi a lera aberret V, 627 ». Il ne faut pas songer à rattacher à **delerus** l'ancien adjectif français *deloiros*, que Godefroy croit identique à *deliros* et qu'il traduit par « enragé, furieux, effroyable » ; *deloiros* n'est qu'une variante phonétique de *doloiros* « douloureux », lat. vulg. ***doloriosus**.

2. L'*a* du provençal *daler* (dont il n'y a d'ailleurs qu'un exemple, il ne faut pas l'oublier) n'est pas un obstacle. Le provençal change volontiers l'*e* proto-nique en *a*, surtout devant *l* et *r* : il dit [*Alari*, de **Hilarius** (saint Hilaire)], *dalfi*, de **delphinus**, *marcé*, de **merces**, *nalech*, de **neglectus**, *Alei*, de **Eligius** (saint Éloi), *Aliri*, de **Illidius** (saint Alire), *raüsar*, de ***refusare**, etc. [Ajouter *dalieche*, de **delectem** ; cf. *Bull. Soc. des anc. textes franç.*, 1881, p. 66].

3. C'est un fait général très connu, que la persistance des fêtes et des traditions païennes sous le christianisme officiel. En ce qui concerne les Saturnales, la *Fête des Fous* du moyen âge en reproduisait l'image bien reconnaissable ; à Viviers, on élisait l'*Évêque des Fous* le 17 décembre, c'est-à-dire le jour même où com-mençaient les Saturnales sous l'Empire romain (Voir Du Cange, v° *kalendæ*).

ADDITIONS ET CORRECTIONS

P. 3-4, art. *aceja*. Le bas-limousin *ossiedze* (Béronie définit :
« espèce de poisson de rivière : l'*Ossiedze* est peut-être le *Gardon*,
ou le *Friton*, ou la *Vandoise* ») se francise en *ascée* : « Un matin
d'août 1877, près de Brive, Jean... pêchait dans la Corrèze avec sa
sœur... « Jean, criait la petite, j'ai attrapé une ablette ; Jean, je tiens
une *ascée* [en note : « nom local de la vandoise »]», Louis Dorey,
Histoires du Plateau central (Paris, Larousse, s.d.), p. 18.

P. 5, l. 2. Au lieu de : **accaptare**, lire : *****accaptare. — *Ib.*, l. 8.
A côté de **acaptar**, le prov. archaïque offre au moins une fois
acabtar ; voir le prétérit **acabte** dans un acte d'environ 1080
(P. Meyer, *Recueil*, p. 159, l. 13).

P. 9, l. 9. Au lieu de : le Maine, lire : l'Anjou.

P. 11, l. 12. Au lieu de : **palantare**, lire : *****palantare.

P. 12, n. 1, l. 4. Au lieu de : *****hapja, lire : *****happja.

P. 13, l. 6. Au lieu de : *avélanède*, lire : *avelanède* ; l. 19, au
lieu de : *aremberge, remberge*, lire : *aramberge, ramberge*.

P. 15, l. 7. Au lieu de : *aliroun*, lire : *aleiroun*.

P. 17, art. *allier*, n. 1, l. 22. Au lieu de : senst, lire : seust.

P. 18-19, art. *amègue*. Dans le *De Stirpibus* de Jean Brohon
(Caen, 1541), les noms d'arbre *cerasus pontica* et *malus pontica*
sont traduits respectivement par *vng emmeschier* et *ameschier* ; de
même dans Léger Du Chesne (*Leodegarius A Quercu*), *In Ruellium
De Stirpibus* (Paris, 1544). Ni *ameschier*, ni *emmeschier* ne figurent
dans Cotgrave. Comme Brohon et Du Chesne sont Normands,
on en peut conclure que *****amesche et *****emmesche ont été appliqués
jadis en Normandie à des variétés de cerise et de pomme. —
E. Levy cite (*Prov. Suppl.-W.*, V, 246) deux exemples de l'adj.

gascon *mesche* qualifiant le subst. *arbre* dans le *Cartulaire des vicomtes de Lavedan*. L'adjectif a aussi survécu dans les Landes ; cf. Millardet, *Études de dialectologie landaise* (1910). p. 38, où il est fait appel à une contamination peu vraisemblable de *domesticus* par *mitigare·*

P. 19, l. 14. Au lieu de : V., lire : Alcée.

P. 21, n. 1. Tobler a relevé le génre fém. de *aime* (*Archiv f. das Studium* ..., CX, 242) dans un exemple liégeois de 1236 : *une aime de vin* ; voir *Romania*, XVII, 569.

P. 23-4, art. *antille*. D'après le *Thesaurus linguae latinae*, aux cas obliques de **anas**, ce n'est pas seulement dans Plaute, mais dans les meilleurs manuscrits de Cicéron qu'on trouve -**it**- ; on lit aussi **aniticulam** dans Plaute, *Asin*. 693.

P. 24, n. 1, l. 4. Au lieu de : **anaticula**, lire : **anatĭcula**. — *Ib.*, n. 2, l. 4. Au lieu de : ***aniticula, viticula**, lire : **anitĭcula, vitĭcula**. — *Ib.*, *id.*, l. 5. Au lieu de : **viticula**, lire : **vitĭcula**. — *Ib.*, *id.*, l. 7. Au lieu de : **aniticula**, lire : ***anitĭcula**.

P. 27, art. *armon*. La note 1 doit être mise entièrement entre crochets, et, à l'avant-dernière ligne, au lieu de : *éremout*, il faut lire : *éremont*.

P. 30, n. 1, l. 4. Au lieu de : *asseda*, lire : *assedar*.

P. 31, art. *at*, note 4, l. 4. Au lieu de : 1922, lire : 1322. — La locution adverbiale *a l'at de*, relevée par Philipon dans les documents lyonnais (*Romania*, XIII, 588), est fréquente dans la version du *Codi* en dialecte grenoblois découverte récemment par Louis Royer (cf. ma communication à l'Académie des Inscriptions, 10 octobre 1924), par exemple livre V, chap. 16 (fol. 19 du manuscrit) : « tot quant il gainnont est *a l'at del* pare », passage où le latin porte : *ad opus sui patris*.

P. 41, art. *bardin*, l. 11. Supprimer l'astérisque de *marzelle*, car on trouve la forme avec *z* plus d'une fois en ancien français, notamment, comme l'a remarqué Tobler, dans le *Roman de Troie*, v. 7896 de l'éd. Constans.

P. 44, art. *berlin*, l. 1. Au lieu de : tite, lire : tire.

P. 44-5, même art. A signaler la forme *besnesque*, employée par le sire de Gouberville, et restée inintelligible à Delboulle (*Romania*, XXXI, 360 ; cf. XXXIII, 139), où la désinence du breton *bernic* a été remplacée par le suffixe *-esque*, dont le *s* ne devait plus se prononcer au XVIe siècle dans les mots anciens comme *bretesque*, en francien *bretesche*.

P. 45, même art., l. 13. Au lieu de : Bessin, lire : Cotentin.

P. 49, art. *bourgeon*. L'objection phonétique faite contre l'aboutissement de ***burrionem** à *bourgeon* par Tobler (*Archiv f. das Studium...*, CX, 241) ne me paraît pas recevable.

P. 50, art. *brenèche*. Le plus ancien exemple de *garnache* n'est pas celui qui figure dans le *Rec. gén. des fabliaux*, III, 148, car le fabliau en question, qui est de Watriquet de Couvin, est daté de 1320, et Godefroy donne un exemple de 1315. D'autre part, la forme *vernache*, que j'ai supposée, existe réellement ; elle est employée par Jofroi de Waterford (mort vers 1300), dans sa traduction très amplifiée du *Secretum Secretorum* attribué à Aristote, où se trouve une chaude apologie du *vin vernache*, laquelle se termine par : *de tous vins ce est la pervenke*; cf. *Hist. litt.*, XXI, 220, et Godefroy, t. VI, p. 119 et 779.

P. 51, art. *broufounié*. Sous *boufanié*, Mistral définit par « bruit d'un vent impétueux, d'un ouragan » ; il renvoie à *broufounié*, mais indique comme radical le verbe *boufa*.

P. 52-3, *bruvenie*. Cf. Meyer-Lübke, *Rom. etym. Wörterb.*, n° 2879, où l'ancien messin *bruvenie* est représenté par *brunemi*, forme irréelle due à deux fautes typographiques (*n* pour *v*, et *m* pour *n*).

P. 61, art. *chaintre*, note 2, l. 3. Au lieu de : F. Ovidio, lire : F. d'Ovidio.

P. 66-7, art. *chebiche*. Je relève dans la thèse complémentaire de Mlle L. Vincent (*La langue et le style rustiques de George Sand...* Paris, Champion, 1916, p. 376), parmi les « mots inédits recueillis à Nohant, Saint-Chartier, La Châtre » : « *Gébesse*, s. f. feuille verte ou jaune de la pomme de terre », sans rapprochement. Cette forme correspond régulièrement à *chabesso*, de ***capīcia**, signalé dans la Creuse par Nizier du Puitspelu. Le passage de **p** latin intervocalique à *b* (et non *v*, comme en français propre) est bien établi, quoi qu'en pense Tobler, *Archiv f. das Studium...*, CX, 241. Comme autre représentant de ***capīcia**, je relève dans

Choussy, *Patois bourbonnais*, p. 75 : « *Chavisse*, s. f., feuille de carottes, de belettes (*sic*, pour *blettes*), etc. ».

P. 69, art. *chevoistre*. La forme *cheveistre* n'est pas attestée en ancien français.

P. 69-70, art. *chiauler*. Comme le remarque Tobler (*Archiv f. das Studium...*, CX, 243), *chiauler* doit être une forme refaite d'après le rég. plur. *cheaus, chiaus*.

P. 70-1, art. *chinquême*. Cf. Scheler dans *Jahrbuch*, XIV, 439.

P. 76, n. 4. Jules Ronjat étant mort (le 16 janvier 1925) sans publier (malgré ma prière) sa juste critique de ma dernière note étymologique sur *soule*, je tiens à imprimer (en hommage à sa mémoire) ce qu'il m'avait écrit (carte postale du 22 nov. 1921) : « Je relis votre notice sur *soule* et ne puis me défendre d'un doute. Évidemment, un germ. *kiu* (avec *i* = yod) aurait donné (très probablement au moins) le même résultat que lat. **ceu** ou **ciu**. Mais un *eu* all. (*keule*) ne peut remonter qu'à *ü*, ex. *kreuz* < moy. haut all. *kriuz* (*iu* grafie de *ü*) < anc. haut all. (avec umlaut non noté) *chrûzi*, ou à *iu*, ex. bien rares (forme poétique *beut*, pour *bietet*; mais en principe c'est *ie* qui répond à got. *iu* : ex. *bieten* < *biudan*). Or *iu* est exclu par le fait que *iu* (ou sa variante *eu*) donne un *e* diftongué, ex. *étrier, pieu*, et d'autre part par les formes anglo-sax. *cylle, cyll*, qui attestent *ü*. Je ne connais pas de *ki* (avec *i* = yod) initial en germ., et la base ici en question est visiblement une base à umlaut de *ü*, donc *ü* (anglo-sax. brève, all. longue). Je ne vois pas comment un *ü* germ. pourrait donner un *ou* français, quelque succession cronologique que vous donniez aux évolutions ici intéressées (spirantisation de *c* lat. devant *e, i*, passage de *u* à gallo-roman *ü*, traitement de germ. *ka, ke, ki*, comme lat. *ca* et non comme lat. *ca, ce, ci, Giraut* [*de Borneil*] *et Guiraut* [*Riquier*], etc. Ce qui est curieux, c'est le picard *ch*. Il semble bien qu'il faille donc poser un type préroman *ciulla*. D'où peut sortir un *ci* + voy. initial en latin ? D'un grec κε- ou κι ? ».

P. 78, art. *coumére*, l. 1, 2 et 10. Au lieu de : *coumère*, lire : *coumére*. — *Ib.*, l. 10 et 12. Au lieu de : *coumele, comele*, lire : *couméle, coméle*. — *Ib.*, l. 13, au lieu de : *coumères*, lire : *couméres*.

P. 81-2, art. *dacre*. Le catalan *traca*, comme l'esp. *traca*, d'où il vient, s'applique au doublage (en cuivre ou en bois) de la carène d'un navire, sens inconnu au provençal. Sur *traca* en ancien provençal (toujours appliqué aux cuirs), voir des textes relatifs à Bordeaux, Moissac et Narbonne dans E. Levy, *Prov. Suppl.-W.*, VIII, 342. A Poitiers, on latinise en *tacra* à la fin du XIIe siècle (art. 3 et 84 du Tarif p. p. E. Audouin, 2e éd., *Arch. hist. du Poitou*, XLIV, 1923, p. 52 et 61).— Il faut certainement reconnaître le mot *tacre* dans ce vers de la chanson de geste perdue de *Doon de Nanteuil*, dont P. Meyer a publié quelques extraits pris par le président Fauchet :

> Et piaux et cuirs de *vacre* (?), le bresil et la greine.

L'autographe de Fauchet, que j'ai vu, porte comme première lettre du mot contesté un simple jambage (*Romania*, XIII, 16, v. 36).

P. 82, n. 2. Au lieu de : *craque*, lire : *cracque*.

P. 85, art. *despaisenter*, l. 1. Au lieu de : *sed espaisenter*, lire : *se despaisenter*.

P. 94, art. *espaeler*. En réalité, Raynouard enregistre *pagela*, IV, 469, avec un seul exemple, emprunté aux *Leys d'Amors* ; mais il se méprend sur le sens, qu'il croit être celui de « patois, langage rustique », et, par suite, sur l'étymologie, qu'il rattache au lat. **pagus**. Voir de nombreux exemples du subst. *pagela* et du verbe *pagelar* dans E. Levy, *Prov. Suppl.-Wörterb.*, VI, 10-2. On peut ajouter, pour le verbe, un exemple du troubadour Bernard de Panassac, qui figure au v. 51 d'une chanson restée inédite avant l'édition que j'en ai donnée, en 1915, dans les *Annales du Midi*, année XXVIIe, p. 44.

P. 96, art. *essief*, l. 9, et p. 97, n. 1. Au lieu de : **exaquare**, lire : ***exaquare**.

P. 97, l. 11. Au lieu de : 113, lire : 106 et 114.—Il faut aussi rattacher à **exæquare** l'anc. lyonnais *essegar* « déterminer le poids d'une charge », que Philipon (*Romania*, XIII, 589) traduit par « essayer », le rattachant à tort à ***exagiare**. Le béarnais actuel hésite entre *eschegoa* et *eschagoa*, tant au sens de « partager, éga-

liser » qu'au sens de « étalonner ». On peut en outre supposer
***disæquare** d'après l'anc. fr. *desiver* ; cf. la note de Scheler sur
le v. 7257 des *Enfances Ogier* d'Adenet le Roi.

P. 97, art. *estober*. Je dois à l'obligeance de feu mon ami
Emil Levy d'avoir appris que le subst. prov. *estober* figure dans
la chanson *Nulha res* de Giraut de Borneil : comme le mot ne se
trouve pas dans le *Prov. Suppl.-Wörterb.*, je reproduis le passage
d'après l'éd. de Kolsen (Halle, 1910), n° 11, p. 56, v. 55-7 :

> Qu'eu ai be vezut eschazer
> C'a l'*estober*
> Val vil tengutz e mesprezatz.

P. 102, art. *flaine*, dern. l. du texte. Au lieu de : *ftaina*, lire :
flaina. — Je note que le patois du Bourbonnais connaît *fleune*
(Choussy) ou *fleûne* (Duchon) « taie d'oreiller ».

P. 103, même art., l. 21-3. Le néerl. *fluwijn* « taie d'oreiller »
semble aujourd'hui hors d'usage. Vercoullie le tire du lat. **pulvi-
nus**, ce qui ne convient ni pour le sens ni pour la forme. Comme
le remarque justement Salverda de Grave, *De Franse Woorden in
het Nederlands* (1906), p. 355, mon hypothèse d'un emprunt au
français se heurte au fait que le mot français envisagé ne paraît
exister ni en wallon ni en flamand.

P. 110, n. 1, l. 1. Au lieu de : t. XVII, lire : t. XVIII, et
ajouter : p. 546.

P. 111, art. *gloutrenie*. Au lieu de : *lecornia* (l. 9), *lecornia,
ghiottornia* (l. 24), lire : *leccornia, ghiottornia*.

P. 113, art. *godemetin*, n. 3, l. 11. Au lieu de : *gadameci*, lire :
guadamaci.

P. 113-114, art. *gource*. Dans tout le domaine de la langue
d'oc, l'*Atlas ling.* de Gilliéron et Edmont, carte 1592 B, n'indique
que quatre points où l'ancien nom ait survécu au sens de
« haie », trois dans la Creuse (point 602, Cressat, *gwourse* ; point
702, Auzances, *id.*, en concurrence avec *plian* ; point 603, Saint-
Dizier-Leyrenne, *gòrso*), et un dans la Corrèze (point 707, Mey-
mac, *gòrse*).

P. 116, l. 17. Au lieu de : *asavabre*, lire : **asavabre*.

P. 118, l. 15. Au lieu de : *fleunial*, lire : **fleunial*.

P. 122, n. 5. L'exemple de *urebers* dans P. de Changy figure dans le t. X de Godefroy, p. 823, art. *urebec*, avec cette traduction : « eumolpe de la vigne ».

P. 124, art. *jable*. Voir en outre Behrens, *Beiträge*, 369-70, et Meyer-Lübke, *Rom. etym. Wörterb.*, n° 3686. — *Ib.*, n. 2. Ajouter : anc. irl. **gabul**, etc.

P. 124-5, art. *jade*. Voir l'art. *jade* de Meyer-Lübke, publié dans *Zeitschr. f. rom. Phil.*, XXIX, 407 et s. (analysé dans *Romania*, XXXV, 140), où est réfutée l'étymologie par le lat. **jaspis**, grec ἴασπις « jaspe », proposée par Behrens.

P. 128, n., l. 3. Au lieu de : *dzeucllé*, lire : *dzeúcllé*.

P. 129-130, art. *lamberge*. Dans Verrier et Onillon, *Gloss. étym. et hist. des patois et des parlers de l'Anjou* (Angers, 1908), p. 216, Onillon a l'illusion d'avoir fixé l'origine de *ramberge*, « tant et si vainement cherchée par Ménage » : il y voit un doublet, « par altération subséquente » de *roberde*, autre nom angevin de la même plante, et tire hardiment les deux noms de *rhubarbe*.

P. 132, art. *lioube*, n. 1. Ajouter Tobler dans l'*Archiv f. das Studium...*, CX, 242.

P. 134, n. 1. Meyer-Lübke, *Rom. etym. Wörterb.*, n° 5020, rattache *lisière* au lat. *licium* (trame), en supposant que le son sonore du *s* pourrait s'expliquer par une dérivation relativement récente, supposition qui n'acquerrait de vraisemblance que si l'on trouvait en ancien français un substantif masculin **liz*.

P. 136, art. *maguelet*. Cet article a été réimprimé, sous le titre de « L'huile de maguelet », dans *Revue des études rabelaisiennes*, I (1903), 55-6. Il faut noter que Cotgrave a un article *Huile de Maguelet*, avec cette bonne définition : « Oyle of the Arabian Cherrie Macalet ».

P. 138, art. *maleviz*, n. 1. Cf. *Aiol*, 3806 (indication de Tobler, *Archiv f. das Studium...*, CX, 243) :

Mais tant est souduiant et de mal *vis*.

P. 138, n. 2, l. 1. Au lieu de : *marci*, lire : *marei* (le *e* représentant *ch* chuintant).

P. 138-9, art. *marcheïl*. Tobler estime que *marcheïl*, employé adjectivement, doit être rétabli, au lieu de *marchels*, dans le v. 551 du *Comput* de Philippe de Thaon (*Archiv f. das Studium...*, CX, 243).

P. 139, art. *maroute*. La présence de ce mot dans Cotgrave est due à l'emploi qu'en a fait J. Liebault dans sa *Maison rustique* ; voir *Romania*, XXXIII, 574. Peut-être faut-il reconnaître la même plante dans l'*amariola* du chanoine Lambert (xiie s.) ; voir *Not. et extr.*, XXXVIII, 2e partie (1906), p. 783.

P. 141, art. *marrassan*. Paul Courteault, le plus récent éditeur de Monluc, corrige la leçon *marrassau* des anciennes éditions en *marrassan*, d'après les conclusions du présent article ; voir son édition, t. II, 1914, p. 418). — *Ib.*, n. 2, l. 6. Au lieu de : *marassan*, lire : *marassau*.

P. 143, art. *menevel*, dern. l. Au lieu de : doù, lire : d'où.

P. 146-7. Tobler déclare que la formation d'un type **molaticia*, d'où *moleïsse*, est très surprenante ; mais l'anc. fr. *molee*, qui suppose **molata*, en facilite l'intelligence.

P. 148, art. *nollière*, l. 13. Au lieu de : νείός, lire : νειός.

P. 152, n. 2. Au lieu de : πύπερος, lire : κύπερος. — *Ib.*, n. 4. Au lieu de : ἀχορος, lire : ἄχορος.

P. 157, l. 9. Au lieu de : *retencerece*, lire : *retenterece*.

P. 162, n. 3. C'est Chabaneau qui a proposé (*Rev. des l. rom.*, XVIII, 24) l'étymologie **suscitare** pour le prov. **soissidar** « secouer », qui n'est connu que par la *Vie de sainte Douceline* ; Meyer-Lübke ne mentionne pas ce mot (*Rom. etym. Wörterb.*, n° 8482).

P. 163, art. *remès*. Dans les textes anciens de Poitiers, le mot est latinisé en *remesium*, *remisium* et *remigium* ; voir E. Audouin, *Rec. de doc. concernant la commune et la ville de Poitiers*, dans *Arch. hist. du Poitou*, XLIV (1923), p. 54 (art. 9 et 10), 97-98 (note 1), 205-206 (note 10). — Le Dr Bos, dans son *Gloss. de la langue d'oïl* (1891), rattache notre *remès* au part. passé *remès* du verbe *remaindre*, dont le type latin est **remansus** ; mais le moyen limousin *remeys*, relevé par E. Levy, *Prov. Suppl.-W.*, VII, 216, barre la route à cette étymologie, et appuie le type **remissus**, comme le font aussi les formes dialectales de l'anc. français telles que *remais* et *remaus*. — L'existence dans le Bas-Maine du verbe *reméye* « dégeler », à côté du subst. *remé* « adoucissement de la température », m'inspire des doutes sur le rattachement de ce *remé* au type **remissus**.

P. 165, n. 1. L'interprétation de *raine côrèce* par « grenouille de coudrier » et le rattachement de *côrèce* à *côre* par le suffixe **-aricia** ne font pas question ; cf. mes *Nouv. Essais*, p. 75, art. *coldrerez*, et J. Feller, *Notes de phil. wallonne*, p. 191. — Dans la première édition du présent volume, cette note se terminait ainsi : « C'est bien à tort que M. Meyer-Lübke rattache *couresse*, « sorte de serpent » au verbe *courir* (*Gramm.* II, § 366) ; il dérive de *coure* « coudrier ». — J'ai supprimé cette remarque, mais cela ne suffit pas pour ma conscience ; je tiens à déclarer ici, en toute humilité, que je me suis mépris sur le mot visé par Meyer-Lübke, lequel doit être le *couresse* de Littré, « espèce de couleuvre » (cf. le synonyme *courrette* « couleuvre de la Martinique). Meyer-Lübke a suivi Littré pour l'étymologie, et il a eu raison ; cf. Rolland, *Faune pop.*, III, 23, art. *coluber cursor*, Lacépède.

P. 166-7, art. *repetnar*. Tobler a signalé (*Archiv f. das Studium…*, CX, 243) l'anc. fr. *repenner* dans la *Vie de saint Martin* de Jean Gatineau, v. 5957, et dans le *Pelerinage de Vie humaine* de Guillaume de Deguileville, v. 10496.

P. 169, n. 2. L'exemple de *revendiquier* visé dans la note est donné au *Complément* de Godefroy, X, 569, où figurent aussi *reivendiquer* et *reivendication*, tirés de l'édition de 1486 de la *Somme rural* de Jean Boutillier. — *Ib.*, n. 5, l. 4. Au lieu de : extrême onction, lire : extrême-onction.

P. 170, art. *revertier*, l. 1. Au lieu de : *reverti* « revenir », lire : *revertere* « retourner », et ajouter que cette étymologie est donnée, avec un « peut-être », par le *Dict. de Trévoux* dès 1743. — *Ib.*, n. 3. La remarque de Richelet (cf. *Romania*, XXXII, 627) mérite d'être reproduite intégralement : « VERKER, *f. m.* Monſieur Arnell Gentilhomme Suédois qui parle bien ſept ou huit langues & qui a un fonds d'honneur & de probité qui vaut mieux que le don des langues qu'il ſemble avoir, Monſieur Arnell dis-je m'a affuré que le mot de verker venoit de l'Allemand *verkheren* (sic) qui fignifie changer, tourner. Le verker eft une forte de jeu auquel on jouë fur un trictrac avec des dames & des dez. C'eft en un mot une maniere de trictrac Alemand où l'on jouë depuis quelques années en France dans les Academies, & dans les maifons particulières. [Joüer au verker. Aprendre le verker. Gagner une partie, ou perdre une partie au verker.] » Le Duchat en a fait son profit, sans remercier ni « Monsieur Arnell » ni Richelet ; tandis que Ménage, dans la seconde édition de ses *Origines*, avait inséré le mot *reverquier*, qui ne figure pas dans la première, en le définissant vaguement par « Sorte de jeu de Trictrac », sans soufler mot de l'étymologie, Le Duchat a écrit : « De l'Alleman *verkheren*, retourner en arriere » (cf. l'éd. de 1750 du *Dict. étym.* de Ménage). Si les Pères de Trévoux avaient lu Richelet, ils auraient certainement modifié quelque chose dans leur article *verker*, inséré dans l'édition de 1732, et maintenu jusqu'à la dernière (1771), sous la forme suivante, dont on appréciera d'autant plus la saveur qu'aucun renvoi n'y est fait à l'art. *reverquier* : « VERKER. S. m. Terme de Relation. Nom d'un jeu en ufage chez les Turcs. *Ludus apud Turcas ufitatus.* Quand les Turcs f'ennuient, ils jouent aux Dames, à la Marelle, au *Verker* & aux Échecs. JOUR. DES SAV. » La citation doit être ainsi complétée : « *J. des Sçavans* du Lundy 1. juillet M.DCCXV, p. 405 ». Cf. *Voyage au Levant*... par Corneille Le Brun, traduit du flamand (Delft, 1700), p. 135 : « Le jeu du *verker* est en usage chez eux ». Le texte néerlandais porte : « het Verkeerbord ». On consultera utilement les articles *backgammon* (traduction du terme néerlandais) et † *verquere* du *New English Dictionary*. — *Ib.*, n. 4. Meyer-Lübke (*Rom. etym. Wörterb.*, n° 7278, **reverticare*) hésite entre la manière de voir de Horning et la mienne.

P. 171, art. *riaule*, l. 7. Au lieu de : *rable*, lire : *râble*.

P. 173, art. *rodo*, l. 4. Après ***rotare**, ajouter : (*sic*). — *Ib.*, l. 5. Au lieu de : ***rotare**, lire : **rotare**.

P. 177, art. *rubican*, n. 1. Rectifier ainsi le texte de la note : Oudin donne, dans la partie française, *rabican* (traduit par *rabicano*) et *rubican* (traduit par *rubicane*, mot italien inexistant) ; et, dans la partie italienne, *rabicano* et *rapicano* (traduits l'un et l'autre par *rabican*). — *Ib.*, n. 2. Au lieu de : *zapicano*, lire : *rapicano*. — Il est utile de signaler l'emploi que fait Boiardo (*Orl. innam.*, parte I, canto 13, ott. 46) du mot *rabicano* comme nom propre d'un cheval :

> Con quel destrier che ha nome *Rabicano*.

Ce nom est justifié par la description faite de ce cheval dans l'ott. 27 :

> Egli come un carbone è tutto nero,
> Sopra la coda ha il pel bianco mesciato ;
> Così la fronte ha partita di bianco,
> L'unghia di dreto ancor del piede manco.

P. 178, art. *salburosse*. Le subst. *bura*, signalé dans le patois de La Bresse (Vosges) avec le sens de « seau auquel est adapté un long manche » (L. Adam, *Les patois lorrains*, p. 236), doit représenter un ancien adjectif masculin **buerez* substantivé.

P. 179, art. *scion*. Tobler fait des réserves (pour *scion* et pour *serène*), n'admettant pas l'assimilation de **ci-** germanique à **ci-** latin (*Archiv f. das Studium...*, CX, 242) ; Meyer-Lübke enregistre mon hypothèse avec un point d'interrogation (*Rom. etym. Wörterb.*, n° 4697). — *Ib.*, n. 3, l. 5. Au lieu de : **syphon**, lire : **siphon**.

P. 181, art. *sermontain*, l. 8. Au lieu de : *sermontaygne*, lire : *cermontaygne*. — Voir en outre ci-dessous, p. 240.

P. 184, art. *sevau*, n. 3. Le type ***sepalis** est conservé encore aujourd'hui dans les dialectes de l'Italie méridionale ; cf. Meyer-Lübke, *Rom. etym. Wörterb.*, n° 7496, et G. Bertoni, *Italia dialectale* (Milan, 1906), p. 41.

P. 185, art. *sevil*, l. 12. Au lieu de : *sevilo*, lire : *sevilô*. — La toponymie du Cantal offre, pour ***Sepīle**, *Le Cibial* et *Les Cibieux*.

Ib., art. *siguette*, n. 2. Dans l'édition parisienne de Delcampe de 1658, chap. VIII, p. 46, que j'ai vue, il y a correctement *siguette*, avec *s* long, ce qui explique la coquille *figuette*, laquelle figure effectivement dans l'édition genevoise du *Parfait Mareschal* du sieur de Solleysel de 1706, laquelle est suivie d'un *Abrégé de l'art de monter à cheval* (dont l'auteur n'est pas indiqué), abrégé où on lit (2ᵉ partie, chap. VIII, p. 501) : « cavesson rond, pour les chevaux d'assez bonne nature, & cavesson *figuette*, ou camarre pour les gros chevaux durs de tête et de bouche ».

P. 189-90, art. *souchet*. Meyer-Lübke, *Rom. etym. Wörterb.*, nº 8352, rattache directement le fr. *souchever* au lat. **subcavare**, manière de voir que semblent justifier les formes apparentées de l'italien, de l'espagnol et du portugais, bien que le français n'offre pas d'exemple avant le xviiᵉ siècle.

P. 194, l. 9. Au lieu de : *sudes*, lire : *sudis*.

P. 196-7, art. **tie**. Tobler déclare (*Archiv f. das Studium...*, CX, 242) que ni la phonétique ni le sens du got. **tiuhan** ne sont favorables à l'étymologie proposée.

P. 197, n. 4. Au lieu de : *tirouère*, lire : *tirouére*.

P. 198, notes, l. 5. Au lieu de : 1, lire : 2.

P. 199-200, art. *tref*. Voir, sur les difficultés de la question étudiée, Meyer-Lübke, *Rom. etym. Wörterb.*, nº 8861.

P. 200, l. 11-2 et n. 2. Il ne faut pas considérer *quairre* comme une coquille typographique pour *quarrée*, mais comme une graphie étymologique pour *querre*, forme normale prise par le lat. **quadrus**, et conservée dans le subst. *équerre*. En effet, à l'art. *voile* de sa *Seconde partie*, Oudin écrit *voile querre*, bien qu'il traduise, dans sa partie italienne-française, *vela quadra* par *voile quairre*.

P. 201, art. *treisme*, l. 6. Au lieu de : *tresime*, lire : *trezime*. — *Ib.*, l. 13. Au lieu de : *cinquême*, lire : *chinquême*.

P. 203, l. 2. Au lieu de : *très*, lire : *tres*.

P. 208, n. 1, l. 4. Au lieu de : 4980, lire : 8980.

P. 209-10, art. *veillote*. Tobler (*Archiv f. das Studium...*, CX, 242) trouve trop faible le rapport qu'il peut y avoir entre une « veillote » et une « vrille » pour accepter l'étymologie par **viticula**.

P. 211, art. *vericle*. Meyer-Lübke (*Rom. etym. Wörterb.*, nº 1055, *beryllus*) mentionne, à côté du prétendu franç. *véricle* « falscher Diamant », l'esp. *vericle* « Spiegel aus Stahl ». Le Professeur Miguel de Toro, interrogé à ce sujet, m'apprend que ce mot espagnol, banni aujourd'hui des dictionnaires usuels et sur lequel il a l'intention de publier une note spéciale, se trouve pour la première fois, en 1620, dans le dictionnaire espagnol-italien de Franciosini, avec cette traduction : « specchio d'acciaio ».

P. 213-4, art. *virgouleuse*. Littré ne cite pas La Quintinie, mais l'*Abrégé des bons fruits* de Jean Merlet (dont la première édition est de 1667), qui altère en Chambray le nom du marquis de Chamberet. Ménage cite l'un et l'autre. Meyer-Lübke (*Rom. etym. Wörterb.*, n° 9333) place par erreur Villegouleix dans la Haute-Vienne ; il indique, comme emprunté au français, l'esp. *virgolosa*, que je trouve écrit *virgulosa* dans les rares dictionnaires (non seulement espagnols, mais portugais) où je l'ai rencontré.— Bien que La Quintinie emploie pour son propre compte *virgoulé*, et déclare expressément qu'il « n'aime pas ce terme de *virgouleuse* » que beaucoup de gens emploient, Merlet, Richelet et Ménage appuient tacitement *virgouleuse*, et Simon de Valhebert, éditeur de Ménage en 1694, déclare que « l'usage est pour *virgouleuse* ».

P. 214, n. 3, même art. La forme **Gelberoi* a pour caution *Gelberei* dans le *Rou* de Wace, I, 3033.

P. 214-5, art. *volgrener*. L'étymologie de *veule* par ***volus** est considérée comme douteuse par Tobler (*Archiv f. das Studium...*, X, 242) et par Meyer-Lübke (*Rom. etym. Wörterb.*, n° 9439). Dans un acte de 1450 (région d'Évreux), cité par Godefroy, v° *bourgain*, on lit : « Si ay droit d'avoir et prendre d'icelles dismes tous les ferres, *bougrains* ou revenues qui en yssent ». Le lexicographe, mal inspiré, a cru que *bougrain* désignait une « sorte d'arbre », comme *bourgain* dans un acte de 1395 (région de Coutances), et il a placé les deux exemples sous un même article. Il me paraît certain que *bougrain* est pour **vougrain* (cf. la forme employée par Le Loyer, encore vivante dans le Bas-Maine), tandis que *bourgain* doit s'entendre de l'arbrisseau dit communément aujourd'hui *bourdaine* ou *bourgène*.

P. 215, art. *vonger*. Tobler a attiré l'attention sur la variante *vouchier*, qu'on trouve en anç. franç. (*Archiv f. das Studium...*, CX, 2434), et que, pas plus que lui, je ne puis expliquer.

DERNIÈRES ADDITIONS

P. 181-2, art. *sermontain*. Rolland, *Flore pop.*, VI, 159, art. *Seseli montanum*, s'excuse d'avoir placé plus haut, p. 116, art. *Laserpitium gallicum*, une partie des noms qui appartiennent plus particulièrement au *Seseli montanum*; l'erreur est vénielle car, à vrai dire, la distinction rigoureuse est impossible. Ce qui est plus grave, c'est d'avoir inscrit, comme se rapportant au *Seseli montanum*, la mention suivante:

sermunna vert, f., provençal du XVIᵉ (lire : XIIIᵉ) s., P. MEYER (dans *Romania*, 1903, p. 286).

En effet, P. Meyer n'a proposé cette identification que dans l'hypothèse où il faudrait corriger la leçon du manuscrit en *sermuntana*, hypothèse inadmissible, comme je l'ai dit en identifiant la *sermunna* (où le qualificatif *vert* n'est pas spécifique) au cerfeuil (*ibid.*, p. 472), et comme Rolland lui-même l'a reconnu, p. 209. D'ailleurs, il faut savoir gré à Rolland d'avoir relevé, p. 116, la mention, en latin ancien, du *sil montanum* dans Apicius et dans l'édition donnée par Oder (Leipzig, 1901) de la *Mulomedicina Chironis* (cf. *Romania*, XXXII, 454).

Au dernier moment, mon confrère Ch.-V. Langlois me signale, dans la traduction du *Secret des Secrets* (attribué à tort à Aristote) par Jofroi de Waterford (cf. *Hist. litt.*, XXI, 216-29), une énumération copieuse de substances qui « font bien à la cervelle », où on lit notamment (je reproduis la ponctuation du manuscrit unique, B.N.fr.1822, fol. 107ᶜ) : « ...*molilocum*. anete. poliol. *montan*... ». Il me parait plus que probable que *montan* désigne le sermontain. Quant à l'énigmatique *molilocum*, il faut le corriger en *melilotum*; il s'agit sûrement du mélilot.

TABLE DES NOTICES

APPENDICE

INDEX GÉOGRAPHIQUE

41 (et n. 2), 55, 66, 69, 78, 81,90,
110, 112 (n. 3), 114, 116 (n. 1),
123, 127, 132 (n. 4), 143, 148,
151, 171, 173, 175 (n. 1), 178 (n.
2), 184, 190, 191 (n. 3), 192 (n. 2),
197 (n. 4).
Besse, 103.
Bessin, 18, 24, 25 (n. 1), 35, 43 (n. 5),
44 (n. 4), 79, 89, 181 (n. 1), 217
(n. 1).
Béziers, 25 (n. 2).
Blaisois, 9, 12 (n. 2), 13 (et n. 4), 31,
34, 59, 78 (n. 2), 140, 157, 221
(n. 2).
Bléré, 121, 148.
Bocage normand, 193 (n. 2).
Bordeaux, 53, 55, 82, 105, 120, 153.
Bouches-du-Rhône, 25-6 (n. 3), 161
(n. 2).
Boulogne-sur-Mer, 87 (n. 1).
Bourberain, 143.
Bourbonnais, 31 (n. 4), 40.
Bourbourg, 28 (n. 4).
Bourganeuf, 144 (n. 3).
Bourgogne, 9, 86 (n. 2), 108-9 (n. 4),
127, 171, 193 (n. 1), 220, 221.
Bournois, 143.
Bray (pays de), 104 (n. 1).
Bresse (La), 28 (n. 1).
Bretagne, 45, 76, 81, 180, 215, 216.
Bretagne (Grande-), 38-9 (n. 4), 199,
205 (n. 1).
Briance, 46-7 (n. 5).
Bugue (Le), 5 (n. 4).
Bujaleuf, 213.
Burgos, 53.

Cabroulasse (La), 116.
Cadix, 182.
Caen, 18, 126.
Cahors, 3, 4 (n. 5), 138 (n. 3).
Calvados, 18 (n. 1), 193.
Campanie, 140.

Canada, 86 (n. 5).
Candé, 25-6 (n. 3).
Candie, 188.
Cantal, 28, 94-5 (n. 4), 117 (n. 4),
118 (*bis*), 139 (n. 3).
Cartagena, 39.
Castres, 192 (n. 3).
Cévennes, 3 (n. 2).
Cévenol, 144.
Chailloué, 17 (n. 1).
Chamberet, 213, 214.
Champagne, 13, 46, 127, 142, 164,
221.
Charente, 41 (n. 2), 114.
Charente-Inférieure, 114.
Charroux, 83, 112 (n. 3).
Château-du-Loir, 163 (n. 1).
Châteauneuf-sur-Loire, 142.
Châteauvilain, 178.
Châtenois, 157 (n. 4).
Châtillon, 47.
Chauny, 96 (n. 1).
Chazé-sur-Argos, 25-6 (n. 3).
Chénérailles, 63 (n. 6), 103.
Cherbourg, 45.
Chypre, 42 (n. 4), 221, 222-3 (n. 2).
Ciarne, 161.
Cidamus. Voir Gadamès.
Clairvaux (Forêt de), 13-14 (n. 4), 69
(n. 2), 78 (n. 1), 104 (n. 1).
Clermont-Ferrand, 80.
Cluny, 103.
Cognac, 11 (n. 2).
Condom, 104.
Cordoue, 113.
Corinthe, 40, 76, 77 (et n. 4).
Corrèze, 25-6 (n. 3), 114, 130 (n. 3),
139 (n. 3), 161, 213.
Côte-d'Or, 119, 143 (et n. 1).
Côtes-du-Nord, 130.
Courtioux (Le), 185.
Craonais, 25-6 (n. 3).
Craponne, 115.

INDEX LEXICOGRAPHIQUE [1]

ALLEMAND : voir GERMANIQUE
ANGLAIS : voir GERMANIQUE

ARABE

almahaleb 137.
çorah 182 (n. 2).
dârachaicha'ân 26 (n. 1).
djaulac 26.
farda 102.
hadid 121.
mahaleb, mahlab 136.
rabaca 177.
xabal 179 (n. 1).

BRETON : voir CELTIQUE

CATALAN

alavesa 52 (n. 2).
argelaga 26.
coronda 74.
corondel 75 (n. 1).
cusc 80.
sarró 182 (n. 2).
tingle 204 (n. 3).
traca 82, 231.

CELTIQUE

* aballa, * aballinca 20 (n. 2).
amdabach 20 (n. 3).
* andebanno 34 (n. 2).
bara 38-9 (n. 4).
barenn, barennika, 45.
benna 47.
benvec 44 (n. 2).
bernic, brinic 45.
* cambita, * camicem, * camitem, * cammita 60-1.
c'houibu 217.
c'houenna 213.
chwyn 213.
fibu, fubu 217.
gabul 124 (n. 2), 233.
gaesum 127.
gamo- 148 (n. 4).
garta, garz, gorto 114.
gwybedyn 217.
kirin 181.
louarn, louvern 135 (n. 3).
misan a studincq 99 (n. 3).
morgat 45.
πεπεράχιουμ 152 (n. 4).
rigadell, rigodell 191 (n. 1).
samo- 148 (n. 4).
skolp 73-4 (n. 3).
studincq 99 (n. 3).
talbenn 193 (n. 1).
* taranga, * tarangia 194 (n. 4).
taratro 194 (n. 4).
tarinca, taringa 193-4.
verco-, vergo- 65 (n. 1).
vergobretus 211-2.
vidubium 43 (n. 3), 45-6.

---

1. Les mots marqués d'une croix (†) sont ceux qui, résultant de lectures erronées ou de coquilles typographiques, n'ont pas de valeur propre ; ceux qui sont marqués d'un astérisque (*) sont ceux qui, n'étant pas attestés, sont postulés comme types étymologiques.

ESPAGNOL

FRANÇAIS

FRANCO-PROVENÇAL voir : PROVENÇAL
GALICIEN : voir PORTUGAIS
GASCON : voir PROVENÇAL

GERMANIQUE

kíde (moy. h.-all.) 179, 237.

kídh (anc. sax.) 179, 237.

kirna (isl.) 181.

kiusche (moy. h.-all.) 76 (n. 4).

klieben (all.) 93 (n. 3), 132 (n. 1).

klingen (all., néerl.) 72.

klink (néerl.) 72.

klinke (all., dan.) 72.

klinken (bas-all., néerl.) 72.

klinkwerk (all., néerl.) 72.

klunga (suéd.) 72 (n. 2).

kram (néerl.) 120.

kriuz (moy. h.-all.) 230.

lakmoes (néerl.) 106.

leek (angl.) 38.

leise (moy. h.-all.) 134 (n.).

ley (angl.) 38.

lis- (germ.) 134 (n.).

litmus (angl.) 106.

lovage, loveage (angl.) 172.

marlen, marlpriem (néerl.), 140-1.

moes (néerl.) 106.

nabager (anc. h.-all.) 147.

nass, nasseln (all.) 10 (n. 2).

natjan (anc. h.-all.) 10 (et n. 4).

navegaar, navegeer (néerl.) 147.

netzen (all.) 10.

nut (angl.) 108 (n. 2).

ohm (all.) 21.

paegel (anglo-sax.) 94.

palsy (angl.) 40.

peg, pegel (néerl.) 94.

pergament (all.) 153.

plaice (angl.) 155.

priem (néerl.) 141.

quer (all.) 216.

rak- (germ.) 83 (n. 1).

rückstein (all.) 178.

rufe (all.) 175.

sahar (anc. h.-all.) 182 (n. 2).

sarce (angl.) 59-60.

scærnwibba (anglo-sax.) 217.

schärfen (all.) 2-5 (n. 6).

schiefer (all.) 86.

schlimm (all.) 91-2.

schoen (néerl.) 92.

schrantsen (all.) 181 (n. 1).

scion (angl.) 179 (n. 3).

scöhere (anglo-sax.) 92 (n. 3).

searce (angl.) 59-60.

seroon, seron (angl.) 182.

serone (all.) 182 (n. 3).

shive, shiver (angl.) 86.

sinksen (néerl.) 71.

skif- (germ.) 86.

skoari (isl.) 92 (n. 3).

skohs (got.) 92-3.

slimb (anc. h.-all.) 91-2.

slimp (moy. h.-all.) 71.

slinge (moy. h.-all.) 210.

slink (anc. h.-all.) 71 (n. 3).

slip (angl.) 195.

*spanjan (germ.), spennan (anc. h.-all.) 95.

stædingr (isl.) 99.

stag (nor.) 98.

stein (all.) 178.

stoða (isl.) 99.

stœdings (isl.) 99.

strang (all.) 100.

streichen (all.) 101.

strike (angl.) 101.

string (angl.) 100.

stryken (néerl.) 101.

stud, studding-sail (angl.) 99.

styðia (isl.) 99.

sule (anc. h.-all.) 194 (n. 3).

surone (all.) 182 (n. 3).

tanga, tangia (germ.) 204 (n. 2).

tedir (moy. angl.) 108 (n. 3).

tengel (néerl.) 204.

tether (angl.) 108 (n. 3).

tie (angl.) 196.

tige (anglo-sax.) 196, 197 (n. 1).

tingel (néerl.) 204.

tiuhan (got.) 196, 238.

tjoder, tjor, tjör (scand.) 108 (n. 3).

traef (anglo-sax.) 200.

treef (moy. angl.) 200 (n. 1).

treysta (isl.) 199.

trist (angl.) 199.

tron (angl.) 205 (n. 1).

trust, tryst (angl.) 199.

tudder (néerl.) 108 (n. 3).

tümpel (all.) 208.

tumphilo (anc. h.-all.) 208 (n. 1).

verkeerbord (néerl.) 236.

verkeeren, verkeerspel (néerl.) 170.

verkehren (all.) 170, 236.

verquere (angl.) 236.

wab- (anc. h.-all.) 217.

waermmoes (anc. néerl.) 106.

wälsch, wallnuss (all.) 36-7.

GREC

HÉBREU

ITALIEN

LATIN

NÉERLANDAIS : voir GERMANIQUE

PERSAN

PORTUGAIS

PROVENÇAL, FRANCO-PROVENÇAL et GASCON

ROUMAIN

RHÉTO-ROMAN

SCANDINAVE : voir GERMANIQUE
SYRIAQUE

INDEX GRAMMATICAL

165, n. 7 (*s'abeausir, s'abelzi*), 165-6 (*renformer, renformir*), 166 (*repelnar, repenner*), 168-9 (*revendiquer*), 180 (*semouster*), 186 (*sofaschier*), 190 (*souchever*), 214-5 (*volgrener*).

CONJUGAISON : 6 (*acousander*, inf. refait, pour *acousandre*).

CONTAMINATION : 1 (*aacier, agacier*), 8, n. 2 (*afier, alefier, edefier*), 10 (*mail, maillenter*), 24 (*enteser, toil*), 36-8 (*avelanedo, valanide, vallon*), 38-9, n. 4 (kymr. *bara* et ***balaricum** ?), 46 (*bezougnelo, *bezoulheto*), 51, n. 1 (*ivrogne, vrogne*), 54, n. 4 (**catabulum, stabulum**), 59, n. 1 (*encercher, encharger*), 60 (*cerche, cèrchier*), 65 (*chaintre, chantière*), 69 (*espes, espoisse*), 74 (**columna, corona, coronis**), 78 (*couméle, coumére*), 96 (*essaiver, essever*), 99 (**étoin, étui*), 107 (**genu, janua**), 111 (**gluttus, guttur**), 115 (**gracula, ravus ; gracula, *graula**), 120-1 (**glomus, gluma, grumus**), 125 (**hyacinthus, jakunta, Zacynthus**), 133 (*lis, list, lit*), 142-3 (*masse, meaisse, mèche*), 145-6 (*moison, muïson*), 151-2 (**cyperus, papyrus**), 156-7 (*parterez, portrait*), 172 (*livèche, rivage*), 183 (**-udinem, -uminem**), 185 (*scie, seguette*), 189-90 (**souchef, souchet*), 197-8 (*tirer, trailoire*), 202 (**transtrum, tristegum**), 209 (*barre, vare*), 211-12 (**vergobretus,** *vierg*), 212 (**vĭcarius, vĭcus**), 228 (**domesticus, mitigare ?**).

COQUILLES TYPOGRAPHIQUES : 37, n. 2 (*velaguida*), 38, n. 1 (*baillerage*), 63 (*chambuche, chambucle, chambuelle, chambruelle*), 79, n. 2 (***accrapentare**), 108-9, n. 4 (*jacquerote*), 109-10 (*ginousèle, ginousèle*), 110, n. 2 (*chuquette*), 121 (*harderie*), 122, n. 5 (*fleurebers ?*), 141 (*marrasau*), 185, n. 2, 237-8 (*figuelle*), 222, n. 2 (*délices*), 229 (*brunemi*).

d : substitué à *z* 41, 228 (*bardin*, etc.) ; à *s* 43 (*bedoche*) ; disparaît à l'initiale 18 (*amègue* ; cf. 227 *ameschier, emmeschier*), 18 n. 2 (*Anemarche, Omignon*), 19 (*amèche*).

DÉCLINAISON : passage de la 3e à la 1re dans des mots latins empruntés au grec 47 (*boisseza*), 74, n. 3, 158, n. 1 ; passage de la 5e à la 2e 72 (*consire*).

DÉRIVATION : voir FORMATION, SUFFIXES et SUBSTANTIFS VERBAUX.

DÉSINENCES ALTÉRÉES : 24 (*antoil*), 35 (*avalies*), 36 n. 1 (*couvi*), 36-8 (*avelanède*), 38 (*baillard*), 44-5 (*berlin, margonde*), 50 (*brenèche*), 68, n. 5 (*chabot*), 89 (*éprault*), 99 (*étui*), 110 (*girande*), 112-3 (*godemelin*), 121 (*harderie, harderie*), 121-2 (*heurebeuf, hubert*), 127 (*jazerène*), 131 (*ableret*), 131, n. 3 (*waufret*), 136-7 (*maguelet*), 150-2 (*pavas, pavée, paveux, pavol*), 152-3 (*pergam, pergament*), 156-7 (*portrail*), 172 (*rivache*), 189-90 (*souchet*).

DISSIMILATION : consonantique 25-6 (*argilac*), 42 (*bavéole*), 66 (*charolesse*), 74, n. 2 (*colondra*), 76-7 (*coulindrou*), 93-4 (*esnoillie*), 115-8 (*grauloun*, etc.), 119-20 (*greule*), 134 (*louateure*), 153-4 (*peletre, petre*), 160-1 (*biestre, feis, hansei, meis, *reïncier, rincer, Ciarne, Viance*), 171, n. 1 (*Revoil*), 201 (*trelliono*), 213-14 (*virgouleuse*) ; vocalique 157 (*précimis*).

do- : devient *de-, da-* 18-9 (*demèche,*

damesche) ; disparaît par aphérèse 19 (*mesche, mèche*).

e : disparaît par aphérèse 51 (*bresania*), 52 (*bruvenie*) ; protoniqe, devient *a* 225, n. 2 (prov. *daler*) ; devient *i* devant *l* et *n* m uillés 46-7 (*bignon*).

ÉPENTHÈSE : de *r* : 34 (*auvernière*) 51 (*bresania, broufounié* etc., *bruvenia*), 74, n. 2 (*colondra*), 77 (*coulindrou*), 87 (*enchoistre, rustre*), 158 (*promoistre*), 203-4 (*tringle*) ; de *u* 56, n. 5 (**coculea, nuculeus*).

ÉTYMOLOGIE POPULAIRE : voir CONTAMINATION.

f : devient *v* 44 (*benevis*), 137-8 (*maleviz*) ; cf. *h*.

FORMATION RÉGRESSIVE : 23 (*proche*), 73, n. 3 (*avi* ?), 165-6 (*couvir, mégir, renformir, vernir*), 192 (***substrare**), 169, n. 5 (*carmentra, estremouncia, juridicier*).

g (devant *e*) : devient *z*, puis *d* 41, 228.

gr- : remplace *br-* (issu de *ber-, ver-*) à l'initiale 50 (*grenache*).

h aspiré : écrit *f* en anc. gascon 104 (*gafed*).

l initial : tombe (par confusion avec l'article) 30-1 (*assure*, etc.) ; devient *r* (par étymologie populaire) 172 (*rivache*) ; cf. ARTICLE et DISSIMILATION.

la- initial : tombe (par confusion avec l'article) 109-10 (prov. *chuguelo, ginousclo*), 120 (prov. *chusclo*, etc.).

LABIALISATION : *e* devient *o, ou, u* devant consonne labiale 7-8 (*atofayi, alufeya, alufier*), 51-2 (*broufounié*, etc.), 52-3 (*bruvenie*, eng. *boagna*), 158-9 (*cromasle*), 163, n. 1 (*romès*), 190 (*soupeau*).

LECTURES DÉFECTUEUSES : 34, 131, n. 8 (**capsaricius**), 48 (*houquauz*), 104, n. 2 (*migahel*), 131, n. 4 (*vil-*

lerec), 138, n. 3 (*mercadin*), 144, n. 4 (*inespesol*), 147, n. 2 (*condiche*), 163, n. 1 (*roines*), 174, n. 1 (*unée*), 184 (*senil*), 184, n. 4 (*senelee*), 187, n. 2 (*chinoch*), 187, n. 4 (**cicomola, citonella**), 211 (*vericle*).

MÉTATHÈSE dé consonnes : 17 (*havresac*), 50 (*brenèche, grenache*), 58, n. 4 (***baralicum** ?), 60 (***cirticem**), 110-111 (*gloutrenie, nuitrenel*), 119-120 (***colurus**, ***glilurus**), 120 (*gusmel*), 120, n. 5 (*grosmé*), 131 (**lamperresse, wauferrès*), 148 (*anl'nire*), 158 (**clerâme*, **clemare*, **cremâle*), 198-9 (*titre*).

MOTS COMPOSÉS : voir COMPOSITION.

n : initial, disparaît par aphérèse 9 (*niger*), 147 (néerl. *avegaar*) ; médial, disparaît par dissimilation (?) 161 (*Viance*).

NOMS PROPRES DE LIEU : deviennent noms communs 18, n. 2 (*Danemark, Brandebourg*), 39 (**Balearicus**), 40 (*Bourbonnais*), 192-3 (*Tallevende*), 206 (*Tourcoing*), 213 (*Bujaleuf, Chamberet, Villegouleix*).

o atone : devient *e, a* 18-9 (*damesche, demèche, amèche, amègue*), 227 (*ameschier, emmeschier*).

oi : réduit à *o* 174, n. 6 (*brosse, brosser, copeau, rosser*).

p : substitué à *b* 67, n. 5 (***canapus**) ; tombe ou devient *u* (en prov.) dans le groupe primitif *-pt-* 5, 31-2 (*at*, etc. ; *aceut*, etc.) ; se maintient dans le groupe secondaire *-p't-* 5 (*acaptar*) ; devient *b* 39 (*balzin*), 51 (*broufounié*), 52-3 (*bruvenie*), 66-7 (*chebiche, chabusse*), 68 (*canebuche*), 68, n. 5 (*chabot*), 69 (*cabasson*).

ph : devient *v* 52-3 (*bruvenie*, eng.

havania) tombe 52 (eng. *boagna*), 164-5 (*grenouille*, etc.).

PROSTHÈSE : 210 (*vélingue*) ; voir en outre AGGLUTINATION.

r : maintenu à la finale 24 (*avair*) ; issu de *s* sonore 90 (*erturon*), 110 (*girande*), 173 (*roinse*, etc.) ; épenthétique : voir ÉPENTHÈSE ; soumis à la métathèse : voir MÉTATHÈSE.

s : remplacé par *d* 43, n. 3 (*bedoche*) ; par *r* 90 (*erturon*), 110 (*girande*), 173 (*roinse*) ; primitif, ou issu de *c* latin, tombe par dissimilation 160-1 (*biestre, feïs, hanseï, meïs, reïncier, rincer, Viance*).

SUBSTANTIFS VERBAUX : 13, n. 1 (*ajust*), 15 (*alèze*), 24 (*antoit*), 96-7 (*essief*), 168 (*rebut, repous*), 189-90, (*souchet*), 191-2 (*soutre*).

SUBSTITUTION DE SUFFIXE : voir DÉSINENCES ALTÉRÉES.

SUFFIXES NOMINAUX (dans l'ordre alphabétique des types latins) : **abella** 106-7 (*genevelle*), 143 (*manivelle*) ; **acia** 67 (lyon. *chavassi*), 69 (*bécasse*) ; **acianus** 141-2 (*marsassau*) ; **acio** 69 (*cabasson, chevasson*) ; **acius** 59 (*sas*), 69 (*capacius*) ; **alis** 41 (*berbicalis*), 148 (esp. *añojal*), 184 (*sevau*) ; **antia** 123 (*esmance, inmence*) ; **apellus** 143 (*mencvel*) ; **aria** 34 (*auvernière*), 65, n. 1 (prov. *verquiera*), 65, n. 4 (*chantière*), 123 (*neviera*), 148 (*nollière*, etc.) ; 33-4 **arĭcia** (*auverèche*), 41-2 (*basteresse*), 66 (*charolesse*), 117 (**Capraricia**), 130-1 (*lampresse, saumoncresse*), 178 (*salburosse*) ; **arĭcius** 156-7 (*portrail*) ; **ario** 15 (*aleron*) ; **aris** 17 (esp. *alar*) ; **arius** 14 (*alandier*), 16-7 (*allier*, esp. *alero*), 92-3 (*escofier*), 145 (*miloin-*

ché), 211-2 (*vierg*) ; **ata** 93-4 (*exsoliculata*), 163-4 (*rémoulade*), 171, n. 2 (*revola*), 184 (*sevelee*), 184 n. 3 (*sevée*), 185 (*sevilo*) ; **atĭcia** 147 (*laneïsse, moleïsse*) ; **aticius** 35-6 (*abalis, avalis*), 36, n. 1 (*coveïs*), 165-6 (*renformis*) ; **atoria** 89 (lorr. *areure* adj.), 197, n. 4 (*lirouère*) ; **atorissa** 178 (*bueresse*) ; **atrĭcem** 178 (*bucatricem*) ; **atum** 68, n. 1 (*canapatum*), 185 (*civelot*) ; **atura** 89 (*aratura, areure*), 90 (*areatura, airiure*), 134 (*retortatura, reorteure, roudteule, loudteure*) ; **ĕa** : voir **ĭa** ; **ella**, 32-3 (*auvelle*), 167 (*repenelle*) ; **ellus** 28 (*glomellus*), 70 (*chael, chiau*), 73 (*copeau*), 175, n. 3 (*rouvel*), 190 (*soupeau*) ; **ĕus** ; voir **ĭus** ; **ensis** 153, n. 1 (prov. *pargames*) ; **entus** 10 (**cruentus, maculentus**), 85 (*pacentus*) ; **ĕola** 42 (*bavéole*) ; **ĕolus** : voir **iolus** ; **erna, ernus** 134-5 (*luberne ?*) ; **essa** 155 (**platessa**) ; **ĕtum** 68, n. 1 (*canapetum*) ; **ĕus** : voir **ĭus** ; **ĭa** 15-6 (*latia*), 47, n. 2 (*bennia*), 65 (*canceria*), 69 (*spissia*), 73 (*apia ?, cuspia, neptia*), 114 (*gortia*), 125 (*hyacinthia ?*), 173, n. 6 (**unc(us)** + **-ia**), 175 (*rustia*) ; **ianus** 22-3 (*antianus*) ; **ĭca** 39 (**balearica**), 86 (*cutica*), 126 (*germica*), 207, n. 2 (*taurica ?*) ; **ĭcella** 164-5 (*damcisele, reneisele*) ; **ĭcem** 126 (*germicem*) ; **icem** 155 (*platicem*) ; **ĭcia** 67 (*chabesso*), 229 (*gébesse*) ; **īcia** 66 (*capicia*), 184, n. 3 (*sepicia*) ; **ĭcianus** 23 (*Mulcien, Rencien*) ; **ĭcinem** 68, n. 3 (*capicinem ?*) ; **ĭcinus** 135, n. 3 (*lupicinus*) ; **ĭcius** 68 (prov. *ca-*

bés) ; īcius (rouerg, cobis) ; ĭcula
īcula 23-4 (antille, gasc. andelha,
etc.), 24, n. 2 et 210 (veïlle, vrille,
gasc. bidelhe, prov. vedilha) ; īculus,
90 (escabil), 184 (*sepiculus ?) ;
ĭcus 38-9 (baillarc), 87 (encaus-
ticus, rusticus) ; ĭdus 150 (prov.
pàsi, pais), 150, n. (*axidus, *ascidus, pour acidus) ; île 41, n. 2
(*berbicile), 138-9 (*mercatile),
184-5 (*sepile) ; ĭlis, 144 5, n. 5
(pensilis) ; ĭna, ĭna 103 (*fluxi-
na, fuscina) ; īna 41 (*berbicina) ;
ĭnca (celtique) |193-5 (taranche) ;
īnus 41 (*berbicinus); io (ionem)
46-7 (bignon), 48-9 (bourgeon), 56-7
(cagouillon), 68-9 (chevasson), 135-6
(lumignon) ; ĭola 47, n. 1 (bagnole),
114 (*gortiola), 117 (prov. pla-
gnolo), 187 (ceognole, songnole) ;
ĭolus (ĕolus) 144 (mespesol), 175-6
(*rubeolus, *rubreolus, *rosariolus) ; ĭscellus 119 (gremissel, gromoissel) ĭum 69 (chevoistre ?,
cloître) ; ĭus (ĕus) 65 (*cancereus,
*cantius ?), 145 (*musceus), 161
(*redossius), 175 (prov. rouis) ;
o (ōnem) 27-8 (armon ?), 49 (*burronem), 57 (carqueron), 68, n. 1
(*canaponem), 139 (*amaronem),
179 (scion), 190-1 (sourdon) ; ŏcia
140 (amalocia) ; ŏcius 68 (*capo-
cius) ; ŏria (après double consonne) 197 (tractoria, traitoire),
198, n. 1 (*tortoria, tourtoire) ;
ōsa, ŏsum 68, n. 1 (*canaposa,
canaposum), 213, 279 (virgouleuse);
ŏtta 209-10 (veillote) ; ūcia 67
(*capucia), 68 (*canapucia) ; ŭcia
(*amarucia, prov. marousso) ; ŭcu-
lus 148 (annuculus, prov. anoui);
ūdo (ūdinem) 183 (servone) ; ŭla
32-3 (albula, able), 128 (*juxtula,

lyon. jouclia) ; ùlus 119-20 (*glirulus, prov. greule) ; ūmen 139
(*amarumen) ; ŭrnus 111 (*glutturnus) ; usca 129 (asinusca,
etc.), 139-40 (amarusca) ; uscel-
lus 120-1 (*glomuscellus, *glu-
muscellus) ; uscula 109-10 (*lac-
tinuscula, prov. ginousclo), 128-9
(*lactuscula) ; usculus (-um) 63
(*carbusculus), 129 (*rapuscu-
lus), 129, n. 1 (*lactusculus ?) :
usta 140 (amalusta) ; ūtia, ūtium
67-8 (*canaputium, *linutia, *li-
nutium).

SUFFIXES VERBAUX : are 2 (*adaciare), 2-3, n. 6 (acorer), 5-6 (*accapitare, *accaptare, *discapitare, *excapitare), 10 (*maculentare), 11 (*palantare, *palentare), 29 (*glomellare, *assapidare), 30 (ad + sitis + are),
69-70 (chiauler), 71 (climper), 78-
9 (*crepantare, *crepentare), 85
(*appatientare, *dispatientare
ou *-pacentare), 87 (*excuticare,
*excussare), 93 (*deglobuare ?
*exglubare ?), 94 (*expagellare),
96 (*exaquare), 96 n. 2 (*reexæquare), 101 (estrichier, estrikier),
128 (*juxtare), 134 (roudler), 160
(*exquintare), 160, n. 2 (*recentare), 162 (*deexcītare, etc.),
166 (renformer), 168-9 (revendiquer), 169, n. 5 (prov. mod. carmentra, estremouncia), 175 (*rustare), 180 (*submustare), 186
(*affascare, *subfascare), 186,
n. 3 (*fascare, fâcher ?), 192 (*substrare), 201 (lyon. *trelliono, etc.),
209 (varrer), 216, n. 1 (*vocitare) ;
ĕre 91 (*excapere) ; ēre 97-8,
n. 3 (*estópere ?) ; ficare 8 (aptificare, etc.) ; iare 10 (*nasiare),

TABLE DES MATIÈRES

MÉLANGES
DE PHILOLOGIE ET D'HISTOIRE
OFFERTS A
M. ANTOINE THOMAS
PAR SES ÉLÈVES ET SES AMIS

Liste des souscripteurs. — THOMAS (G.). Bibliographie de M. Antoine Thomas. — ANGLADE (J.). Fragment d'un manuscrit du *Breviari d'Amor*. — ARMSTRONG (E.-C.). Pathelin 532 *couvrir de chaume*. — AUDIAU (J.). Une chanson du troubadour Uc de La Bachelerie. — BÉDIER (J.). De quelques-unes des assonances réputées fautives de la Chanson de Roland. — BERTONI (G.). Un codicetto francese ancora sconosciuto nella Nazionale di Torino. — BLOCH (O.). *Jeune homme, jeunes gens*. — BLONDHEIM (D. S.). Notes judéo-romanes. — BOURCIEZ (E.). Expression de la quantité en Gascogne. — BRANDIN (L.). Un livre de bonne aventure anglo-français. — BRUNEAU (C.). *Solimarica, Solicia*, Soulosse. — BRUNEL (C.). La qualification *lo don* en ancien provençal. — BRUNOT (F). Le français et l'administration en Moselle sous le premier Empire. — CALMETTE (J.). Comtes de Toulouse inconnus. — CASTRO (A.). *Hacer la salva*. — CHAMPION (É.). A propos de Philippe de Beaumanoir, Lettres inédites de Gaston Paris et de Henri Cordier. — CHAMPION (P.). Les *nobles ordonnances* du banquet de Marie d'Orléans. — CHATELAIN (É.). Mots de latin vulgaire attribués aux classiques. — CLÉDAT (L.). Menus propos de grammaire. — COHEN (G.). Parler belge *aubette*. — CRESCINI (V.). *En Pier*. — DAUZAT (A.). *Maison* dans la Basse-Auvergne. — DOUTREPONT (G.). Notes critiques sur Antoine de La Salle. — DROZ (E.). Relation du souper offert par le duc Sigismond d'Autriche aux commissaires bourguignons (Thann, 1469). — FARAL (E.). *Poire d'angoisse*. — FORD (J.D.M.). The passage of vulgar latin close *u* to french rounded *i* (*ü, y*) is purely a romance phenomenon. — FOULET (L.). Villon et le duc de Bourbon. — FOURNIER (P.). Un ouvrage apocryphe de Bérenger de Landore. — GAUCHAT (L.). A propos de quelques mots romands. — GRAMMONT (M.) *Et vous le vendez ?* — GRANDGENT (C.H.). Unaccented final vowels in Italian. — HAMILTON (G.L.). Quelques notes sur l'histoire de la légende d'Alexandre en Angleterre au moyen âge. — HAUST (J.). Note sur l'étymologie du français *palonnier, prône* et du wallon *pérone, purné*. — HOEPFFNER (E.). Le *Castiat* du troubadour Peire Vidal. — HORLUC (P.). Deux formes verbales disparues du parler de Faux-la-Montagne. — JEANROY (A.). Quelques corrections au texte du Tristan de Béroul. — JENKINS (T. A.). Two French etymologies : *besoin, disette*. — JUD (J.). Surselvan *gariar, garigiar* « convoiter vivement ». — LACROCQ (L.). Un affranchissement de serfs dans la Combraille au XVIII° siècle. — LÅNGFORS (A.). Le modèle du reviseur du chansonnier provençal *L*. — LANSON (G.). Victor Hugo à Madrid. — LANUSSE (M.). Les gasconismes chez Blaise de Monluc. — LEITE DE VASCONCELLOS (J.). Toponomia e arqueologia. — LEMAITRE (H.). Grifon d'Hauteteuille et Grifon de Sorence. — LYON (E.). Quelques observations à propos de la rédaction des chartes de franchises. — MEILLET (A.). *Aujourd'hui*. — MENÉNDEZ PIDAL (R.). Notas de toponimia. — MILLARDET (G.). Quercinol *farigna*, « sortir du nid ». — MORAWSKY (J.). Un nouvel exemple de *integrum* > *entre*. — MURET (E.). De l'aphérèse. — NYROP (K.). *Réaliser*. — OMONT (H.). Guillaume l'Amant, traducteur prétendu de l'*Ordre des bannerets de Bretagne*. — PARDUCCI (A.). *La festa di Susanna*, sacra representazione fiorentina del sec. XV. — PAUPHILET (A.). Sur des manuscrits de la *Mort d'Artus*. — PRINET (M.). Le *taint* des écus. — PROU (M.). Notes sur le nom des deniers d'Autun (*denarii Hyilenses*). — PUSCARIU (S.). Une survivance du latin archaïque dans les langues roumaine et italienne. — RAJNA (P.) Come proseguiva e come terminava il Boezio provenzale. — ROQUES (M.). Sur quelques mots anglais dans le *Roman des Franceis* d'André. — ROY (E.). Philippe le Bel et la légende des trois fleurs de lis. — SALVERDA DE GRAVE (J.J.). La chanon de geste et la ballade. — SAMARAN (C.). Notes sur Jean de Castel, chroniqueur de France. — SHEPARD (W. P.). Une chanson pieuse de Daudé de Pradas. — SKOK (P.). *Sloveniu* > *Sclavus*. — SNEYDERS DE VOGEL (K.). Quelques remarques sur les lettres échangées entre Prodebert et Importun. — STAAF (E.). Quelques réflexions sur le préfixe *minus* dans les langues romanes. — STUDER (P.). Une définition d'amour en prose anglo-normaie. — TANQUEREY (F.-J.). Originalité du dialogue entre saint Julien et son disciple. — TERRACHER (A.). *Aveille < apicula* à Paris ? — TEULIÉ (H.). Proverbes recueillis au Causse, comm. de Bétaille (Lot). — TILANDER (G.). Notes étymologiques sur quelques mots du vieux français. — VISING (J.). L'emploi de *de* dans *près de, approcher de*. — WALBERG (E.). Jean de Salisbury, biographe de Thomas Becket, modèle ou copie ? — WALLENSKÖLD (A.). Lat. **puellicella > fr. pucelle*. — WARTBURG (W. von). Notes d'étymologie française. — WILMOTTE (M.). *Remaindre*.

1 vol. in-8° de XCVIII-523 pages et un portrait (*sous presse*), paraîtra en avril 1927.